SEGURANÇA EM FOCO

IMPLEMENTANDO COM SUCESSO O PROGRAMA DE GERENCIAMENTO DE RISCO OCUPACIONAL

PGR

AUTORIA
ANTONIO CARLOS VENDRAME

LTr®

SEGURANÇA EM FOCO

IMPLEMENTANDO COM SUCESSO O PROGRAMA DE GERENCIAMENTO DE RISCO OCUPACIONAL

PGR

2024

LTr Editora Ltda.

Rua Jaguaribe, 571
CEP 01224-003
São Paulo, SP — Brasil
Fone (11) 2167-1101
www.ltr.com.br
Maio, 2024

Produção Gráfica e Editoração Eletrônica: PIETRA DIAGRAMAÇÃO
Projeto de capa: DANILO REBELLO
Impressão: LOG & PRINT GRÁFICA E LOGÍSTICA

Versão impressa — LTr 6442.8 — ISBN 978-65-5883-295-9
Versão digital — LTr 9975.6 — ISBN 978-65-5883-296-6

Dados Internacionais de Catalogação na Publicação (CIP)
(Câmara Brasileira do Livro, SP, Brasil)

Vendrame, Antonio Carlos

Segurança em foco: implementando com sucesso o programa de gerenciamento de risco ocupacional/Antonio Carlos Vendrame. – São Paulo: Ltr Editora, 2024.

Bibliografia.

ISBN 978-65-5883-295-9

1. Direito do trabalho – Brasil 2. Gestão de riscos operacionais 3. Saúde ocupacional I. Título.

24-196299 CDU-34:331(81)

Índice para catálogo sistemático:

1. Brasil: Direito do trabalho 34:331(81)

Eliane de Freitas Leite – Bibliotecária – CRB 8/8415

SUMÁRIO

INTRODUÇÃO

Em 9 de março de 2020, foi publicada a Portaria SEPRT/ME n. 6.730, que adicionou o capítulo 1.5 – gerenciamento de riscos ocupacionais à NR-01, bem como alterações adicionais na redação daquela norma.

A Portaria SEPRT/ME n. 8.873, emitida em 23 de julho de 2021, prorrogou a vigência da nova NR-01 para o dia 3 de janeiro de 2022.

O texto mais recente da NR-01 aborda o Gerenciamento de Riscos Ocupacionais (GRO), que é materializado no Programa de Gerenciamento de Riscos (PGR). Esse texto foi acordado por todas as bancadas da Comissão Tripartite Paritária Permanente (CTPP) ao longo dos vinte e cinco anos de discussão tripartite sobre a criação de normas regulamentadoras. Além disso, ele possibilita um avanço significativo na segurança e saúde no trabalho ao considerar o gerenciamento de todos os riscos ocupacionais.

GRO – Gerenciamento de Riscos Ocupacionais é a organização de métodos para identificar perigos, avaliar e controlar riscos ocupacionais. O GRO é combinado com ações de saúde, análise de acidentes e preparação para emergências, dentre outros requisitos legais.

Não há dúvida de que o gerenciamento de riscos ocupacionais deve ser implementado em todas as instalações da organização e abordar todos os riscos e perigos associados à atividade profissional.

O Capítulo 1.5 da NR-01, Gerenciamento de Riscos Ocupacionais, fornece diretrizes e requisitos para o gerenciamento de riscos ocupacionais e medidas de prevenção em Segurança e Saúde no Trabalho (SST).

|1|

PROGRAMA DE GERENCIMENTO DE RISCO/ GESTÃO DE RISCO OCUPACIONAL

Alguém possui um modelo de PGR?

O título traz a pergunta mais frequente que recebemos desde que o PGR/GRO foi instituído. Muitas empresas ainda não estão com seu PGR elaborado e parte dos profissionais, tentando reproduzir documentos, solicita um modelo do PGR.

A técnica de reproduzir documentos já não funcionava muito bem para o PPRA. No caso do PGR será impossível constituir o seu documento por meio de reprodução de um modelo. Com a introdução do risco ergonômico e de acidentes, cada documento refletirá exclusivamente a realidade daquela empresa e, fatalmente, não servirá para as demais.

Por que ninguém pede modelo de AET? Porque é impossível criar um modelo que sirva ao menos para um razoável número de situações. Por que ninguém pede modelo de análise de acidentes? Porque, da mesma forma que no caso anterior, cada acidente possui peculiaridades que não servirão de modelo para os demais.

A partir do momento em que o profissional enxergar estas diferenças, jamais cairá no equívoco vergonhoso de solicitar um modelo de outra empresa, vez que nenhuma informação útil trará tal documento. Além do que, a legislação não estipula qual técnica de análise de risco deve ser utilizada, deixando a cargo do elaborador do documento a escolha mais apropriada.

A escolha da metodologia de análise é algo extremamente democrático, uma vez que cada um se sente mais à vontade para utilizar uma técnica de análise, a qual se identifica e domina com profundidade. E, novamente, quem realmente exercita a análise de risco permanentemente sabe que não há modelo de análise, pois cada caso é um caso.

Assim, o PGR deverá ser elaborado de forma personalizada para cada empresa, devido às peculiaridades de condições de perigos existentes em cada panorama empresarial. Analogias, como as que existiam com o PPRA, relativas a ambientes similares, não mais serão possíveis de realizar, especialmente em razão da AET e da análise de acidentes, inobstante algumas empresas ainda utilizarem o PPRA, alterando somente o título do documento...

Novidades sobre o PGR/GRO

Tudo o que é novo traz medo e insegurança. Com o PGR foi o mesmo! A transformação do PPRA em PGR sacudiu o mundo da SST. Não havia nada de muito novo. Muitas empresas há anos já implementavam o Sistema de Gestão Integrado (SGI) em suas instalações. E o PGR também é um SGI, o qual foi inteiramente inspirado na ISO 45001.

No entanto, o PGR prometia ser mais que um mero papel que seria jogado na gaveta. A diferença entre programa e papel é simples. Papel é papel e programa é a soma de papel com ações. Assim, um PGR sem ações continuará sendo papel. O PGR somente se transformará em programa se houver ações!

O PGR/GRO foi instituído para ser utilizado para fins de prevenção e gerenciamento dos riscos ocupacionais.

Os riscos ocupacionais se subdividem em: (i) riscos ambientais e (ii) riscos de operação. Os riscos ambientais se subdividem em: (i) físicos, (ii) químicos e (iii) biológicos, e, por sua vez, os riscos de operação se subdividem em: (i) ergonômicos e (ii) de acidentes. A figura a seguir sumariza os riscos ocupacionais:

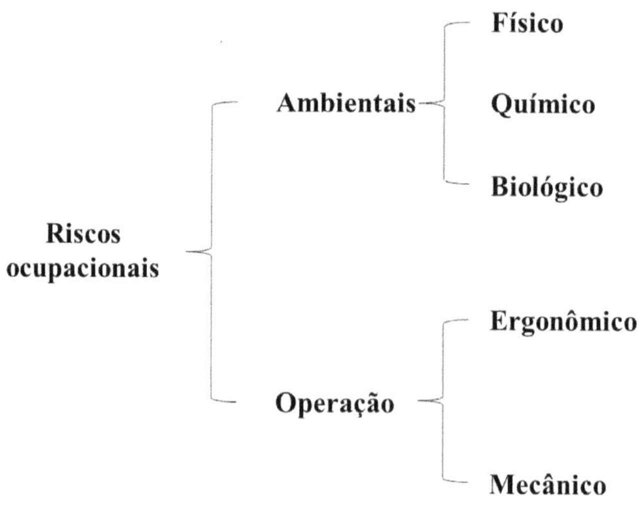

É preciso alertar ainda que, para fins de caracterização de atividades ou operações insalubres ou perigosas, devem ser aplicadas as disposições previstas na NR-15 – Atividades e operações insalubres e NR-16 – Atividades e operações perigosas.

Desta forma, o PGR não possui relação com insalubridade, periculosidade (adicionais de riscos trabalhistas) ou aposentadoria especial (benefício previdenciário) e tampouco gerará informações que serão lançadas no eSocial (até a edição deste livro, o eSocial somente contemplava informações previdenciárias).

Diferença entre risco e perigo

Perigo – O perigo é uma fonte que tem o potencial de causar danos ou agravos à saúde e é definido pelo momento da exposição. Esse tipo de exposição pode ser causado por um evento perigoso, uma exposição a agentes nocivos ou uma exigência da atividade de trabalho. Isso pode causar lesões ou agravos à saúde, sozinho ou em conjunto com outras fontes. Elemento que isoladamente ou em combinação com outros tem o potencial intrínseco de dar origem a lesões ou agravos à saúde. Conseguimos ver o perigo!

Risco – O risco ocupacional é uma variável e tem um nível determinado pela combinação da probabilidade (P) de ocorrer lesão ou agravos à saúde causados por um evento perigoso, exposição a agente nocivo ou exigência da atividade de trabalho e da severidade (S) de lesões ou agravos à saúde potenciais. Diversos elementos, incluindo probabilidade e severidade, são levados em consideração na avaliação do risco. Assim, risco é uma probabilidade, uma equação matemática: R = P *versus* S.

Diferença entre GRO e PGR

GRO não é um documento! É um sistema de gestão! GRO é uma filosofia.

PGR é a materialização do sistema de gestão do papel. É o documento propriamente dito.

É preciso alertar que o PGR do qual estamos falando não tem qualquer relação com o PGR da CETESB (Norma P4.261).

O PGR não é a personificação exclusiva da NR-01, mas este documento integrará todas as Normas Regulamentadoras do Ministério do Trabalho.

No entanto, um PGR minimalista abrangerá: (i) o inventário de riscos e o (ii) plano de ação.

Responsabilidades

A empresa deve implementar, por estabelecimento, o gerenciamento de riscos ocupacionais em suas atividades. A critério da organização, o PGR pode ser implementado por unidade operacional, setor ou atividade.

Fazendo a devida analogia com uma indústria metalúrgica, o PGR deve ser implantado por CNPJ, caso haja matriz e filiais; podendo ainda ser implementado segundo sua unidade operacional (peças de reposição, VW, GM, Fiat etc.), setor (dobra, corte, estampagem, usinagem etc.) ou atividade (fabricação de autopeças, máquinas industriais etc.)

O gerenciamento de riscos ocupacionais deve constituir um Programa de Gerenciamento de Riscos – PGR, o qual deve ser elaborado e assinado sob a responsabilidade da organização, respeitando os demais regulamentos. A empresa pode atribuir tarefas específicas a indivíduos ou grupos de trabalho; no entanto, quando se trata de documentação legal, deve-se respeitar os demais regulamentos que definem a responsabilidade pela elaboração de documentos.

Isso significa que qualquer profissional indicado pela empresa pode assinar o PGR, independentemente de seu nível de formação. A construção civil é a exceção, de acordo com os itens 18.4.2 e 18.4.2.1 da Norma Regulamentadora n. 18 (NR-18):

> 18.4.2 O PGR deve ser elaborado por profissional legalmente habilitado em segurança do trabalho e implementado sob responsabilidade da organização.
>
> 18.4.2.1 Em canteiros de obras com até 7 m (sete metros) de altura e com, no máximo, 10 (dez) trabalhadores, o PGR pode ser elaborado por profissional qualificado em segurança do trabalho e implementado sob responsabilidade da organização.

Cabe salientar, no entanto, que algumas normas regulamentadoras exigem que profissionais específicos realizem análises de risco, especificações técnicas ou procedimentos específicos; nesses casos, os registros correspondentes devem ser mantidos, anexados ou referenciados pelo PGR, conforme o caso. Esses são exemplos:

Norma Regulamentadora n. 10 (NR-10) – Os documentos técnicos previstos no Prontuário de Instalações Elétricas devem ser elaborados por um profissional legalmente habilitado. O projeto elétrico deve ser assinado por um profissional legalmente habilitado;

Norma Regulamentadora n. 12 (NR-12) – A escolha e instalação de sistemas de segurança de máquinas e equipamentos deve estar sob a responsabilidade técnica de um profissional legalmente habilitado. A instalação de sistemas de segurança deve ser realizada por um profissional legalmente habilitado ou por um profissional qualificado ou capacitado, quando autorizado pela empresa;

A Norma Regulamentadora n. 13 (NR-13) diz que os projetos de modificação ou reparo devem ser desenvolvidos ou aprovados por um profissional habilitado (PH).

Desde que o sistema permita a rastreabilidade e verificação por auditorias futuras, tanto o inventário de riscos quanto o plano de ação do PGR podem ser datados e assinados de forma eletrônica de acordo com o disposto no item 1.6.2 da própria NR-01. O uso do certificado digital (eCNPJ) da própria organização é permitido por essa medida.

A pessoa natural designada pela organização como responsável ou representante legal datará e assinará os documentos mencionados acima. Além disso, pode-se usar um certificado digital, conforme especificado no item 1.6.2 da NR-01. Em vez de certificado digital, o Governo Federal fornece uma ferramenta para assinatura de documentos digitais de forma gratuita[1]. A legislação estabelece os deveres da empresa, dentre eles temos:

a) evitar os riscos ocupacionais que possam ser originados no trabalho;

b) identificar os perigos e possíveis lesões ou agravos à saúde;

c) avaliar os riscos ocupacionais indicando o nível de risco;

d) classificar os riscos ocupacionais para determinar a necessidade de adoção de medidas de prevenção;

e) implementar medidas de prevenção, de acordo com a classificação de risco e na ordem de prioridade; e

f) acompanhar o controle dos riscos ocupacionais.

Em resumo, os deveres acima pregam que a empresa deve em primeiro lugar evitar o risco; mas se for necessário se expor ao risco, a empresa deve reconhecer, avaliar e controlar tais riscos. Este assunto será visto com profundidade em item próprio.

Ainda, a empresa deve adotar mecanismos para:

a) consultar os trabalhadores quanto à percepção de riscos ocupacionais, podendo para este fim ser adotadas as manifestações da Comissão Interna de Prevenção de Acidentes - CIPA, quando houver; e

b) comunicar aos trabalhadores sobre os riscos consolidados no inventário de riscos e as medidas de prevenção do plano de ação do PGR.

Utilizar a percepção de riscos dos trabalhos é fundamental e nem deveria ser obrigação, vez que qualquer profissional medianamente treinado em riscos sabe que nada sabe sobre o risco de uma organização. Sempre a percepção dos trabalhadores trará uma visão mais ampla e assertiva sobre os riscos envolvidos na operação. E, para demonstrar o cumprimento desta obrigação, a empresa deve ter alguma comprovação de que o trabalhador cooperou com sua percepção no reconhecimento do risco, a exemplo da folha de campo, onde estão anotadas as contribuições do trabalhador entrevistado.

As evidências da consulta dos trabalhadores são, dentre outras:

- Comunicados sobre SST para trabalhadores, contratadas ou visitantes;

---

(1) Para obter informações adicionais sobre a assinatura eletrônica, visite: https://www.gov.br/governodigital/pt-br/assinatura-eletronica.

- Quadros de aviso contendo dados de desempenho em saúde e segurança, bem como outras informações pertinentes;
- Boletim informativo sobre saúde ocupacional e segurança;
- Cartazes, e-mails, folders, entre outros meios de comunicação;
- Semana Interna de Prevenção de Acidentes do Trabalho (SIPAT); e
- Campanha de Prevenção de Acidentes do Trabalho (CANPAT).

A empresa ainda comprovará que os trabalhadores foram ouvidos por meio das atas de reuniões da Comissão Interna de Prevenção de Acidentes (CIPA), já que faz parte da atribuição da CIPA acompanhar o processo de identificação de perigos e avaliação de riscos, bem como a adoção de medidas de prevenção implementadas pela organização. No caso de inexistência da CIPA, suas funções devem ser desempenhadas pelo nomeado.

Após os riscos serem reconhecidos e avaliados, a empresa deve, formalmente, comunicar e treinar os trabalhadores acerca dos riscos, em forma de feedback, para que estes possam se proteger adequadamente sobre eventuais condições de riscos.

A organização deve ainda adotar as medidas necessárias para melhorar o desempenho em SST. E melhorar o desempenho em SST é gerenciar adequadamente os riscos existentes no ambiente de trabalho, implantando em esmero o GRO/PGR.

Finalmente, a empresa deve considerar as condições de trabalho, nos termos da NR-17; para tanto, o risco ergonômico também deve ser gerenciado com esmero pela organização.

Substituição do PGR

O PGR pode ser atendido por sistemas de gestão, desde que estes cumpram as exigências previstas na NR-01 e em dispositivos legais de segurança e saúde no trabalho. E, no caso da empresa possuir certificação em sistema de gestão de SST, o prazo para revisão do programa é de 3 (três) anos.

A regra geral é que o programa deve ser revisto a cada 2 (dois) anos. A revisão será em tempo menor nas seguintes circunstâncias:

a) após implementação das medidas de prevenção, para avaliação de riscos residuais;

b) após inovações e modificações nas tecnologias, ambientes, processos, condições, procedimentos e organização do trabalho que impliquem em novos riscos ou modifiquem os riscos existentes;

c) quando identificadas inadequações, insuficiências ou ineficácias das medidas de prevenção;

d) na ocorrência de acidentes ou doenças relacionadas ao trabalho;

e) quando houver mudança nos requisitos legais aplicáveis.

Assim, pela leitura das condições acima, fica claro que raramente o programa será reavaliado a cada 2 (dois) anos, uma vez que acidentes e doenças são frequentes na maioria das empresas. Desta forma, a reavaliação do PGR será muito mais intensa do que com o antigo PPRA, que estava prescrita a cada ano.

Como última sugestão às empresas, o PPRA está descontinuado, então não adianta elaborar o documento pensando que este substituirá o PGR... É exatamente o contrário: o PGR substituiu o PPRA.

No entanto, dados já existentes do PPRA podem ser aproveitados para a elaboração do PGR, desde que atendidas as etapas previstas no item 1.5.3.2 da NR-01 e observada a nova metodologia prevista nessa norma.

Quais empresas devem elaborar o PGR?

A princípio, todas as empresas, privadas ou públicas, que possuam empregados regidos pela Consolidação das Leis do Trabalho - CLT - estão obrigadas a elaborar o PGR, com exceção de:

- Microempreendedor Individual - MEI;
- Microempresas - ME - e empresas de pequeno porte - EPP - graus de risco 1 e 2, que não identificarem exposições ocupacionais a agentes físicos, químicos e biológicos e declararem as informações digitais na forma do subitem 1.6.1 da NR-01.

A dispensa acima não abrange as demais empresas, ainda que não possuam risco, quando devem elaborar o documento do PGR demonstrando tal condição. Porém, o gerenciamento de riscos ocupacionais deve ser implementado desde que o estabelecimento tenha empregados, independentemente da quantidade.

Os MEI devem se informar sobre eventuais riscos por meio das fichas MEI.

As empresas com servidores estatutários não estão obrigadas a elaborar o PGR.

Formato do PGR

É preciso advertir que os documentos trabalhistas, por força da NR-01, não necessariamente precisam estar constituídos em formato papel, mas podem ser emitidos e armazenados em meio digital, com certificado digital emitido no âmbito da ICP-Brasil - Infraestrutura de Chaves Públicas Brasileira. Ainda, a NR-01 permite, inclusive, o arquivamento em meio digital (digitalização) de documentos físicos, assinados manualmente.

Veja também que a NR-01 não estabelece o formato específico para o PGR, podendo ser gerado em formato físico ou digital. Se adotado o meio digital, a NR-01 estabelece que o documento seja gerado no padrão Infraestrutura de Chaves Públicas Brasileira (ICP-Brasil), bem como exige garantia quanto à autenticidade, integridade, disponibilidade, rastreabilidade, irretratabilidade, privacidade e interoperabilidade.

Processo de identificação de perigos e avaliação de riscos ocupacionais

O processo de identificação de perigos e avaliação de riscos ocupacionais deve considerar o disposto nas Normas Regulamentadoras e demais exigências legais de segurança e saúde no trabalho.

Ao longo do tempo, o Ministério do Trabalho adaptará todas as Normas Regulamentadoras segundo o PGR, para que o disposto nas Normas Regulamentadoras cumpra seu papel na identificação e avaliação dos riscos ambientais.

A NR-09 já está sendo modificada no sentido de que os agentes ambientais contemplem a avaliação dos riscos, bem como o controle destes riscos. Tais informações serão importantíssimas na elaboração do PGR.

O PGR deve contemplar ou estar integrado com planos, programas e outros documentos previstos na legislação de segurança e saúde no trabalho. Em capítulo próprio falaremos detalhadàmente sobre tal tema.

Uma situação que assombra os profissionais de SST é a ocorrência de um risco/perigo não identificado no PGR e que eventualmente tenha contribuído para ocorrer algum acidente de trabalho ou doença ocupacional, indicando falha na gestão dos riscos ocupacionais. E assim resta descumprido o item 1.5.3.2, alínea "b", da NR-01.

Se a empresa identificar um perigo conforme previsto em determinada NR e não o referenciar no PGR, este fato, por si só, indica que o gerenciamento de risco ocupacional é falho, uma vez que o objetivo principal desse processo é que a organização tenha um panorama completo de todas as situações de perigo de suas atividades, originadas dentro ou fora do estabelecimento, que possam afetar a saúde e segurança dos trabalhadores.

Levantamento preliminar de perigos

O levantamento preliminar de perigos deve ser realizado:

a) antes do início do funcionamento do estabelecimento ou novas instalações;

b) para as atividades existentes; e

c) nas mudanças e introdução de novos processos ou atividades de trabalho.

A primeira etapa do GRO é o levantamento preliminar de perigos. Este levantamento preliminar antecede a fase de reconhecimento do risco, visa conhecer os perigos da organização e determinar quais deles podem ser evitados. Se for verdadeiramente possível evitar o risco, a organização interrompe a análise e toma as medidas para eliminar o risco, evitando assim a etapa seguinte, que consiste na identificação de perigos e avaliação de riscos ocupacionais. No entanto, a critério da organização, a etapa de levantamento preliminar de perigos pode estar contemplada na etapa de identificação de perigos.

Quando na fase de levantamento preliminar de perigos o risco não puder ser evitado, a organização deve implementar o processo de identificação de perigos e avaliação de riscos ocupacionais.

Um erro bastante comum que ocorre nesta fase de levantamento preliminar é na identificação do agente envolvido. Os casos mais frequentes são fumos de solda e produtos químicos que são lançados sem a devida identificação. No caso da solda, a composição do eletrodo é fundamental pois tal composição gerará efeitos diversos aos trabalhadores. O ideal é que seja consultada a composição do eletrodo utilizado no material de consulta fornecido pelo fabricante. Normalmente, os eletrodos possuem em sua composição: manganês, ferro, níquel, vanádio, cromo etc.

No caso de produtos químicos também é preciso identificá-lo pelo nome químico e não pelo nome comercial. De pouca ajuda será lançar no PGR o produto XYZ. É preciso, com base na FDS – Ficha de Segurança (atual nome da FISPQ), identificar quais agentes químicos fazem parte daquele produto.

Assim, a identificação do perigo de forma genérica evidencia a má gestão do risco ocupacional no estabelecimento.

Não confundir Levantamento Preliminar de Perigos com Análise Preliminar de Perigos (APP). A análise preliminar de perigos, como o próprio nome diz, é uma técnica de análise de risco utilizada depois de reconhecido o risco.

Identificação de perigos

A etapa de identificação de perigos deve incluir:

a) descrição dos perigos e possíveis lesões ou agravos à saúde;

b) identificação das fontes ou circunstâncias; e

c) indicação do grupo de trabalhadores sujeitos aos riscos.

A identificação dos perigos deve abordar os perigos externos previsíveis relacionados ao trabalho que possam afetar a saúde e a segurança no trabalho.

Cada perigo deve ser identificado por nome, como, por exemplo: ruído, queda em altura, movimento repetitivo etc. A cada perigo devem ser relatadas possíveis lesões ou agravos à saúde, utilizando o exemplo anterior teríamos: ruído – perda auditiva induzida por ruído, fadiga, perda de memória, irritabilidade, hipertensão, perturbações gastrointestinais; queda em altura – torções, luxações, fraturas, morte; movimento repetitivo – lesões por esforços repetitivos.

Cada perigo também deve estar associado à fonte do perigo ou circunstâncias. No caso dos agentes físicos, as fontes são responsáveis pela emissão das energias. Para os riscos ergonômicos ou de acidente associamos as circunstâncias de cada agente. Abaixo alguns exemplos de fontes:

AGENTE	FONTE/CIRCUNSTÂNCIA
Ruído	Máquinas e equipamentos
Calor	Fornos, cadinhos, solda
Agentes químicos	Processo químico, reator, tanque
Posturas incômodas	Mobiliário inadequado
Movimento repetitivo	Processo não automatizado
Queda em altura	Lavagem de vidraças, manutenção de telhado
Queimadura	Tubulação sem proteção, partes de equipamento expostas

Por último, deverá ser indicado o GHE – grupo homogêneo de exposição – contendo o nome dos trabalhadores que compõem aquele grupo.

Avaliação de riscos ocupacionais

A organização deve avaliar os riscos ocupacionais relativos aos perigos identificados em seu(s) estabelecimento(s), de forma a manter informações para adoção de medidas de prevenção.

Para cada risco deve ser indicado o nível de risco ocupacional, determinado pela combinação da severidade das possíveis lesões ou agravos à saúde com a probabilidade ou chance de sua ocorrência ou frequência.

Quando se fala em combinação da severidade *versus* frequência vem diretamente à nossa cabeça uma matriz de riscos, que é uma forma gráfica de visualizar e avaliar o risco. As matrizes serão melhores estudadas em item próprio desta obra.

A organização deve selecionar as ferramentas e técnicas de avaliação de riscos que sejam adequadas ao risco ou circunstância em avaliação.

Observe que a legislação não especifica qual matriz deve ser utilizada, tampouco qual técnica de avaliação de risco deve ser escolhida; mas o legislador adverte que tais matrizes e técnicas devem ser adequadas ao risco ou circunstância.

A avaliação de riscos está normatizada na ABNT NBR ISO/IEC 31010:2012. Abaixo temos quadro mostrando a aplicabilidade das diversas ferramentas existentes no mercado. Algumas delas nunca ouvimos nem falar!

Tabela – Aplicabilidade das ferramentas utilizadas para o processo de avaliação de riscos

Ferramentas e técnicas	**Processo de avaliação de riscos**					**Ver Anexo**
	Identificação de riscos	**Análise de riscos**			**Avaliação de riscos**	
		Conse-quência	**Proba-bilidade**	**Nível de risco**		
Brainstorming	FA	NA	NA	NA	NA	B 01
Entrevistas estruturadas ou semiestruturadas	FA	NA	NA	NA	NA	B 02
Delphi	FA	NA	NA	NA	NA	B 03
Listas de verificação	FA	NA	NA	NA	NA	B 04
Análise preliminar de perigos (APP)	FA	NA	NA	NA	NA	B 05
Estudo de perigos e operabilidade (HAZOP)	FA	FA	A	A	A	B 06
Análise de perigos e pontos críticos de controle (APPCC)	FA	FA	NA	NA	FA	B 07
Avaliação de risco ambiental	FA	FA	FA	FA	FA	B 08
Técnica estruturada "E se" (SWIFT)	FA	FA	FA	FA	FA	B 09
Análise de cenários	FA	FA	A	A	A	B 10
Análise de impactos no negócio	A	FA	A	A	A	B 11
Análise de causa-raiz	NA	FA	FA	FA	FA	B 12
Análise de modos de falha e efeito	FA	FA	FA	FA	FA	B 13
Análise de árvore de falhas	A	NA	FA	A	A	B 14

Análise de árvore de eventos	A	FA	A	A	NA	B 15
Análise de causa e consequência	A	FA	FA	A	A	B 16
Análise de causa e efeito	FA	FA	NA	NA	NA	B 17
Análise de camadas de proteção (LOPA)	A	FA	A	A	NA	B 18
Árvore de decisões	NA	FA	FA	A	A	B 19
Análise da confiabilidade humana	FA	FA	FA	FA	A	B 20
Análise Bow Tie	NA	A	FA	FA	A	B 21
Manutenção centrada em confiabilidade	FA	FA	FA	FA	FA	B 22
Sneak analysis (SA) e sneak circuit analysis (SCA)	A	NA	NA	NA	NA	B 23
Análise de Markov	A	FA	NA	NA	NA	B 24
Simulação de Monte Carlo	NA	NA	NA	NA	FA	B 25
Estatística Bayesiana e Redes de Bayes	NA	FA	NA	NA	FA	B 26
Curvas FN	A	FA	FA	A	FA	B 27
Índices de risco	A	FA	FA	A	FA	B 28
Matriz de probabilidade/consequência	FA	FA	FA	FA	A	B 29
Análise de custo/benefício	A	FA	A	A	A	B 30
Análise de decisão por multicritérios (MCDA)	A	FA	A	FA	A	B 31
FA – Fortemente aplicável. NA – Não aplicável. A – Aplicável.						

Numa matriz de risco, onde combinamos a severidade das possíveis lesões ou agravos à saúde com a probabilidade ou chance de sua ocorrência ou frequência, a gradação da severidade das lesões ou agravos à saúde deve levar em conta a magnitude da consequência e o número de trabalhadores possivelmente afetados.

A magnitude deve levar em conta as consequências de ocorrência de acidentes ampliados.

A gradação da probabilidade de ocorrência das lesões ou agravos à saúde deve levar em conta:

a) os requisitos estabelecidos em Normas Regulamentadoras;

b) as medidas de prevenção implementadas;

c) as exigências da atividade de trabalho; e

d) a comparação do perfil de exposição ocupacional com valores de referência estabelecidos na NR-09.

Na construção da matriz de sua empresa, ao estabelecer os scores da probabilidade de ocorrência, devem ser considerados os itens acima; mas atenção especial deve ser dada às medidas de prevenção implementadas que serão atenuações dos perigos existentes. Devemos nos lembrar que as medidas preventivas (antes do acidente) alteram a frequência do acidente e as medidas mitigatórias (depois do acidente) alteram as consequências do acidente.

Após a avaliação, os riscos ocupacionais devem ser classificados, observado o subitem 1.5.4.4.2 da NR-01, para fins de identificar a necessidade de adoção de medidas de prevenção e elaboração do plano de ação.

A avaliação de riscos deve constituir um processo contínuo e ser revista a cada dois anos ou quando da ocorrência das seguintes situações:

a) após implementação das medidas de prevenção, para avaliação de riscos residuais;

b) após inovações e modificações nas tecnologias, ambientes, processos, condições, procedimentos e organização do trabalho que impliquem em novos riscos ou modifiquem os riscos existentes;

c) quando identificadas inadequações, insuficiências ou ineficácias das medidas de prevenção;

d) na ocorrência de acidentes ou doenças relacionadas ao trabalho;

e) quando houver mudança nos requisitos legais aplicáveis.

No caso de organizações que possuírem certificações em sistema de gestão de SST, o prazo poderá ser de até 3 (três) anos.

Como já dito no início desta obra, a pretensão do PGR é não se tornar papel e, sim, um verdadeiro programa. Para que o PGR se torne programa é fundamental que seja exercitado frequentemente, num processo contínuo de aprimoramento. A cada mês devem ser retirados os trabalhadores demitidos e incluídos os trabalhadores admitidos na empresa, oportunidade quando também devem ser revistos os perigos levantados para refinar sua avaliação. Se a cada mês revisitarmos, ao menos, um perigo, ao final dos dois anos teremos 24 perigos reavaliados e muito mais próximos da realidade estaremos do que na concepção do PGR.

O que são acidentes ampliados?

A Diretiva de Seveso da Comunidade Europeia (1982) estabelece que acidente ampliado é *uma ocorrência, tal como uma emissão, incêndio ou explosão envolvendo uma ou mais substâncias químicas perigosas, resultando de um desenvolvimento incontrolável no curso de atividade industrial, conduzindo a sérios perigos para o homem e o meio ambiente, imediatos ou a longo prazo, internamente e externamente ao estabelecimento.*

Você se recorda de algum acidente ampliado recente? Um acidente ampliado de repercussão mundial foi a explosão de nitrato de amônio na região portuária de Beirute, no Líbano.

Os acidentes ampliados são marcos na história que transcendem os limites físicos e impactam muito além do local onde ocorrem. Estes eventos desastrosos muitas vezes revelam deficiências significativas na segurança e infraestrutura, além de influenciar fortemente regulamentações e padrões de segurança. Abaixo estão alguns dos principais acidentes ampliados ao longo da história:

- Chernobyl (1986) – O desastre na Usina Nuclear de Chernobyl, na Ucrânia, é um dos piores acidentes nucleares da história. Ocorreu devido a uma série de erros humanos e falhas no projeto do reator, resultando em uma explosão que lançou materiais radioativos na atmosfera. As consequências incluíram evacuações em larga escala, contaminação radioativa em uma vasta área e um impacto duradouro na saúde e no meio ambiente.

- Bhopal (1984) – O vazamento de gás na fábrica da Union Carbide na cidade de Bhopal, na Índia, foi um dos piores desastres industriais. O vazamento de gás tóxico resultou em milhares de mortes imediatas e deixou um legado de problemas de saúde e ambientais duradouros na região.

- Deepwater Horizon (2010) – O acidente na plataforma de petróleo Deepwater Horizon no Golfo do México foi um dos maiores vazamentos de óleo marinho da história. Além do impacto ambiental, afetou severamente a vida marinha, as indústrias pesqueira e turística e gerou uma crise econômica regional.

- Fukushima (2011) – O terremoto e tsunami que atingiram a usina nuclear de Fukushima, no Japão, desencadearam uma série de eventos que levaram a um derretimento nuclear e vazamento de material radioativo. Esse desastre teve repercussões internacionais, causando preocupações sobre segurança nuclear em todo o mundo.
- Desastre de Love Canal (1978) – Um exemplo dos riscos de poluição e contaminação ambiental, o desastre de Love Canal em Nova York, nos Estados Unidos, expôs milhares de pessoas a substâncias tóxicas devido à construção de casas em um local onde produtos químicos foram descartados inadequadamente.

Esses acidentes destacam a importância de padrões de segurança rigorosos, vigilância ambiental e investimento em tecnologias seguras. Eles também impulsionaram a revisão de políticas regulatórias e práticas de gerenciamento de riscos para prevenir futuros acidentes ampliados.

Os acidentes ampliados servem como lembretes contundentes dos custos humano, ambiental e econômico dos erros e falhas, ressaltando a necessidade contínua de priorizar a segurança e a prevenção de riscos em todas as áreas da sociedade.

As empresas contempladas com tratamento diferenciado quanto à elaboração do PGR, ainda que circundada por outras empresas com risco de acidentes ampliados, não têm obrigatoriedade em elaborar o PGR em função do perigo externo, uma vez que o gerenciamento de riscos ocupacionais deve ser implementado por estabelecimento e com relação às atividades desenvolvidas pela empresa.

Processo contínuo lembra... Ciclo PDCA de melhoria contínua

Introdução

A implementação do Ciclo PDCA para a melhoria contínua de processos pode ser aplicado à redução de acidentes e doenças ocupacionais.

O Ciclo PDCA, que vem das palavras "*Plan*" (planejar), "*Do*" (executar), "*Check*" (verificar) e "*Act*" (agir), é uma metodologia reconhecida na gestão de qualidade e na busca de melhorias contínuas de processos. O PDCA, uma abordagem sistemática criada por Walter A. Shewhart na década de 1920 e popularizada por W. Edwards Deming, permite que as organizações identifiquem oportunidades de melhoria, implementem mudanças controladas e monitorem seus resultados.

Planejar

O planejamento é a primeira etapa do Ciclo PDCA. Ao chegar a esta fase, a organização identifica um processo que precisa ser melhorado, define metas claras e coleta dados para obter uma compreensão do estado do processo atual. A criação de indicadores de desempenho, a realização de análises de riscos e a criação de um plano de ação fazem parte disso. Ao planejar, a equipe deve considerar os recursos, o cronograma e os métodos necessários para atingir as metas.

Executar

A organização implementa as mudanças planejadas na fase de "Executar". Isso inclui a execução do plano de ação, a implementação das melhorias sugeridas e, se necessário, o treinamento da equipe. Manter registros detalhados é essencial durante esta etapa para verificar se as ações foram tomadas e se o planejamento foi cumprido.

Verificar

A terceira etapa, chamada de "Verificar", se concentra na análise dos resultados. Neste ponto, a organização faz uma comparação entre seu desempenho atual e as metas que foram estabelecidas. Para avaliar o impacto das mudanças implementadas, a coleta de dados e a análise estatística são ferramentas valiosas. A organização pode continuar se os resultados atenderem as metas. Se não, as causas das divergências devem ser identificadas.

Agir

Com base nos resultados obtidos na etapa anterior, a organização toma medidas na última fase, "Agir". As mudanças que foram implementadas podem ser padronizadas e incorporadas ao processo se o desempenho atingiu as metas. Caso contrário, a equipe deve alterar o plano de ação e repetir o ciclo. A etapa "Agir" é fundamental para a aprendizagem organizacional e a melhoria contínua de processos.

Concluindo

Uma ferramenta poderosa para a melhoria contínua de processos organizacionais é o Ciclo PDCA. As empresas podem usar esse ciclo para estabelecer um processo de aprimoramento sistemático que ajuda a encontrar oportunidades, fazer mudanças controladas e observar os resultados. A metodologia permite que as organizações se tornem mais competitivas, produtivas e capazes de aprender e se adaptar. O Ciclo PDCA é uma prática essencial em muitos sistemas de gestão, como a ISO 9001 (gestão da qualidade) e a ISO 14001 (gestão ambiental), e continua sendo uma abordagem útil em um mundo empresarial em constante mudança.

A melhoria contínua pode ser demonstrada pela empresa. A NR-01 estabelece que o desempenho das medidas de prevenção deve ser acompanhado de forma contínua e planejada, sendo que as medidas de prevenção devem ser revistas quando os dados obtidos no acompanhamento indicarem ineficácia em seu desempenho. Além disso, deve a empresa implementar ações para a adoção de medidas necessárias para melhorar seu desempenho em SST.

Se um sistema de ventilação, por exemplo, foi implementado como medida de prevenção, seu desempenho para a redução da concentração de agentes químicos no posto de trabalho deve ser avaliado. A partir da análise da eficácia, são propostas medidas de ajuste que melhorem seu desempenho, com o redimensionamento do controle, como alterações na potência do ventilador, balanceamento das tramas etc.

Aplicando o Ciclo PDCA ao firme propósito de redução de acidentes e doenças ocupacionais, dentro do PGR, temos abaixo as adaptações necessárias:

Planejar

- Localizar o problema e estabelecer plano de ação;
- Antecipação do risco;
- Reconhecimento do risco;
- Avaliação do risco;
- Implementação do plano de ação;
- Estabelecer cronograma anual;
- Definir indicadores de desempenho;
- Ferramentas que podem auxiliar: Diagrama de Ishikawa, Gráfico de Pareto, *brainstorming* e 5W2H.

Fazer

- Executar o plano e colocá-lo em prática;
- Estabelecer e implementar medidas de controle;
- Adotar ações educativas;
- Implementar treinamentos da equipe.

Checar

- Acompanhar indicadores e verificar atingimento de metas;
- Avaliar a eficácia das medidas de controle implementadas;

- Revisar o documento;
- Analisar globalmente o PGR.

Agir

- Tomar ações corretivas no insucesso ou padronizar e treinar no sucesso;
- Tomar ações corretivas caso os indicadores apontem desvio;
- Tomar ações preventivas dos riscos existentes;
- Padronizar os procedimentos;
- Implementar treinamento dos procedimentos.

Controle dos riscos - Medidas de prevenção

A organização deve adotar medidas de prevenção para eliminar, reduzir ou controlar os riscos sempre que:

a) exigências previstas em Normas Regulamentadoras e nos dispositivos legais determinarem;

b) a classificação dos riscos ocupacionais assim determinar, conforme subitem 1.5.4.4.5 da NR-01;

c) houver evidências de associação, por meio do controle médico da saúde, entre as lesões e os agravos à saúde dos trabalhadores com os riscos e as situações de trabalho identificados.

Desta forma, as medidas de prevenção podem: (i) eliminar, (ii) reduzir ou (iii) controlar um risco. De forma geral, a eliminação é realizada por meio das medidas de proteção coletiva; a redução por meio dos equipamentos de proteção individual e o controle por meio das medidas administrativas.

Quando comprovada pela organização a inviabilidade técnica da adoção de medidas de proteção coletiva, ou quando estas não forem suficientes ou encontrarem-se em fase de estudo, planejamento ou implantação, ou, ainda, em caráter complementar ou emergencial, deverão ser adotadas outras medidas, obedecendo-se a seguinte hierarquia:

a) medidas de caráter administrativo ou de organização do trabalho;

b) utilização de equipamento de proteção individual - EPI.

A norma estabelece que as medidas de proteção coletiva são a opção hierarquicamente preferível e que, somente sob três circunstâncias: (i) não forem suficientes,

(ii) estiverem em fase de estudo ou (iii) em caráter emergencial, poderão ser utilizadas as medidas de caráter administrativo e os equipamentos de proteção individual.

A implantação de medidas de prevenção deverá ser acompanhada de informação aos trabalhadores quanto aos procedimentos a serem adotados e limitações das medidas de prevenção.

Planos de ação

Considerando que o PGR é um programa, com atualização periódica, que implica a implementação e acompanhamento das medidas de prevenção, respectivos ajustes devem ser registrados no programa.

O desempenho das medidas de prevenção deve ser acompanhado de forma planejada e contemplar:

a) a verificação da execução das ações planejadas;

b) as inspeções dos locais e equipamentos de trabalho; e

c) o monitoramento das condições ambientais e exposições a agentes nocivos, quando aplicável.

Assim, é altamente recomendada a implementação de inspeções frequentes aos locais e equipamentos de trabalho, com um detalhado *checklist* para monitorar de perto o desempenho em SST.

No passado, o PPRA era jogado numa gaveta e somente depois de um ano era renovado. Com o PGR não é possível a mesma postura. Todas as análises que eram realizadas de uma só vez, quando da renovação do PPRA, no caso do PGR, devem ser distribuídas ao longo do período de validade do programa, mediante cronograma de atividades. Tal providência traz algumas vantagens, como, por exemplo, monitorar os agentes ambientais em vários períodos do ano, não concentrando todas as avaliações num só mês.

E, falando-se em cronograma, também deve ser aferido se tudo aquilo que ficou consignado no cronograma está sendo cumprido. Caso negativo, a primeira providência é alterar o cronograma para evitar multas numa eventual fiscalização.

Implementação e acompanhamento das medidas de prevenção

Com relação às medidas de prevenção, estas devem ser corrigidas quando os dados obtidos no acompanhamento indicarem ineficácia em seu desempenho, como, por exemplo, foi instalado um sistema de ventilação para redução da concentração de determinado agente químico no local de trabalho. No entanto, após novas avaliações quantitativas realizadas, chegou-se à triste conclusão de que tal sistema de ventilação não possui a eficácia que os fornecedores prometeram... Neste caso, o projeto de ventilação terá de ser reavaliado, ou sua montagem inspecionada, para verificar eventual erro.

Acompanhamento da saúde ocupacional dos trabalhadores

O PGR tem por legado a integração com todas as demais Normas Regulamentadoras. Desta forma, a empresa deve desenvolver ações em saúde ocupacional dos trabalhadores integradas às demais medidas de prevenção em SST, de acordo com os riscos gerados pelo trabalho.

O controle da saúde dos empregados deve ser um processo preventivo planejado, sistemático e continuado, de acordo com a classificação de riscos ocupacionais e nos termos da NR-07.

Assim, o PGR e o PCMSO precisam se conversar de fato. Se anteriormente os médicos do trabalho tinham de quebrar a cabeça tentando adivinhar quais os perigos aos quais os trabalhadores estariam expostos; atualmente, é mandatório que o PCMSO seja elaborado exclusivamente com base nos perigos lançados no PGR.

A nova NR-07 – Programa de Controle Médico de Saúde Ocupacional (PCMSO) – terá um impacto gigante na lógica de construção do programa e representará um enorme desafio para os profissionais da área de SST para integrar essa norma com as demais, especialmente o PGR.

Se anteriormente o PCMSO era elaborado com base no PPRA, agora o será com base no PGR; inobstante a abordagem para o reconhecimento do risco continuar a mesma. Segundo a nova redação do PCMSO, o conteúdo do PGR será o foco da definição de controle médico. De forma análoga, o controle médico deve ser informado sobre a eficácia das medidas de prevenção implementadas pelo PGR.

Dispensável dizer que a cada perigo incluído no PGR, o PCMSO, por se tratar de um programa, deverá ser atualizado quando houver um novo risco que importe agravo ou lesão à saúde do trabalhador. Um exame complementar é exigível sempre que contemplado nos anexos da NR-07. As ações planejadas para o PGR e para o PCMSO não se confundem, embora os resultados de um programa retroalimentem o outro.

A partir de agora existe uma reciprocidade entre PGR e PCMSO. Por exemplo, a ajuda do PCMSO na elaboração do PGR consiste na avaliação das medidas preventivas com base no monitoramento biológico e nas avaliações epidemiológicas.

Análise de acidentes e doenças relacionadas ao trabalho

A organização deve analisar os acidentes e as doenças relacionadas ao trabalho.

As análises de acidentes e doenças relacionadas ao trabalho devem ser documentadas e:

a) considerar as situações geradoras dos eventos, levando em conta as atividades efetivamente desenvolvidas, ambiente de trabalho, materiais e organização da produção e do trabalho;

b) identificar os fatores relacionados com o evento; e

c) fornecer evidências para subsidiar e revisar as medidas de prevenção existentes.

Cada acidente e doença ocupacional deve não somente ser analisado, mas também que toda a documentação gerada nesta análise seja arquivada para gerar evidências de cumprimento da norma no futuro.

Veja que a norma não especifica qual tipo de análise deve ser; desta forma, é possível adotar qualquer método de análise, desde que compatível com o recomendado para o caso.

Por óbvio que as análises de acidentes e doenças fazem uso de instrumentos distintos. As análises de acidentes devem fazer uso daquelas previstas na Norma ABNT NBR ISO/IEC 31010:2012, conforme já discutido em item específico. No caso de doenças ocupacionais, a análise consiste em estabelecer o nexo causal entre o trabalho e a doença, o que nem sempre é tão fácil, e envolve estudos e consulta bibliográfica para formar uma convicção do profissional.

Preparação para emergências

A organização deve estabelecer, implementar e manter procedimentos de resposta aos cenários de emergência, de acordo com os riscos, as características e as circunstâncias das atividades.

Os procedimentos de resposta aos cenários de emergência devem prever:

a) os meios e recursos necessários para os primeiros socorros, encaminhamento de acidentados e abandono; e

b) as medidas necessárias para os cenários de emergência de grande magnitude, quando aplicável.

A emergência é causada por um evento inesperado e, para prevenir situações inesperadas, é preciso tomar medidas de contenção para minimizar os efeitos e consequências desse evento inesperado, vez que acidentes e emergências podem acontecer com qualquer um e em qualquer lugar, inclusive no ambiente de trabalho. Para tal, surge a necessidade de construir e implantar um Plano de Ação de Emergência (PAE).

O Plano de Ação de Emergência, desenvolvido pela empresa, tem por objetivo o planejamento e a organização dos meios disponíveis para garantir a manutenção da segurança em caso do acontecimento de uma situação perigosa.

A partir do estudo prévio dos potenciais cenários críticos, pode-se desenvolver um sistemático tratamento dos aspectos estratégicos e táticos para um adequado processo de resposta.

No caso de uma emergência, é importante que todos os empregados, prestadores de serviços e visitantes tenham o devido conhecimento e acesso à informação sobre os procedimentos adotados pela empresa para que possam agir de maneira correta diante da situação inesperada. A implantação, divulgação e conhecimento do PAE será sempre a melhor forma de garantir a segurança de todos, prevendo o imprevisto e desenvolvendo procedimentos para servir de guia quando forem necessárias as ações imediatas.

Muitos incidentes de proporções catastróficas poderiam ter sido evitados se as pessoas soubessem como agir de forma antecipada. Assim, é preciso lembrar que no momento de uma emergência não haverá tempo para o improviso, nem tempo para planejar o que fazer. Tudo isso deve ser feito previamente à emergência. É fundamental que cada empregado entenda suas funções e responsabilidades, de maneira que os riscos sejam minimizados e controlados precocemente.

O Plano de Ação de Emergência visa atenuar os danos causados por situações emergenciais, sendo o plano um conjunto de diretrizes que tem por função orientar, disciplinar e determinar todos os procedimentos a serem adotados pelos empregados durante a ocorrência de acidentes ou incidentes na empresa, de forma a propiciar as condições necessárias para o pronto atendimento às emergências, por meio do desencadeamento de ações rápidas e seguras.

O PAE é caracterizado pela descrição de procedimentos de resposta às emergências que eventualmente possam ocorrer na empresa, atribuindo responsabilidades aos envolvidos, assegurando condições necessárias para o pronto atendimento às emergências por meio da execução de ações previamente estabelecidas.

O detalhamento das ações e a forma de procedimento devem estar descritos no plano relatando como se deve proceder quando ocorrer um incêndio:

- Acionar o sistema de alarme.
- Efetuar o início do combate ao incêndio com sistemas móveis.
- Cortar as fontes de energia: oxigênio, energia elétrica.
- Procurar a existência de vítimas.
- Efetuar os primeiros socorros às vítimas.

- Evacuar os empregados do local para o ponto de encontro determinado para cada setor. Providenciar sistema de mangueiras para o combate ao incêndio.
- Acionar o corpo de bombeiros.
- Efetuar o isolamento do local.

Construção do PAE

O Plano de Ação de Emergência (PAE) deve ser elaborado nos termos da Norma ABNT NBR 15219:2020 – Plano de emergência – Requisitos e procedimentos.

O plano de emergência deve considerar os seguintes aspectos:

a) tipo de ocupação, por exemplo, residencial, comercial, industrial, educacional etc.;

b) riscos específicos inerentes à ocupação;

c) construção, acabamento e revestimentos, por exemplo, alvenaria, concreto, metálico, madeira, parede construída sem argamassa (*drywall)* ou outros métodos construtivos;

d) dimensões da área total construída e de cada uma das edificações, altura de cada edificação, número de pavimentos, se há subsolos, garagens e outros detalhes, por exemplo, compartimentação vertical e/ou horizontal;

e) população fixa e/ou flutuante e suas características, por exemplo, crianças, idosos, pessoas com deficiência e/ou mobilidade reduzida, ou outras características;

f) característica de funcionamento, horários e turnos de trabalho, e os dias e horários fora do expediente;

g) acessibilidade para pessoas com deficiência e/ou mobilidade reduzida;

h) rotas de fuga e áreas de refúgio;

i) recursos humanos integrantes da equipe de emergência, por exemplo, brigada de emergências, bombeiros civis, grupos de apoio ou outros recursos humanos dedicados ao atendimento de emergências;

j) recursos materiais, sistemas e equipamentos existentes, por exemplo, extintores de incêndio, sistema de hidrantes, iluminação de emergência, escada para acesso à saída de emergência, portas corta-fogo, saídas de emergência, chuveiros automáticos, sistema de detecção e alarme de incêndio, sistema motogerador de incêndio ou outros sistemas e equipamentos;

k) localização e recursos externos, por exemplo, área urbana, área rural, características da vizinhança, distâncias de outras edificações e/ou riscos, tempo de resposta médio do corpo de bombeiros, do SAMU, defesa civil, policiais, remoção para os hospitais, existência de planos de auxílio mútuo ou outros recursos dedicados para atendimento de emergências.

O plano de emergência deve contemplar todas as hipóteses acidentais identificadas nas análises e na avaliação das características da planta previamente efetuadas.

Caracterizam-se como exemplos de hipóteses acidentais de emergência, porém não se limitando a estes, as seguintes situações:

a) acidente com vítima em qualquer área (procedimentos básicos de primeiros socorros);

b) acidente com vítima em áreas energizadas;

c) acidente com vítima em altura e/ou espaços confinados;

d) acidente com vítima por produtos perigosos diversos;

e) vazamento ou derrame de produtos perigosos diversos;

f) vazamento de gases combustíveis;

g) incêndio em qualquer área (procedimentos básicos de combate ao incêndio);

h) incêndio em painéis elétricos;

i) incêndio em veículos e equipamentos móveis;

j) explosões em qualquer área;

k) desastres naturais, por exemplo, descargas atmosféricas, ventos, inundações, deslizamento, escorregamentos e abalos sísmicos;

l) desmoronamentos e/ou colapso estruturais;

m) emergências decorrentes de ações intencionais de dano, por exemplo, atentados, crimes e/ou sabotagens.

No plano de emergência deve constar:

a) o organograma da equipe de emergências, incluindo o organograma da brigada de emergências;

b) o detalhamento das atribuições dos principais integrantes da equipe de emergência, por exemplo, coordenador de emergências, chefe de brigada, líder de brigada, líder de abandono, integrantes do grupo de apoio permanente, integrantes do grupo de apoio técnico, bombeiro civil e recursos externos;

c) o corpo de bombeiros, polícias, defesa civil, SAMU e outros agentes públicos de resposta às emergências e à comunidade (principalmente as edificações do entorno) devem ser considerados na elaboração do plano de emergência;

d) os procedimentos de comunicações internas e externas para o atendimento de emergências da planta;

e) um cronograma das verificações periódicas de alarmes e comunicações, quando for aplicável;

f) os procedimentos para cada integrante da equipe de emergência, após o acionamento dos alarmes;

g) os procedimentos básicos de emergências;

h) os procedimentos específicos para cada hipótese acidental da planta;

i) pelo menos um modelo de registro de ocorrência, contendo no mínimo os dados de acordo com a ABNT NBR 14023. Este registro deve ser preenchido em todas as ocorrências de emergências atendidas e com todos os exercícios simulados de emergências realizados na planta;

j) os procedimentos para abandono de áreas de toda a população fixa e flutuante, considerando ainda os procedimentos específicos para as pessoas com deficiência ou mobilidade reduzida;

l) os procedimentos de gerenciamento de emergências com sistema de comando de incidentes (SCI), quando houver hipóteses acidentais de magnitude grave, com necessidade de recursos externos e integração entre os órgãos públicos e as equipes de atendimento de emergências da planta;

m) a interface do plano de emergência com outros planos da planta, por exemplo, plano de gerenciamento de crise e/ou plano de continuidade de negócios;

n) as informações sobre os sistemas fixos de proteção e controle de incêndio, sendo:

i) volume da reserva de água exclusiva para incêndio e tempo estimado de autonomia;

ii) volume da reserva de água alternativa, procedimentos para uso em proteção de incêndio e tempo estimado de autonomia;

iii) procedimentos para acionamento, teste e manutenções preventiva e corretiva das bombas de incêndio;

iv) tipo, características e volume da reserva de líquido gerador de espuma (LGE) e/ou de agentes umectantes, quando aplicável;

v) autonomia de tempo para o combate com espuma e/ou agentes umectantes;

vi) procedimentos para acionamento do sistema fixo de espuma e/ou agentes umectantes;

vii) procedimentos para acionamento do sistema fixo de extinção por gás dióxido de carbono (CO2) e/ou agentes limpos, quando aplicável;

viii) procedimento de não funcionamento do sistema de proteção contra incêndio.

Revisão do plano de emergência

O plano de emergência deve ser revisado por profissional habilitado sempre que:

a) ocorrer uma alteração significativa nos processos industriais, processos de serviços, de área ou leiaute;

b) ocorrer aumento significativo (mais de 50%) do número de pessoas da planta (populações fixa e flutuante);

c) for constatada a possibilidade de melhoria do plano;

d) completar 24 meses de sua última revisão.

Modelo de plano de emergência

Conforme a Norma ABNT NBR 15219:2020 – Plano de emergência – Requisitos e procedimentos, é apresentado o seguinte modelo de plano de emergência:

E.1 Descrição da planta

E.1.1 Planta

Identificar o tipo de planta.

E.1.2 Localização

Indicar o tipo de localização (área urbana ou rural), endereço, características da vizinhança, tempo de resposta médio dos serviços públicos de atendimento de emergências até a unidade e meios de ajuda externa (por exemplo, hospitais, polícia, órgãos de trânsito, PAM, RINEM etc.).

E.1.3 Construção

Indicar o tipo de construção, acabamento e revestimento, por exemplo, de alvenaria, concreto, metálico, madeira, parede construída sem argamassa (*drywall*) etc.

E.1.4 Dimensões

Indicar área total construída de cada uma das edificações, altura de cada edificação, número de pavimentos, se há subsolos, garagens e outros detalhes, por exemplo, compartimentação vertical e/ou horizontal.

E.1.5 Ocupação

Indicar o tipo de ocupação de acordo com o Anexo A da norma.

E.1.6 População

Indicar as populações fixa e flutuante, e as suas características (idosos, crianças etc.).

E.1.7 Características de funcionamento

Indicar os horários e turnos de trabalho e os dias e horários fora do expediente de funcionamento.

E.1.8 Pessoas com deficiência ou mobilidade reduzida

Indicar o número de pessoas com deficiência ou mobilidade reduzida e seu local de trabalho, bem como os meios para facilitar o abandono.

E.1.9 Riscos específicos inerentes à ocupação

Detalhar todos os riscos existentes (por exemplo, cabine primária, caldeira, máquinas e equipamentos, cabine de pintura etc.).

E.1.10 Recursos humanos

Indicar o número de integrantes da equipe de emergência (brigada de emergências, bombeiro civil, grupo(s) de apoio à equipe de emergência etc.) e seu local de trabalho, bem como corpo de bombeiros e os outros meios de atendimento externo.

E.1.11 Recursos materiais

Indicar sistemas e equipamentos existentes (por exemplo, extintores de incêndio portáteis, sistema de hidrantes, iluminação de emergência, escada para acesso à saída de emergência, portas corta-fogo, saídas de emergência, chuveiros automáticos, sistema de detecção e alarme de incêndio, sistema motogerador de incêndio etc.).

E.1.12 Rotas de fuga

Indicar as rotas de fuga e os pontos de encontro, mantendo-os sinalizados e desobstruídos.

E.2 Procedimentos básicos de emergência

Os procedimentos descritos em E.2.1 a E.2.10 estão relacionados em uma ordem lógica e serão executados conforme a disponibilidade do pessoal e com prioridade ao atendimento de vítimas.

E.2.1 Alerta

Deve ser contemplado como será dado o alerta em caso de incêndio (por exemplo, por meio de alarme, telefone ou outro meio) e como os membros da brigada e a população em geral serão avisados sobre o alerta.

E.2.2 Análise da situação

Será identificado quem irá realizar a análise da situação, qual a responsabilidade desta pessoa, quem ela irá informar caso seja confirmada a emergência e demais providências necessárias.

E.2.3 Atendimento externo

Havendo a necessidade do acionamento de serviços públicos ou privados de atendimento de emergências, uma pessoa da equipe de emergência da planta deve solicitar o serviço. É necessário estar claro que esta pessoa precisa fornecer pelo menos as seguintes informações:

a) nome e número do telefone utilizado;

b) endereço da planta (completo);

c) pontos de referência;

d) características da emergência;

e) quantidade e estado das eventuais vítimas.

Uma pessoa, preferencialmente um brigadista, vai orientar o corpo de bombeiros ou o meio de ajuda externa, quando da sua chegada, sobre as condições e acessos, bem como apresentá-los ao coordenador de emergências da planta.

E.2.4 Emergências médicas

Indicar as pessoas qualificadas para prestar os primeiros socorros e os meios e procedimentos a serem utilizados no atendimento às eventuais vítimas.

E.2.5 Eliminação de riscos

Indicar a pessoa responsável pelo corte da energia elétrica (parcial ou total) e pelo fechamento das válvulas das tubulações, se necessário.

E.2.6 Abandono de área

Indicar os procedimentos caso seja necessário abandonar o prédio e as pessoas responsáveis por este processo.

E.2.7 Isolamento da área para evitar a exposição de pessoas

Indicar os procedimentos para isolar fisicamente as áreas afetadas com barreiras (cerca, telas etc.), de modo a garantir os trabalhos de emergência e evitar que pessoas não autorizadas adentrem ao local. Indicar as pessoas responsáveis por este processo.

E.2.8 Isolamento de área para evitar a propagação do incêndio

Indicar os procedimentos para isolar o incêndio, impedindo a propagação para outras edificações. Devem ser indicadas as pessoas responsáveis por este processo.

E.2.9 Confinamento do incêndio

Indicar os procedimentos para evitar a propagação do incêndio no interior da edificação afetada e suas consequências. Devem ser indicadas as pessoas responsáveis por este processo.

E.2.10 Combate ao incêndio

Indicar quem, da equipe da brigada e/ou bombeiros, irá combater o incêndio e os meios e procedimentos a serem utilizados no combate.

E.2.11 Investigação

Após o controle total da emergência e a volta à normalidade, o coordenador de emergências deve iniciar o processo de investigação e elaborar um relatório, por escrito, sobre a ocorrência e as ações de controle, para as devidas providências e/ou investigação.

E.3 Responsabilidade pelo plano

O responsável pela implementação do plano de emergência da planta e o responsável pela elaboração do plano de emergência (profissional habilitado) assinarão o plano.

Documentação

O PGR deve conter, no mínimo, os seguintes documentos:

a) inventário de riscos; e

b) plano de ação.

Os documentos integrantes do PGR devem ser elaborados sob a responsabilidade da organização, respeitado o disposto nas demais Normas Regulamentadoras, datados e assinados.

Os documentos integrantes do PGR devem estar sempre disponíveis aos trabalhadores interessados ou seus representantes e à Inspeção do Trabalho.

A rigor, todas as empresas devem elaborar o PGR, com exceção dos casos dispensados pela NR-01; porém, quando inexistir riscos na empresa (o que é difícil), o PGR se resumirá ao inventário de riscos e plano de ação.

Outra questão que tem suscitado muitas dúvidas é quanto à responsabilidade de elaboração do PGR. A princípio, tal responsabilidade compete à empresa e ela pode delegar a quem ela quiser que elabore o documento. Não há qualquer legislação no sentido de quem esteja habilitado a elaborar o programa.

Por óbvio que alguns documentos integrantes do PGR podem exigir a assinatura de profissional habilitado como é o caso das NR-10, NR-13 etc., quando então tais profissionais inclusive deverão emitir a ART – Anotação de Responsabilidade Técnica do CREA.

Nos termos da NR-18, o PGR na indústria da construção deve contemplar, além das exigências previstas na NR-01, exigências específicas.

Em canteiros de obras com até 7 m (sete metros) de altura e com, no máximo, 10 (dez) trabalhadores, o PGR pode ser elaborado por profissional qualificado em segurança do trabalho e implementado sob responsabilidade da organização.

Nos demais casos, deve ser elaborado por profissional legalmente habilitado em segurança do trabalho.

Inventário de riscos ocupacionais

Os dados da identificação dos perigos e das avaliações dos riscos ocupacionais devem ser consolidados em um inventário de riscos ocupacionais.

O inventário de riscos ocupacionais deve contemplar, no mínimo, as seguintes informações:

a) caracterização dos processos e ambientes de trabalho;

b) caracterização das atividades;

c) descrição de perigos e de possíveis lesões ou agravos à saúde dos trabalhadores, com a identificação das fontes ou circunstâncias, descrição de riscos gerados pelos perigos, com a indicação dos grupos de trabalhadores sujeitos a esses riscos, e descrição de medidas de prevenção implementadas;

d) dados da análise preliminar ou do monitoramento das exposições a agentes físicos, químicos e biológicos e os resultados da avaliação de ergonomia nos termos da NR-17;e) avaliação dos riscos, incluindo a classificação para fins de elaboração do plano de ação; e

f) critérios adotados para avaliação dos riscos e tomada de decisão.

O inventário de riscos ocupacionais deve ser mantido atualizado.

O histórico das atualizações deve ser mantido por um período mínimo de 20 (vinte) anos ou pelo período estabelecido em normatização específica.

É necessário incluir e consolidar no inventário do PGR todos os riscos identificados nos diversos programas da organização, a exemplo das NR-17 (Análise Ergonômica do Trabalho – AET), NR-12, NR-10 etc.

O inventário de riscos é uma listagem contendo todos os riscos existentes na empresa, associados a algumas informações previstas na legislação; no entanto, não se trata de pura listagem contendo o nome do perigo. O inventário contempla o reconhecimento do risco, a avaliação do risco por meio da matriz de risco e, ainda, a priorização do risco, com vista ao estabelecimento do plano de ação.

Por exemplo, suponhamos que nas instalações da empresa haja uma lagoa de tratamento de efluentes e foi identificado o risco de afogamento dos empregados, que eventualmente caiam nesta lagoa. Em termos de reconhecimento do risco está tudo perfeito e, claro, existem outros perigos associados com a lagoa de tratamento de efluentes, tais como agentes químicos, agentes biológicos etc.

Na avaliação do perigo por meio da matriz de risco, estão sendo avaliadas a probabilidade *versus* a severidade de perigo. Relativamente à probabilidade, segundo informações, nunca houve ocorrência sobre afogamento, além de que a lagoa de tratamento é monitorada pelo sistema CFTV da empresa e possui uma cerca com altura de 1 metro em seu perímetro, o que reduz bastante a probabilidade de ocorrência.

Quanto à severidade do perigo, a lagoa possui profundidade de 1,5 metros, o que mitiga o eventual perigo de afogamento, caso o empregado caia dentro da lagoa. Assim, qualquer que seja a matriz utilizada, o resultado sempre será de que o perigo é irrelevante.

Importante considerar o papel do Médico do Trabalho da empresa e, caso este observe inconsistências no inventário de riscos da organização, ele deverá reavaliá-las em conjunto com os responsáveis pelo PGR.

E, finalmente, quanto à priorização do risco, sendo este irrelevante, ficará este perigo classificado como não prioritário.

Terceirização

Sempre que várias organizações realizem, simultaneamente, atividades no mesmo local de trabalho, deve-se executar ações integradas para aplicar as medidas de prevenção, visando a proteção de todos os trabalhadores expostos aos riscos ocupacionais.

O PGR da empresa contratante poderá incluir as medidas de prevenção para as empresas contratadas para prestação de serviços que atuem em suas dependências ou local previamente convencionado em contrato ou referenciar os programas de contratadas.

As organizações contratantes devem fornecer às contratadas informações sobre os riscos ocupacionais sob sua gestão e que possam impactar nas atividades das contratadas.

As organizações contratadas devem fornecer ao contratante o Inventário de Riscos Ocupacionais específico de suas atividades que são realizadas nas dependências da contratante ou local previamente convencionado em contrato.

Enfim, as empresas contratantes devem fornecer seus dados de perigos para os contratados, pois permitir que estes avaliem novamente o ambiente pode trazer avaliações discrepantes daquelas realizadas pela contratante, o que, em tese, geraria um desconfortável problema para esta.

Ao contrário, a contratada também deve fornecer os dados de perigos para as atividades desenvolvidas no interior da contratante, para que esta inclua tais perigos no seu PGR.

Tratamento diferenciado

A Secretaria Especial de Previdência e Trabalho – SEPRT emitiu fichas com orientações sobre as medidas de prevenção a serem adotadas pelo MEI. As fichas podem ser encontradas no sítio eletrônico: https://www.gov.br/trabalho-e-emprego/pt-br/assuntos/inspecao-do-trabalho/seguranca-e-saude-no-trabalho/fichasMEI.

Abaixo as 39 FICHA MEI desenvolvidas pela Secretaria de Inspeção do Trabalho (SIT/STRAB/SEPRT/ME):

FICHA MEI n. 01 – Atividades de agente funerário;

FICHA MEI n. 02 – Atividades de apoio à agricultura;

FICHA MEI n. 03 – Atividades de ambulantes, guias de turismo, panfleteiros e outras atividades externas;

FICHA MEI n. 04 – Atividades de criação e cuidado de animais;

FICHA MEI n. 05 – Atividades de fabricação artesanal de artigos de couro;

FICHA MEI n. 06 – Atividades de reparação, serigrafia, artesanato e outras;

FICHA MEI n. 07 – Atividades de artistas;

FICHA MEI n. 08 – Atividades relacionadas à indústria têxtil;

FICHA MEI n. 09 – Atividades de borracharia;

FICHA MEI n. 10 – Atividades de carpintaria e trabalho com madeira;

FICHA MEI n. 11 – Atividades de coleta e reciclagem de resíduos;

FICHA MEI n. 12 – Atividades de comércio varejista em geral;

FICHA MEI n. 13 – Atividades de condução de veículos de duas rodas;

FICHA MEI n. 14 – Atividades de condutor de veículos leves;

FICHA MEI n. 15 – Atividades de condutor de veículos pesados;

FICHA MEI n. 16 – Atividades de construção civil;

FICHA MEI n. 17 – Atividades de cuidador de idosos e enfermos;

FICHA MEI n. 18 – Atividades de curtidor de couro independente;

FICHA MEI n. 19 – Atividades de diaristas;

FICHA MEI n. 20 – Atividades de estética;

FICHA MEI n. 21 – Atividades de fabricação e consertos de calçados de couro, borracha e tecidos;

FICHA MEI n. 22 – Atividades de galvanizador independente;

FICHA MEI n. 23 – Atividades de hotelaria;

FICHA MEI n. 24 – Atividades de fabricação de laticínios;

FICHA MEI n. 25 – Atividades de lavanderia e tinturaria;

FICHA MEI n. 26 – Atividades de manutenção de veículos;

FICHA MEI n. 27 – Atividades de manutenção eletromecânica;

FICHA MEI n. 28 – Atividades de manutenção predial;

FICHA MEI n. 29 – Atividades de mergulho profissional;

FICHA MEI n. 30 – Atividades de metalurgia;

FICHA MEI n. 31 – Atividades de movimentação de cargas;

FICHA MEI n. 32 – Atividades relacionadas ao transporte marítimo, fluvial, reparação de embarcações, cordas velames e lonas, bem como instalação de equipamentos de navegação;

FICHA MEI n. 33 – Atividades de oleiro e ceramista;

FICHA MEI n. 34 – Atividades de fabricação de produtos de panificação;

FICHA MEI n. 35 – Atividades de preparação de alimentos;

FICHA MEI n. 36 – Atividades de processamento de carnes em frigoríficos, açougues, peixarias e abatedouros de aves;

FICHA MEI n. 37 – Atividades de restauradores de objetos de artes;

FICHA MEI n. 38 – Atividades de fotógrafo, instrutores de artes e outras disciplinas;

FICHA MEI n. 39 – Atividades de escritórios em geral.

A seguir um exemplo de ficha MEI:

SIT
INSPEÇÃO DO TRABALHO

ATIVIDADES DE AGENTE FUNERÁRIO

01

FICHA MEI

ORIENTAÇÕES SOBRE SEGURANÇA E SAÚDE NO TRABALHO

Microempreendedores Individuais – MEI

ATIVIDADES DE AGENTE FUNERÁRIO FICHA MEI nº 01

Acidentes Exposição a fatores ergonômicos Exposição a agentes biológicos

Introdução

Esta ficha tem o objetivo de relacionar os principais perigos e riscos comumente presentes nas atividades do microempreendedor individual-MEI, bem como as medidas de prevenção e proteção a serem adotadas para resguardar sua saúde e integridade física e de seu empregado, quando houver. Trata-se de uma lista exemplificativa, devendo cada profissional avaliar riscos adicionais e/ou relacionados à sua situação específica. **No caso de trabalho em estabelecimentos de terceiros, a contratante deverá fornecer as informações sobre os riscos que possam afetar o MEI e incluí-lo nas suas ações de prevenção.** A observância desta ficha não dispensa o cumprimento das disposições legais e regulamentares aplicáveis, especialmente as Normas Regulamentadoras de segurança e saúde no trabalho (NR), conforme o caso.

Abrangência

Esta ficha abrange atividades de funerária / serviços de funerária. Contudo, não compreende: os serviços de somatoconservação de cadáveres (CNAE 9603-3/05) e a remoção e exumação de cadáveres (CNAE 9603-3/99).

Possíveis consequências do trabalho e medidas de prevenção e proteção

Acidentes	Medidas de prevenção / proteção
Quedas e escorregões em pisos irregulares ou escorregadios.	▪ Reparar irregularidades no piso; ▪ Limpar e secar os pisos, degraus e rampas, garantindo que estejam limpos, secos e iluminados; ▪ Sinalizar a existência de obstáculos, irregularidades e pisos escorregadios; ▪ Usar sapatos ou botas de segurança com solado antiderrapante.
Choque elétrico causado pelo contato com equipamentos elétricos defeituosos, cabos não isolados, conexões desencapadas etc.	▪ Verificar a segurança e o aterramento dos equipamentos elétricos antes do uso; ▪ Reparar equipamentos elétricos defeituosos, por profissional qualificado.
Lesões decorrentes da colisão de veículos funerários.	▪ Respeito à legislação de trânsito, em especial os limites de velocidade e sinalização, prestando especial atenção em cruzamentos.

Exposição a agentes biológicos	Medidas de prevenção / proteção
Doenças infectocontagiosas, pela exposição a agentes biológicos (ex.: vírus, bactérias e fungos) durante o manejo do corpo.	▪ Higienização das mãos com água e sabonete líquido (ao menos por 40 segundos) e álcool gel 70% (ao menos por 20 segundos); ▪ Tomar banho e trocar de roupa após o término do período de trabalho;

Ficha MEI nº 01 - Atividades de Agente Funerário 01

INSPEÇÃO DO TRABALHO

Exposição a agentes biológicos	Medidas de prevenção / proteção
	▪ Não deixar o local de trabalho com a vestimenta usada na atividade; ▪ Guarda de alimentos, bebidas e outros objetos que podem ser levados à boca longe de áreas de possível contaminação; ▪ Vacinação (Hepatite B, Difteria, Tétano e outras recomendadas pelo Ministério da Saúde); ▪ Procurar atendimento médico em caso de exposição acidental a agentes biológicos; ▪ O cadáver com suspeita ou confirmação de morte pelo Coronavírus (COVID-19) ou outras doenças infectocontagiosas somente poderá ser transportado em saco impermeável próprio, selado e identificado com os dados do falecido, não devendo haver manipulação posterior do mesmo; ▪ Retirada e descarte de luvas, máscara e avental (se descartável) em lixo infectante, após o transporte do corpo; ▪ Higienização dos Equipamentos de Proteção Individual não descartáveis; ▪ A remoção de fluidos corporais ou secreções que, porventura, entrem em contato com superfícies ou equipamentos deve ser realizada com papel absorvente, o qual deve ser descartado como resíduo infectante. Após, limpar equipamentos e/ou superfícies com água e sabão e secar com pano limpo, realizar desinfecção com álcool 70% ou desinfetante padronizado; ▪ Nos procedimentos de limpeza, não se deve utilizar ar comprimido, água sob pressão ou qualquer outro método que possa gerar respingos ou aerossóis; ▪ Uso de óculos / protetor facial, máscara cirúrgica, aventais e luvas descartáveis durante a manipulação do cadáver - observada a técnica correta de colocação e remoção; ▪ Máscara cirúrgica: Coloque a máscara cuidadosamente para cobrir a boca e o nariz e ajuste com segurança para minimizar os espaços entre a face e a máscara; enquanto estiver em uso, evite tocar na parte da frente da máscara; remova a máscara usando a técnica apropriada (ou seja, não toque na frente da máscara, que pode estar contaminada, removendo-a sempre pelas tiras laterais); após a remoção ou sempre que tocar inadvertidamente em máscara usada, deve-se realizar a higiene das mãos com álcool gel 70% (ao menos por 20 segundos) ou água e sabonete líquido (ao menos por 40 segundos); substitua a máscara por uma nova, limpa e seca, caso perceba a presença de sujeira ou umidade; não reutilize máscaras descartáveis. Observações: 1) máscaras de tecido não são recomendadas sob qualquer circunstância; 2) as máscaras cirúrgicas são descartáveis e não podem ser limpas ou desinfetadas para uso posterior; 3) **se for necessário realizar procedimentos que podem gerar aerossóis, trocar a máscara cirúrgica por máscara N95, PFF2 ou equivalente;**

Exposição a agentes biológicos	Medidas de prevenção / proteção
	▪ Luvas de procedimento: nunca toque desnecessariamente superfícies e materiais (tais como telefones, maçanetas e portas) quando estiver com luvas; não lavar ou usar novamente o mesmo par de luvas de procedimento; o uso de luvas não substitui a higiene das mãos; proceder à higiene das mãos antes de calçar as luvas e imediatamente após sua retirada; ▪ Óculos de proteção / protetores faciais: os óculos de proteção / protetores faciais (que cobrem a frente e os lados do rosto) devem ser utilizados quando houver risco de exposição do profissional a respingos de sangue, secreções e outros fluidos corporais; os óculos de proteção / protetores faciais devem ser exclusivos de cada profissional; após o uso, os óculos de proteção / protetores faciais devem ser submetidos à desinfecção com álcool líquido 70%, hipoclorito de sódio ou outro desinfetante recomendado para este fim; caso o protetor facial apresente sujidade orgânica visível (sangue, secreções e outros fluidos corporais), deverá ser lavado com água e sabão antes da desinfecção; ▪ Avental ou capote: Caso haja o risco de contato com fluidos ou secreções corporais, o avental ou capote deve ser do tipo impermeável; também deve ter mangas longas, punho de malha ou elástico e abertura posterior; imediatamente após a retirada do avental, as mãos devem ser higienizadas com álcool gel 70% (ao menos por 20 segundos) ou água e sabonete líquido (ao menos por 40 segundos); ▪ Gorro: Deve ser de material descartável e removido após o uso.

Exposição a fatores ergonômicos	Medidas de prevenção / proteção
Lombalgia (dor nas costas) e dores musculares pelo levantamento e transporte do cadáver.	▪ Priorização de transporte do corpo por mais de uma pessoa e, sempre que possível, com auxílio de meios mecânicos ou eletromecânicos; ▪ Treinamento sobre levantamento de pesos e adoção de posturas corretas no trabalho.
Distúrbios psicológicos (ansiedade, depressão, somatização, irritabilidade, uso excessivo de álcool e distúrbios de sono) pelo manejo de cadáveres.	▪ Busca de apoio psicológico e, quando necessário, médico.

Observações

1. Recomenda-se a realização de exames periódicos de saúde, efetuados por médico conhecedor do trabalho realizado, sendo que tais exames são obrigatórios para o empregado do MEI, quando houver.

2. As Normas Regulamentadoras de segurança e saúde no trabalho apresentam uma série de medidas de prevenção para saúde e segurança dos trabalhadores e podem ser consultadas no sítio eletrônico <https://www.gov.br/trabalho/pt-br/inspecao/seguranca-e-saude-no-trabalho/ctpp-nrs/normas-regulamentadoras-nrs>.

INSPEÇÃO DO TRABALHO

Referências

1. BRASIL. IBGE. CONCLA. Busca online. Disponível em: <https://concla.ibge.gov.br/busca-online-cnae.html?view=subclasse&tipo=cnae&versao=10&subclasse=9603304> Acesso em 28 dez 2020.
2. CURITIBA. Secretaria Municipal de Saúde e Secretaria Municipal do Meio Ambiente. Disponível em: <Protocolo_Curitiba_Contra_o_Coronavirus_-_Funerárias_e_Congêneres_03.12.2020> Acesso em 22 dez de 2020.
3. PARANÁ. Secretaria de Estado da Saúde. Nota Orientativa 19/2020. Disponível em < NO_19_MANEJO_DE_OBITOS_SUSPEITOS_E_CONFIRMADOS_POR_DOENCA_POR_COVID_19_V4.pdf (saude.pr.gov.br) > Acesso em 22 dez 2020.
4. OIT – Organização Internacional do Trabalho - Encyclopaedia of Occupational Health and Safety, 4th Ed., ILO, Geneva, 1998. Disponível (em inglês) no site <Funeral Services (iloencyclopaedia.org)> Acesso em 22 dez 2020.

Relação de MEI/CNAE alcançados por esta ficha

AGENTE FUNERÁRIO INDEPENDENTE 9603-3/04

FICHA MEI

MINISTÉRIO DO TRABALHO E PREVIDÊNCIA

As microempresas e empresas de pequeno porte que não forem obrigadas a constituir SESMT e optarem pela utilização de ferramenta(s) de avaliação de risco a serem disponibilizada(s) pela SEPRT, em alternativa às ferramentas e técnicas previstas no subitem 1.5.4.4.2.1 da NR-01, poderão estruturar o PGR considerando o relatório produzido por esta(s) ferramenta(s) e o plano de ação.

As microempresas e empresas de pequeno porte graus de risco 1 e 2, que no levantamento preliminar de perigos não identificarem exposições ocupacionais a agentes físicos, químicos e biológicos, em conformidade com a NR-09, e declararem as informações digitais na forma do subitem 1.6.1 da NR-01, ficam dispensadas da elaboração do PGR.

As informações digitais de segurança e saúde no trabalho declaradas devem ser divulgadas junto aos trabalhadores.

A dispensa prevista nesta Norma é aplicável quanto à obrigação de elaboração do PGR e não afasta a obrigação de cumprimento por parte do MEI, ME e EPP das demais disposições previstas em NR.

O MEI, a ME e a EPP, graus de risco 1 e 2, que declararem as informações digitais na forma do subitem 1.6.1 da NR-01 e não identificarem exposições ocupacionais a agentes físicos, químicos, biológicos e riscos relacionados a fatores ergonômicos, ficam dispensados de elaboração do PCMSO.

A dispensa do PCMSO não desobriga a empresa da realização dos exames médicos e emissão do Atestado de Saúde Ocupacional – ASO.

Os graus de risco 1 e 2 são os previstos na NR-04.

O empregador é o responsável pela prestação das informações previstas nos subitens 1.8.4 e 1.8.6 da NR-01.

Quadro resumo:

Tipo de empresa	Grau de risco	Ausência de riscos	Dispensada de elaborar
MEI	-	-	PGR
ME	1 e 2	Químico, físico e biológico	PGR
EPP	1 e 2	Químico, físico e biológico	PGR
MEI	-	-	PCMSO
ME	1 e 2	Químico, físico, biológico e ergonômico	PCMSO
EPP	1 e 2	Químico, físico, biológico e ergonômico	PCMSO

|2|

ISO 45001:2018 – SISTEMAS DE GESTÃO DE SAÚDE E SEGURANÇA OCUPACIONAL

A implementação da ISO 45001:2018 nas empresas

A norma que ditava o mercado quanto aos requisitos para implementação de um sistema voltado para questões de saúde e segurança do trabalho era a OHSAS 18001. Publicada pela BSI, a OHSAS 18001 deu lugar à ISO 45001. Com isso, as empresas que possuem a OHSAS 18001 implementada têm até três anos, a partir de março de 2018, para migração à nova norma.

Certamente, a ISO 45001 é uma norma importante que se concentra na gestão da saúde e segurança ocupacional nas organizações.

No Brasil, centenas de pessoas morrem diariamente vítimas de acidentes de trabalho ou doenças relacionadas ao trabalho. As mortes causadas por acidentes poderiam ter sido evitadas com a ajuda da ISO 45001.

A ISO 45001:2018 é um marco revolucionário, de acordo com muitos especialistas em saúde e segurança, incluindo profissionais do comitê ISO (International Organization for Standardization). Pela primeira vez na história, organizações de todo o mundo agora têm acesso a uma ferramenta que fornece um guia claro para melhorar e implementar medidas mais sólidas de saúde e segurança ocupacional.

O que é a ISO 45001:2018?

A ISO 45001 é um padrão internacional que estabelece diretrizes e requisitos para sistemas de gestão de saúde e segurança ocupacional (SGSSO), bem como orientações para sua implementação. Seu principal objetivo é promover um ambiente de trabalho seguro e saudável, prevenindo acidentes e doenças ocupacionais, além de melhorar o desempenho organizacional nessa área.

A ISO 45001 tem como objetivo fornecer uma estrutura para gerenciar os riscos e oportunidades identificados na empresa, a fim de que seja possível prevenir lesões e problemas de saúde ocupacional e proporcionar ambientes de trabalho seguros e saudáveis.

A ISO 45001 é aplicável a todas as empresas, independentemente de seu setor, porte ou natureza.

A norma representa um novo padrão mundial para saúde e segurança ocupacional, mas o próximo passo é saber se o investimento da implementação vale a pena para o negócio. Ao investir na certificação ISO 45001, espera-se otimizar o processo de trabalho, criar um ambiente de trabalho mais seguro e feliz, e a certificação tornará a empresa mais atraente para clientes e empregados.

A norma permite que uma empresa inclua outros fatores de saúde e segurança, como o bem-estar do profissional, em seu sistema de gestão de SSO (Saúde e Segurança Ocupacional). No entanto, deve-se levar em consideração que, para tratar de tais questões, uma empresa pode ser responsabilizada por requisitos legais aplicáveis às suas operações econômicas.

Por que a ISO 45001:2018 é importante?

A certificação ISO 45001 foi criada para reduzir os riscos de danos irreparáveis aos empregados e ao patrimônio da empresa. Os padrões são o resultado de um esforço significativo de uma equipe de especialistas em gestão de saúde e segurança do trabalho, que examinou várias outras abordagens de gestão de sistemas, como ISO 9001 e ISO 14001.

A ISO 45001 é inclusiva e incorpora normas de saúde e segurança como a OHSAS 18001 e convenções, normas trabalhistas e diretrizes de segurança da OIT. O fato é que não cumprir as exigências pode resultar em multas altas e prejuízos materiais para as empresas.

A ISO 45001 é principalmente dirigida à alta administração e visa ajudar as empresas a criar um ambiente de trabalho saudável e seguro para seus empregados e qualquer outra pessoa que o visite. Esse objetivo pode ser alcançado controlando os fatores que podem causar lesões, doenças, acidentes e, em casos extremos, até mesmo morte do empregado.

Portanto, o objetivo da ISO 45001 é diminuir todos os elementos nocivos ou perigosos para o bem-estar físico e mental dos empregados de uma empresa.

A ISO 45001 adota o Anexo SL, nova Estrutura de Alto Nível (HLS) definida pela ISO, garantindo maior compatibilidade com as normas para sistemas de gestão, como a ISO 9001:2015 (gerenciamento de qualidade) e a ISO 14001:2015 (gerenciamento ambiental), por apresentar a mesma estrutura, texto principal idêntico, bem como termos e definições comuns.

Quais são os benefícios?

A implementação e o cumprimento da ISO 45001 têm várias vantagens, dentre elas:

- Colocar sua empresa no topo do setor – Ao seguir os padrões mais recentes de saúde e segurança ocupacional, sua empresa será vista em uma categoria superior em seu ramo de atuação e será reconhecida internacionalmente. É um padrão mundialmente reconhecido e ajudará a distinguir-se dos concorrentes.

- Fortalecer a confiança – Quando uma empresa demonstra que está de forma ativa promovendo a otimização contínua da segurança, saúde e desempenho laboral de seus empregados, as pessoas confiam em seu negócio e também na responsabilidade social pelo bem-estar de seus empregados. A transparência e a implementação de iniciativas de responsabilidade social da empresa podem ter um impacto significativo na percepção do público em geral, futuros empregados e potenciais clientes da empresa.

- Consistência é sinônimo de eficiência – A ISO 45001 estabelece uma organização que se baseia nas melhores práticas. Após isso, é transmitida a toda a organização, criando um padrão para a gestão de riscos. A instituição é mais produtiva em todos os aspectos se tiver um padrão sólido e consistente.

- Reduzir o preço do seguro – A implementação da ISO 45001 oferece uma plataforma para atrair prêmios de seguro reduzidos, pois demonstra que a empresa está fazendo um grande esforço para administrar e proteger seus empregados.

- Melhorar a segurança pessoal e organizacional – A ISO 45001 foi muito aguardada pelo meio empresarial em todo o mundo porque abrange os riscos à saúde e segurança pessoais dos indivíduos que fazem uso de maquinário dentro de uma organização. Isso tem a ver com a segurança física e mental no local de trabalho.

- Fortalecer a supervisão gerencial – Essa ISO garante que a administração ou o pessoal de gestão de segurança sejam responsáveis e proprietários. A saúde e a segurança dos empregados são otimizadas com o passar do tempo porque há alta liderança e processos claramente comunicados para detectar perigos.

- Análise preventiva de riscos e perigos – A implementação da ISO 45001 ajuda a empresa a evitar riscos em vez de reagir quando eles são notados. Um sistema de alerta antecipado é usado pelo sistema de auditoria interna para identificar possíveis ameaças à saúde e segurança da saúde.

- Melhorar o retorno do investimento – A ISO 45001 pode fornecer ROI à empresa de várias maneiras. A implementação da ISO 45001 aumenta a produtividade dos empregados e diminui o número de lesões no local de trabalho. Isso significa que seus níveis de produtividade podem ser significativamente maximizados em todos os setores da economia. Os prêmios de seguro da empresa podem se beneficiar dessa melhoria na produtividade e na segurança geral dos empregados. Além disso, os sinistros de seguro de trabalho reduzem e aumentam os custos de seguro para a empresa.

- Foco no trabalho – Ao contrário da gestão da qualidade dos sistemas e ferramentas do ambiente de trabalho, o foco é principalmente no bem-estar mental e físico dos empregados. Ao implementar a ISO 45001 na empresa, esse é um componente crítico a ser reconhecido, pois melhora a imagem da equipe, o que afeta significativamente as taxas de rotatividade e retenção de empregados.
- Lidar com oportunidades e riscos – A ISO 45001 aborda principalmente oportunidades e riscos, enquanto a OHSAS 18001 e as normas anteriores se concentram principalmente nos riscos que uma empresa pode enfrentar.

A estrutura da ISO 45001 é como?

A ISO 45001 baseia-se também no conceito *Plan-Do-Check-Act* (PDCA), que pode ser aplicado individualmente a cada um de seus elementos, fornecendo uma estrutura para que as organizações planejem e estabeleçam os objetivos e processos de SSO necessários para assegurar os resultados determinados em sua política, assim como, implementar, monitorar e tomar ações para a melhoria contínua e o alcance dos resultados pretendidos.

A norma ISO 45001 é dividida em dez cláusulas, cada uma com o objetivo de fornecer uma estrutura clara e compreensível para os usuários e fornecer uma lista de requisitos que devem ser atendidos quando usados em um sistema de gestão de segurança e saúde ocupacional.

Cláusulas 1 a 3

Detalhes sobre o objetivo da norma, terminologia ou referências normativas e explicações são fornecidos nas seções 1 a 3. Os requisitos são apresentados nas seções 4 a 10.

Por mais que faça sentido ler as cláusulas em ordem cronológica, constata-se que é preciso voltar em cada cláusula e fazer ajustes para tornar claro onde as obrigações se destacam e para compreender como o padrão pode atender às necessidades específicas de cada empresa.

Cláusula 4 – O ambiente organizacional

Essa seção estabelece que todas as empresas devem analisar e compreender o contexto de suas atividades internas e externas, bem como compreender as necessidades das partes interessadas (*stakeholders*). Além disso, exigirá que elas entendam a legislação, os requisitos dos empregados, as partes envolvidas e os acionistas, entre outras coisas. Isso inclui a compreensão dos riscos e oportunidades associados à saúde e segurança ocupacional.

Além disso, avaliar o alcance de seu sistema de gestão de segurança e saúde ocupacional será bastante útil. Além disso, é fundamental entender que o padrão exige que isso seja registrado como informação documentada e que isso é um componente essencial da estrutura da ISO 45001.

A organização deve identificar o cenário e estabelecer os limites e aplicabilidade do SGSSO dentro do escopo da organização.

Devem ser considerados os fatores internos (governança, estrutura organizacional, funções e responsabilidades etc.) e externos (ambientes cultural, social, político, jurídico, financeiro, tecnológico, econômico e natural, e a concorrência de mercado etc.) que podem afetar a capacidade da organização de atingir os resultados pretendidos para o SGSSO.

Também devem ser avaliados os fatores que coloquem em risco a segurança e saúde dos trabalhadores e suas expectativas, assim como, a de outras partes interessadas (autoridades legais e regulamentadoras, fornecedores, contratados, clientes, visitantes, vizinhos da organização etc.), priorizando melhorar continuamente o ambiente de trabalho e o SGSSO.

Cláusula 5 – Participação e liderança dos trabalhadores

A liderança da organização é fundamental na implementação eficaz do Sistema de Gestão de Segurança e Saúde Ocupacional (SGSSO). Isso inclui o comprometimento da alta administração em relação à saúde e segurança, bem como a participação ativa dos trabalhadores na identificação de riscos e na melhoria contínua.

Esta cláusula estimula a participação da administração e dos empregados. Isso significa que, ao contrário do que era possível anteriormente sob os termos da OHSAS 18001, saúde e segurança do trabalho devem ser incorporadas às atividades de uma empresa.

Por exemplo, distribuir tarefas e responsabilidades entre os membros da equipe pode garantir que o conhecimento seja compartilhado e que muitos membros da equipe se tornem preparados para executar o sistema. Como resultado, é possível unir a cultura da empresa e aumentar a importância da SSO.

As responsabilidades devem ser atribuídas de acordo com os aspectos do SGSSO e assumidas por trabalhadores que possuam controle sobre tais aspectos, de forma a assegurar o atendimento aos requisitos e garantir o pleno conhecimento em todos os níveis da organização.

Cláusula 6 - Organização do sistema OH&S

Nesta fase, a organização deve planejar como atender aos requisitos da ISO 45001. Isso envolve a identificação de perigos, avaliação de riscos, estabelecimento de objetivos de saúde e segurança e desenvolvimento de um plano de ação.

O objetivo da norma ISO 45001 é evitar resultados indesejados, como riscos de acidentes com empregados ou falhas no cumprimento da legislação. Atualmente, a norma reconhece a "oportunidade" como um componente essencial das atividades do Sistema de Gestão de Segurança e Saúde Ocupacional (S&SO).

A determinação dos objetivos do sistema de gestão de OH&S (Occupational Health and Safety - Saúde e Segurança Ocupacional) é abordada nesta cláusula. Além disso, a documentação de certos elementos da seção é exigida.

As oportunidades de SSO são as possibilidades da organização de aperfeiçoar o seu desempenho em SSO. Isso compreende eliminar os perigos e reduzir os riscos, adaptar o ambiente e o trabalho aos trabalhadores e outras oportunidades de melhorar o SGSSO.

A metodologia para identificação e avaliação dos riscos e oportunidades deve ser proativa, ter seu início no estágio conceitual do projeto, de forma a garantir ações para eliminar perigos e reduzir os riscos antes da mudança planejada, e se expandir ao longo do ciclo de vida contínuo do ambiente de trabalho.

As ações devem ser planejadas considerando as melhores práticas, novos conhecimentos e informações. Esta abordagem proativa sobrepõe a ação preventiva minimizando a adoção de ações corretivas posteriormente.

O item Requisitos Legais e Outros Requisitos determina que a organização deve estabelecer, implementar e manter processos, além de reter informação documentada desses requisitos, garantindo que sejam atualizados e que reflitam qualquer mudança, inclusive as que possam resultar em riscos e oportunidades para a organização.

Cláusula 7 - Suporte

Esta seção trata dos recursos necessários para implementar o Sistema de Gestão de Segurança e Saúde Ocupacional (SGSSO), incluindo capacitação, conscientização e comunicação interna e externa.

Os elementos de "suporte" nesta cláusula incluem competência, comunicação e conscientização, dados documentados e recursos. Essas especificações devem garantir que o sistema de gestão de OH&S esteja mais alinhada com as atividades da empresa do que a OHSAS 18001.

A empresa deve garantir que a alta administração lidere o processo de comunicação e que os empregados sejam consultados. Essas ações podem garantir que os objetivos de negócios e o sistema de gestão de S&SO estejam intimamente conectados.

As organizações devem analisar o suporte necessário para atingir os resultados esperados. Isso compreende todos os recursos, comunicação interna e externa, bem como informações documentadas, necessários para o SGSSO.

A subcláusula Competência dá maior relevância àquelas pessoas que afetam ou possam afetar o desempenho de SSO.

Também dá maior ênfase à Comunicação, esse elemento foi desmembrado em comunicação interna e externa.

A organização deve assegurar que a informação de SSO seja comunicada de forma coerente e confiável, refletindo os modelos de gestão atuais.

A ISO 45001 inova ao adotar o termo Informação Documentada, compreendendo tipos modernos de uso de informação baseados em nuvem, multimídia etc.

Cláusula 8 - Operações

Aqui, a organização coloca em prática o plano, implementando os controles necessários para prevenir acidentes e doenças ocupacionais. Isso inclui a gestão de mudanças, preparação para emergências e o acompanhamento do desempenho.

A preparação e a resposta a emergências, bem como os controles operacionais, são discutidas nesta cláusula. A cláusula agora é mais específica sobre terceirização e gerenciamento de aquisições, o que significa que as empresas devem garantir que a gestão assuma a responsabilidade pelo risco em vez de delegá-la aos contratados.

Em última análise, o controle operacional eficaz é fundamental para qualquer sistema de gestão de segurança e saúde, especialmente no que diz respeito à gestão dos trabalhadores empreiteiros. Para a maioria das empresas, será vantajoso prestar muita atenção a essa cláusula.

A ISO 45001 torna a hierarquia de controles uma exigência específica para a organização estabelecer, manter e implementar processos necessários para atender aos requisitos do SGSSO.

A ISO 45001 reconhece que as mudanças (temporárias e permanentes) apresentam riscos e oportunidades reais para a organização e trata o tema em uma subcláusula específica sobre o gerenciamento de mudanças, estabelecendo que a organização deve planejar como implementar as mudanças e os resultados que possam afetar o desempenho da gestão de SSO.

Sobre aquisição, a nova subcláusula determina que a organização considere na primeira etapa do processo, referente à cadeia de suprimentos, o reconhecimento dos riscos de SSO de forma a gerenciá-los efetivamente.

O processo de aquisição deve incluir também a definição e critérios de SSO para a seleção de empresas contratadas e assegurar o seu pleno atendimento.

Nesta cláusula, a ISO 45001 apresenta também o elemento Terceirização, requisito que enfatiza a responsabilidade da organização em estabelecer formas de controle das funções e processos terceirizados, assegurando que os requisitos contratuais sejam consistentes com os requisitos legais e resultados pretendidos de seu SGSSO.

Arranjos para preparação e resposta a emergências também são uma característica desta cláusula.

Cláusula 9 – Avaliação do desempenho

A organização avalia regularmente seu desempenho em relação aos objetivos de saúde e segurança e às metas estabelecidas, usando indicadores e métricas apropriados.

A cláusula 9 aborda o monitoramento e a medição do desempenho do sistema de gestão de OH&S, que inclui os resultados da auditoria interna e a conformidade com a legislação. Além disso, nessa seção é destacado que, para garantir um desempenho eficiente, a administração deve revisar o desempenho do sistema de gestão de OH&S.

Um benefício diferente de garantir que a alta administração participe da avaliação de desempenho é o mesmo que a determinação de metas, pois permite que as medidas de melhoria contínua sejam consideradas como um resultado.

A ISO 45001 determina que a organização deve identificar os elementos-chave para o desempenho do seu SGSSO. Para isso, a organização precisa estabelecer, implementar e manter processos para monitorar, medir, analisar e avaliar o seu desempenho em SSO.

Como forma de medição e monitoramento, a ISO 45001 dispõe do uso de indicadores de desempenho para acompanhar os resultados e assegurar que a melhoria contínua seja parte central da organização. Neste processo, a organização deve garantir a confiabilidade das medições realizadas.

Para assegurar que o SGSSO esteja em conformidade, a organização deve implementar e manter um programa de auditoria interna bem estruturado e seus resultados analisados criticamente pela alta direção para assegurar a contínua adequação, suficiência e eficácia do seu SGSSO.

Cláusula 10 – Melhoria

A ISO 45001 enfatiza a importância da melhoria contínua na gestão da saúde e segurança ocupacional. Isso envolve a correção de não conformidades, revisão de políticas e procedimentos e o uso de lições aprendidas para aprimorar o Sistema de Gestão de Segurança e Saúde Ocupacional (SGSSO).

A última cláusula explica como uma empresa pode garantir que o sistema de gestão de OH&S produza otimização contínua. Lidar de forma eficaz com a não conformidade e usar métodos eficazes de correção podem ser exemplos disso.

Em situações diárias, a participação da equipe em processos de ações corretivas pode ser crucial. Isso se deve ao fato de que ninguém será mais eficaz na identificação da verdadeira causa de um problema do que aqueles que estão diretamente envolvidos no processo.

Do mesmo modo, isso garante que a equipe responsável pela prevenção de recorrências saiba tudo sobre as coisas e possa identificar erros com frequência para melhorar o trabalho.

Logo, a organização deve gerenciar o seu SGSSO de forma proativa, determinando as oportunidades para melhoria, implementando as ações necessárias para eliminar a causa (ou causas) raiz de incidentes e não conformidades e alcançar os resultados pretendidos para o seu SGSSO, refletindo o objetivo dessa norma de prevenir lesões e doenças e oferecer locais de trabalho seguros e saudáveis aos trabalhadores.

Quais foram as mudanças?

A mudança da OHSAS 18001 para a ISO 45001 exigiu alguns ajustes:

- O ambiente da organização – Em relação à OHSAS 18001 e à ISO 45001, uma das principais mudanças foi o foco na nova norma em relação às organizações. A ISO 45001 exige que os participantes considerem a gestão de saúde e segurança ocupacional como um todo, incluindo governança e regulamentos, bem como a cultura organizacional e seus efeitos. Isso é feito usando a estrutura de alto nível do Anexo SL.
- Participação e liderança do trabalhador – A ISO 45001 enfatiza a segurança e a saúde de todos na empresa. Ele altera vários requisitos de envolvimento da gerência para uma abordagem de liderança mais ampla. Este é um ajuste mais discreto que permite que todos os empregados priorizem a segurança. A comunicação e a documentação também estão se tornando cada vez mais importantes. Agora, todos os empregados devem compreender suas obrigações e trabalharem juntos para atingir os objetivos de saúde e segurança.
- Operação – A ISO 45001 adicionou vários requisitos adicionais à seção de operações gerais da norma. A Seção 8.1.2 organiza os princípios de gestão de risco em uma estrutura de controles. Além disso, ele descreve os requisitos de saúde e segurança ocupacional necessários e identifica possíveis fatores de mudança

operacional. Isso pode incluir novos profissionais, equipamento ou condições de trabalho alteradas, novos requisitos regulamentares etc.

- Aprimoramento – A melhoria contínua é um princípio fundamental do sistema ISO. A ISO 45001 aprimora isso ainda mais. Neste contexto, os sistemas de gestão de segurança e saúde ocupacional devem identificar e responder às ações que indicam não conformidade. A noção de ação preventiva é vista como um conceito diferente na nova norma. Em vez disso, a prevenção finalmente se torna um requisito essencial para o sistema em sua totalidade.

- Apoio – Essa declaração descreve os pré-requisitos necessários para apoiar os processos e arranjos de ativos essenciais para que o OH & SMS continue operando de forma eficaz. Enumera as necessidades das pessoas, o local de trabalho, a estrutura, as capacidades, a análise e estimativa dos ativos, a atenção total, a correspondência e os dados registrados. A Seção 7 da ISO 45001 discute várias disposições de suporte da OHSAS 18001. Em prol de uma documentação mais abrangente, ela deixa de lado várias exigências de procedimento. A comunicação também é importante, de acordo com a ISO 45001, que exige que os objetivos da comunicação sejam determinados e avaliados com relação à sua eficácia.

- A avaliação de desempenho – A ISO 45001 incorpora, expande ou altera vários requisitos de avaliação do padrão anterior. Agora é hora de registrar os resultados e o desempenho do monitoramento. Esses padrões, que são uma ferramenta de gestão destinada a otimizar processos, devem levar em consideração questões adicionais, como requisitos legais, oportunidades, riscos e metas, como parte do novo destaque na empresa. A ISO 45001 também inclui especificações adicionais sobre conformidade regulamentar e auditorias interna e externa. Essas modificações visam incentivar a participação dos empregados. A gerência deve informar os empregados e outras partes envolvidas sobre os resultados da auditoria, enquanto os especialistas devem estar cientes do estado de conformidade atual da empresa. A nova norma também amplia a gama de análises críticas de gestão para incluir, entre outras coisas, oportunidades e riscos.

Quais tipos de auditoria e certificação são necessários?

Possuir um sistema sólido de gestão de saúde e segurança é essencial para que as empresas protejam seus empregados, clientes e contratados. A ISO 45001 é um sistema de gestão reconhecido internacionalmente que ajuda as organizações a prevenir acidentes, garantir o cumprimento dos requisitos legais e gerenciar melhor os riscos potenciais à saúde física e mental de seus empregados.

Um Organismo Certificador de Processos (OCP) deve realizar uma auditoria oficial para verificar se a empresa está totalmente em conformidade com as exigências da norma ISO 45001. Os resultados esperados incluem a certificação ISO 45.001:2018 ou a certificação de conformidade pela ISO 45.001:2008.

O período de certificação é de três anos e deve ser submetido a auditorias anuais para garantir que a empresa continue cumprindo os mesmos padrões verificados no início. Após três anos, a organização deve solicitar uma auditoria de reavaliação e, eventualmente, uma recertificação de conformidade.

Como a ISO 45001 será implementada?

Nos próximos anos, é esperado que a maioria das médias e grandes empresas implemente a ISO 45001 para estabelecer um sistema de gestão eficaz de OH&S. As melhores práticas serão implementadas com um sistema de gestão formal. Ao ser aplicada corretamente, a ISO 45001 oferece uma variedade de vantagens.

Além de exigir que os riscos de OH&S sejam controlados e tratados, também emprega uma abordagem fundamentada em risco para o próprio sistema de gestão de OH&S para garantir que seja eficiente e frequentemente otimizado para atender ao "contexto" em constante mudança de uma empresa.

Inclui e cumpre as leis internacionais de segurança do trabalho. A implementação de todas essas ações pode transformar uma empresa em um "lugar seguro para trabalhar", oferecendo uma variedade de vantagens, desde a redução dos custos de seguro até o aumento da produtividade dos empregados.

O que deve ser feito em relação à OHSAS 18001?

A OHSAS 18001 foi substituída pela ISO 45001. O novo padrão foi proposto em junho de 2013. Após uma longa consulta, a ISO lançou seu delineamento inicial adequado em janeiro de 2016. Em novembro de 2017, ele concluiu seu esboço de trabalho.

As empresas que ainda usam a OHSAS 18001 têm um prazo para mudar seu sistema de gestão de saúde e segurança ocupacional para a ISO 45001, que termina em 30 de setembro de 2021.

As organizações que são inclusivas podem fazer uma transição mais suave e eficaz para a ISO 45001 se tiverem implementado um sistema de gestão de saúde e segurança ocupacional em conformidade com a OHSAS 18001 e o aplicar ativamente na prática diária da empresa.

Finalmente, você sabe agora o que é, para que serve, benefícios, mudanças e tudo mais da ISO 45001. Executar os requisitos de um padrão ISO pode ser extremamente difícil, demorado e exigente, por isso é aconselhável tomar todas as medidas necessárias com a orientação de profissionais qualificados para esse tipo de trabalho, para garantir a segurança de sua empresa e de seus empregados.

Em resumo, a ISO 45001 é uma norma fundamental para a prevenção de acidentes e doenças ocupacionais, fornecendo um quadro estruturado para as organizações implementarem sistemas eficazes de gestão da saúde e segurança ocupacional. Ela ajuda as empresas a identificarem riscos, aprimorarem sua cultura de segurança e a protegerem seus empregados, contribuindo assim para um ambiente de trabalho mais seguro e saudável.

Avaliação e gestão de riscos

Os conceitos de risco e perigo, assim como a relação entre ambos, facilmente levam à confusão de conceitos. Um perigo é a propriedade intrínseca ou potencial de uma situação, um produto ou um processo, que provoca efeitos adversos na saúde ou na integridade física ou causa danos materiais. Pode ter origem nas mais diversas situações, como com o uso de produtos químicos (propriedades intrínsecas), numa condição de trabalho em altura, com exposição à eletricidade, com um cilindro de gás comprimido, com um inflamável ou, mais simplesmente, num piso escorregadio. Risco é a possibilidade, probabilidade ou propensão de que um trabalhador seja lesionado ou sofra efeitos adversos na sua saúde quando exposto a um perigo, ou que os bens se danifiquem ou se percam. A relação entre perigo e risco é a exposição, seja imediata ou a longo prazo, e é mostrada pela equação a seguir:

Perigo X Exposição = Risco

O processo de avaliação de riscos pode ser facilmente adaptado à escala e atividade da organização, bem como aos recursos e competências disponíveis. Uma empresa de risco elevado, como uma petroquímica, precisará de avaliações de determinação de risco extremamente complexas e exigirá uma grande quantidade de recursos e habilidades. Muitos países criam seus próprios padrões de avaliação de riscos, que são frequentemente usados como base para legislação ou criação de padrões internacionais.

A determinação dos valores de limite de exposição profissional e a criação de listas de doenças profissionais são dois métodos de avaliação de riscos considerados essenciais para a gestão de riscos profissionais. A maioria dos países desenvolvidos cria e mantém suas tabelas de limites atualizadas. Estes limites abrangem riscos físicos (ruído, vibrações, calor e radiações) e químicos ou biológicos. A tabela dos valores limites de exposição da ACGIH é uma lista notável em termos de abrangência e tem um processo de revisão ímpar e totalmente isento. Como resultado, ela é adotada como referência em vários outros países.

O que é um Sistema da Gestão de Segurança e Saúde no Trabalho (SGSST)?

Ao tomar decisões, as empresas geralmente usam o conceito de sistemas de gestão. Elas também o usam inconscientemente no dia a dia, quando expandem o negócio ou compram novos mobiliários. Critérios pertinentes de SST, normas e comportamentos são a base para a implementação de Sistemas de Gestão da Segurança e Saúde no Trabalho (SGSST). O objetivo é fornecer uma maneira de avaliar e melhorar comportamentos em relação à prevenção de acidentes e incidentes no local de trabalho por meio da gestão eficaz de riscos, inclusive os associados ao local de trabalho. Trata-se de uma abordagem gradual e lógica para decidir o que fazer, melhorar o desempenho, avaliar o desempenho e identificar pontos de melhoria. E deve ser capaz de se ajustar às mudanças nas operações da organização e nas regras legais.

O Ciclo Deming "Planificar-Desenvolver-Verificar-Ajustar" (PDCA), criado nos anos 1950 com o objetivo de avaliar o desempenho das empresas em termos de continuidade, é a base deste procedimento. Quando se trata de SST, "Planejar" envolve a criação de uma política de SST, que inclui o planejamento de impactos nos recursos, aquisição de competências e organização do sistema, identificação de perigos e avaliação de riscos. A etapa "Desenvolver" envolve a implementação e operação do programa de SST. A finalidade da etapa "Verificar" é avaliar a eficácia do programa antes e depois de sua implementação. Finalmente, o ciclo termina na etapa "Ajustar", que inclui uma análise do sistema como parte da melhoria e aperfeiçoamento contínuos do sistema para o ciclo seguinte.

O SGSST é uma ferramenta lógica e ajustável que pode ser adaptada ao tamanho e às atividades da organização. Ele se concentra em perigos e riscos genéricos e específicos associados àquelas atividades. A complexidade correspondente pode abranger desde as necessidades básicas de uma pequena empresa administrando um único processo produtivo com riscos e perigos fáceis de identificar até atividades com múltiplos riscos, como construção civil e obras públicas, mineração, energia nuclear ou fabricação de produtos químicos.

O caminho para o SGSST

O conceito de SGSST tem sido apresentado nos últimos anos como um método eficaz de melhorar a implementação da SST no local de trabalho, garantindo que as respectivas necessidades sejam incorporadas aos planos de negócios e processos de desenvolvimento. Desde então, entidades profissionais, governamentais e internacionais envolvidas na SST criaram uma grande quantidade de padrões de SST. A estratégia nacional de SST de vários países inclui a abordagem dos sistemas de gestão.

A segurança e saúde no trabalho é uma área complexa que requer a participação de todos os envolvidos e uma ampla gama de intervenções. Essa complexidade é evidente nas disposições institucionais necessárias para implementar a política nacional de SST. Como resultado, essas infraestruturas exigem mecanismos de comunicação e tomada de decisão muito mais lentos. É natural que exista uma dificuldade constante de se adaptar aos desenvolvimentos no mundo do trabalho a um ritmo adequado. A aplicação da abordagem de sistemas de gestão à operacionalidade dos sistemas nacionais de SST parecia ser um desenvolvimento lógico porque tanto os sistemas nacionais de SST, que regulamentam as necessidades de SST, quanto as empresas que devem aplicar esses sistemas precisam acompanhar esse ritmo de mudança rápido e contínuo. Essa técnica poderia levar à coerência, coordenação, simplificação e rapidez, que são muito necessárias para os processos de transposição de disposições regulamentares para medidas eficazes de prevenção e proteção, bem como para avaliação da conformidade correspondente. Se fosse implementada de forma sistemática, essa técnica seria muito útil.

SGSST e as organizações

Em todos os países, os empregadores são responsáveis por garantir a segurança e a saúde no trabalho e a conformidade com as leis e regulamentos nacionais. A implementação de uma abordagem sistêmica na gestão de SST em uma organização garante que os níveis de prevenção e proteção sejam monitorados e mantidos por meio de melhorias adequadas e no prazo adequado.

Ao tomar a decisão de implementar uma abordagem sistêmica à gestão de seu programa de SST, a maioria das empresas poderia se beneficiar do conceito de SGSST. As organizações devem considerar cuidadosamente suas necessidades em relação às formas pelas quais dispõem seus sistemas de gestão e, em seguida, adaptar o SGSST correspondente. Os sistemas de gestão não são a solução para todos os problemas. Reduzindo ou tornando-o menos formal é uma maneira de fazê-lo. O sistema deve ser projetado para aumentar a eficácia das medidas de prevenção e proteção e a direção deve permanecer mais focada na realização desse objetivo do que em se tornar um fim em si. Deverá também garantir que as auditorias sejam parte do processo de melhoria contínua, em vez de apenas melhorar os resultados das próprias auditorias.

Auditorias

A capacidade de medir a eficácia e a melhoria de um sistema ao longo do tempo é um dos principais objetivos do SGSST. A eficácia dessas medidas é fortemente influenciada pela qualidade do mecanismo de auditoria utilizado, seja ele interno ou externo, bem como pela competência dos auditores. A auditoria é a observação de um processo por uma pessoa ou grupo competente que não está envolvido no processo. Deve-se realizar auditorias regulares para garantir que o sistema de gestão de SST e seus componentes sejam bem implementados e eficazes para proteger a segurança e a saúde dos trabalhadores e prevenir acidentes de trabalho. De igual forma, fornecem as ferramentas necessárias para avaliar a eficácia do sistema ao longo do tempo.

Os resultados das auditorias devem ser observados em conjunto com outros dados sobre o desempenho do sistema quando se planeja melhorias. Qualquer sistema de avaliação de auditoria deve fornecer exemplos de melhorias futuras em vez de realçar resultados positivos anteriores. A auditoria deve determinar se o SGSST é eficaz em relação aos objetivos, políticas e políticas de SST da organização e aumenta a participação dos empregados. Deve também determinar se a implementação do SGSST é eficaz em resposta a resultados de avaliações anteriores. Deve também dar à organização a oportunidade de cumprir as leis e regulamentos nacionais aplicáveis e atingir seus objetivos de melhoria contínua. A auditoria requer uma boa comunicação dentro da organização para que as pessoas possam fornecer a informação necessária no momento da auditoria, seja por meio de entrevistas, documentos ou acesso ao local. Além disso, quando os resultados da auditoria são divulgados, são necessários métodos de comunicação eficazes.

As empresas privadas de auditoria e certificação podem entrar em conflito se ajudarem a implementar o SGSST da empresa e depois a monitorarem. As experiências com auditorias financeiras têm demonstrado que, caso haja uma relação específica com os auditores ou quando os custos dos serviços se tornam o principal fator, pode ser difícil fornecer serviços de auditoria realmente independentes. A escolha dos auditores e a criação de termos de referência precisos para o resultado das auditorias devem ser consideradas com cuidado para garantir que o perfil específico da organização seja preservado. Um sistema de auditoria verdadeiramente eficaz é aquele em que as partes auditadas aguardam a conclusão do processo e esperam por conceitos novos e úteis para melhorias práticas. Se as auditorias são vistas com apreensão, não é quem deve ser auditado, mas o sistema de auditorias deve ser melhorado.

As empresas dependem de entidades de auditoria e certificação creditadas a nível nacional ou profissional para avaliar seu nível de cumprimento das exigências do SGSST e a eficácia das medidas implementadas, independentemente de o SGSST ser obrigatório ou voluntário. Para concluir o SGSST, os processos de auditoria fornecem uma avaliação independente de seu desempenho e sugerem correções e novos objetivos para melhorias futuras.

Participação dos trabalhadores

O SGSST não pode funcionar bem sem um diálogo participativo, seja nas comissões de segurança e saúde ou em outros meios, como as negociações de convenções coletivas. É preciso inserir os empregados e seus representantes, de forma ativa, na gestão da SST e na organização, seja de forma indireta por meio da CIPA, seja de forma direta. Um sistema só pode funcionar se todos os envolvidos tiverem responsabilidades claras para gerenciar.

Um princípio fundamental do SGSST é estabelecer responsabilidades definidas em SST para todos os níveis da hierarquia, incluindo o envolvimento expresso de todos os empregados em todos os níveis da empresa. Está provado que a implementação de SST, e mais ainda de um SGSST, só pode ser vitoriosa se todos os interessados participarem amplamente dessa implementação por meio do diálogo e da colaboração. Um sistema dirigido exclusivamente por administradores, no caso do SGSST, está fadado ao insucesso.

Para que as comissões de SST e outras ferramentas relacionadas funcionem bem, é necessário que a informação e a formação profissional adequadas sejam fornecidas, que sejam estabelecidas ferramentas de comunicação e diálogo social eficazes, e que os empregados e seus representantes estejam comprometidos com a implementação de políticas de SST. Embora a maioria das pessoas entenda que a participação no SGSST se refere aos empregadores e aos empregados de uma empresa, a participação no sentido de comunicação e troca de informações deve igualmente abranger as partes interessadas externas à organização, bem como as empresas que subcontratam serviços. Aqui podem ser incluídos prestadores de serviços, comunidades e organizações locais, clientes e empresas que fazem parte da cadeia de fornecedores, seguradoras, acionistas e consumidores, bem como entidades de normalização internacionais.

A formação em SST a todos os níveis, desde gestores a trabalhadores, é essencial para o sucesso de qualquer programa de SST. Essa formação deve ser ministrada continuamente para garantir que os participantes estejam familiarizados com o sistema e que as instruções sobre as mudanças na organização estejam sempre atualizadas. Neste cenário, os meios de comunicação entre os vários níveis da organização devem ser eficazes e funcionais em ambos os sentidos. Em outras palavras, as preocupações e informações sobre SST que os empregados aprovam devem ser levadas em consideração e transmitidas à administração. Este é um exemplo de como o sistema deve se concentrar nas pessoas.

Empresas de pequeno porte

As pequenas empresas, que geralmente têm poucos recursos, também podem fazer uma avaliação de riscos eficaz. Isso pode ser feito de forma simples como exigir fichas de dados de segurança antes de comprar produtos e equipamentos, encontrar riscos profissionais nos postos de trabalho e oferecer treinamento em SST adequado. Atualmente, é uma tendência estabelecida incorporar os requisitos de SST nas políticas e mecanismos participativos de grandes empresas, especialmente multinacionais. No entanto, ainda é necessário desenvolver grandes esforços para ajudar as pequenas empresas a encontrar maneiras de incorporar alguns componentes do SGSST em suas práticas de SST de maneira econômica e eficaz. Algumas pequenas e médias empresas podem não ter registros completos do SGSST, mas elas podem demonstrar um entendimento claro de riscos, perigos e métodos de controle eficazes.

A implementação do SGSST em pequenas empresas ainda é um desafio, pois requer um nível médio de habilidades, conhecimento técnico e recursos. O progresso nesta área depende muito da prevenção primária, da facilidade de acesso a informações e da formação profissional básica em SST. Por outro lado, existem várias etapas que podem ser simplificadas e adaptadas à dimensão e aos meios técnicos da organização.

As empresas multinacionais têm uma influência significativa sobre os seus fornecedores, muitos dos quais são pequenas empresas. A consideração da cultura local pode ajudar a aceitar métodos inovadores de SST. Devido ao interesse crescente das empresas pelo SGSST, as condições de saúde e segurança no trabalho e o ambiente de trabalho deveriam melhorar tanto nos países desenvolvidos quanto em desenvolvimento.

O SGSST e os setores de grande risco

Como demonstrado anteriormente, a gestão dos riscos profissionais é fundamental para a SST. De forma semelhante, o SGSST é um método genérico que pode ser adaptado à gestão de riscos específicos de uma indústria ou processo produtivo, particularmente em indústrias de risco elevado, onde a implementação de medidas preventivas e de proteção requer uma avaliação cuidadosa e organizada dos riscos e verificações contínuas da eficácia de sistemas de controle complexos.

Controle de riscos graves

O SGSST foi inicialmente aplicado e utilizado na indústria química e nos setores de energia (nuclear, carbonífera ou de base petrolífera). Ambos os setores são considerados críticos e de alto risco. Os acidentes industriais graves, como a explosão da nuvem de vapor de metilciclohexano em Flixborough, no Reino Unido, em 1974, a fuga de isocianato de metilo em 1984 em Bhopal, que matou milhares de pessoas na Índia, e o vazamento de césio 137 da Usina Nuclear de Chernobyl em 1986, demonstram a capacidade de instalações industriais em causar catástrofes. A criação de ferramentas regulatórias e tecnológicas para a implementação de processos extremamente rigorosos de detecção e avaliação de riscos foi acelerada por vários destes eventos.

A análise dos perigos nas fases de projeto, construção e funcionamento de instalações com risco de acidentes industriais graves é um componente essencial dos procedimentos de avaliação de riscos.

Um bom exemplo dos referidos regulamentos é a Directiva "Seveso" 96/82/CE de 1996 da UE, que trata do controle de riscos associados a acidentes graves envolvendo substâncias perigosas.

A Convenção da OIT sobre a prevenção de acidentes industriais graves, de 1993 (n. 174), propõe um modelo abrangente e sistemático para proteger os trabalhadores, o público em geral e o ambiente contra acidentes industriais graves envolvendo substâncias perigosas, bem como para reduzir os efeitos desses acidentes nos locais de ocorrência. As normas estabelecem responsabilidades dos empregadores, autoridades competentes e direitos e responsabilidades dos trabalhadores, bem como a identificação sistemática e o controle de instalações com riscos de acidente grave. Estabelecem também as obrigações dos países exportadores. A Convenção correspondente (n. 181) inclui regras adicionais sobre transporte internacional e indenizações rápidas para vítimas de acidentes. Além disso, estabelece que os países que ratificaram a Convenção deveriam considerar o Código de Práticas em Prevenção de Acidentes Graves, BIT 1991, ao fazer políticas nacionais, e que as multinacionais deveriam implementar medidas semelhantes em todos os seus negócios. O BIT também criou um manual sobre Controle de Riscos Graves (1993), que visa ajudar as nações a criar sistemas e programas de controle e prevenção para instalações com riscos graves.

Os sistemas de gestão são benéficos para a SST?

Quando se trata de garantir e manter um ambiente de trabalho seguro e saudável, os SGSST não devem ser vistos como um remédio para todos os males. O SGSST tem pontos fortes e vulnerabilidades, como todas as técnicas, e sua eficácia depende principalmente de como ele é entendido e aplicado. Muitas organizações provavelmente se beneficiariam de um SGSST completo. No entanto, outras poderiam considerar a implementação de um método de gestão de SST mais reduzido e menos formal. É difícil justificar a escolha de um SGSST porque as diferenças entre o programa e o sistema são frágeis. As abordagens dos sistemas e as abordagens programáticas, como as apresentadas pela Convenção sobre SST da OIT de 1981 (n. 155), têm características programáticas. Isso também está presente em muitas legislações nacionais de SST. Como descrito na Estratégia Global em matéria de SST (2003) da OIT e na Convenção sobre um Enquadramento Promocional para Segurança e Saúde no Trabalho da OIT de 2006 (n. 187), a gestão sistémica dá à SST a capacidade de estabelecer mecanismos para avaliar e melhorar continuamente o desempenho da SST e criar uma cultura preventiva de segurança e saúde no trabalho.

A única maneira de avaliar a eficácia de um SGSST é observando como a gestão da organização em sua totalidade funciona. É importante saber os pontos fortes e fracos de cada método. Assim, não é apenas essencial conhecer os obstáculos que podem tornar o SGSST ineficaz, mas também saber quais coisas a considerar para garantir que seja eficaz e tenha os benefícios significativos para a segurança e a saúde. Deve-se ter em mente que essas vantagens e desvantagens se aplicam principalmente a organizações de tamanhos médio e grande, que têm os recursos técnicos e financeiros necessários para que o SGSST seja amplamente implementado.

É fundamental ter em mente que o SGSST é um método de gestão e não um programa de SST. Assim, uma abordagem sistêmica de gestão funcionará apenas se o suporte ou o programa SGSST da organização permitir. Os programas do SGSST devem funcionar no âmbito da legislação nacional de SST e a organização deve garantir que o sistema atenda às exigências da regulamentação e seja atualizado.

Pontos fortes de um SGSST

Atualmente é reconhecido que a abordagem dos sistemas de gestão apresenta benefícios significativos para a implementação da SST, algumas das quais foram identificadas anteriormente. Além disso, o programa geral de segurança e saúde vai se ajustar ao longo do tempo como resultado de uma abordagem sistêmica. Isso permitirá que as decisões relativas ao controle e à redução de riscos sejam progressivamente aprimoradas. Outras vantagens importantes incluem a possibilidade de incorporar as exigências de SST em sistemas empresariais e alinhar os objetivos de SST com os objetivos das empresas. Isso leva a uma melhor conscientização dos custos de implementação relacionados a controle de processos e equipamentos, competências, formação profissional e informações.

- Integrar os requisitos de SST com outros requisitos relacionados, como os relacionados à qualidade e ao ambiente;
- Fornecer suporte teórico para a criação e gestão de um programa de SST, demonstrando todas as necessidades de ação e supervisão;
- A racionalização e aprimoramento de mecanismos de comunicação, políticas, procedimentos, programas e objetivos usando padrões universais;
- Alinhamento com as variações nos sistemas regulatórios e culturais nacionais;
- Estabelecer um ambiente que promova uma cultura preventiva de segurança e saúde;
- Encorajar a discussão social;
- As responsabilidades de SST foram distribuídas por todos os níveis da hierarquia, incluindo gestores, empregadores e trabalhadores, a quem foram atribuídas tarefas para garantir que o sistema seja implementado de forma eficaz;Adaptação às dimensões, operações e tipos de riscos da organização;

- Suporte à melhoria contínua e disponibilização de uma base de dados para auditoria com o objetivo de avaliar os resultados.

Limitações de um SGSST

É inegável que o SGSST pode melhorar a segurança e a saúde, mas há vários obstáculos que, se não evitados, podem levar ao fracasso rapidamente. A eficácia do SGSST tem sido discutida em vários estudos sobre o tema. Alguns problemas foram destacados, como:

- A produção de documentos e registros deve ser cuidadosamente controlada para evitar que o objetivo do sistema seja impedido por uma quantidade excessiva de informações. Se os procedimentos administrativos de um SGSST forem priorizados sobre as pessoas, o fator humano pode ser negligenciado.
- É imperativo que os processos de gestão (qualidade, SST e ambiente) sejam equilibrados para evitar que as prioridades e as necessidades sejam enfraquecidas. A falta de planejamento cuidadoso e comunicação ampla antes da introdução de um programa de SGSST pode causar dúvidas e resistência à mudança.
- Um SGSST prioriza normalmente a segurança em detrimento da saúde, pois existe o risco de não identificar a ocorrência de doenças profissionais. A vigilância da saúde ocupacional deve ser incorporada ao sistema como um meio importante e eficaz para controlar a saúde a longo prazo dos trabalhadores.
- Os recursos necessários para implementar um SGSST podem variar significativamente dependendo da dimensão da organização. Por causa disso, uma estimativa realista dos custos globais deve levar em consideração o tempo e os recursos humanos necessários para instalar e gerenciar o sistema, bem como as competências necessárias. Quando se trata de subcontratação, isso é especialmente crucial.

Elementos-chave para um bom Sistema de Gestão da SST

- Realizar uma avaliação cuidadosa das necessidades da organização de acordo com as ferramentas que possui;
- Aplicar o SGSST aos resultados da avaliação;
- Garantir que o sistema se concentre nas medidas de prevenção e proteção eficazes;
- É importante lembrar que as descrições do sistema visam mais o aprimoramento do que a justificativa;

- Garantir que as auditorias sejam um meio de promover melhorias contínuas e não apenas um meio de melhorar os resultados da própria auditoria;
- Lembrar que o desempenho de um sistema de gestão da SST depende exclusivamente do suporte ou do programa de SST da organização;
- Garantir que os programas de SGSST estejam em conformidade com a legislação nacional, o que significa que a organização deve garantir que o sistema inclua uma análise das disposições regulamentares e que essas disposições sejam incorporadas nos programas consoante sua evolução;
- Assegurar que a formação profissional em SST para a implementação do programa SGSST seja realizada de forma contínua em todos os níveis, desde os administradores de topo até os empregados, e seja atualizada regularmente para garantir que os empregados estejam familiarizados com o sistema e acompanhem as mudanças que ocorrem na organização;
- Para que o sistema se concentre nas pessoas, são necessários canais de comunicação entre os vários níveis da organização. As informações e as preocupações sobre SST devem ser transmitidas em ambos os lados, com atenção às que os empregados transmitem e permitindo que cheguem ao topo da hierarquia.

Um diálogo social eficaz (envolvimento e consulta direta) é essencial para o sucesso do SGSST. Seja nos comitês de segurança e saúde ou em outras formas, como convenções coletivas, os empregados e seus representantes devem ter oportunidades de gerenciar a SST dentro da organização.

Um sistema só pode funcionar se todos os envolvidos tiverem responsabilidades claras para cumprir.

Além disso, o principal elo oficial entre as organizações e o sistema nacional de segurança e saúde do trabalho é a inspeção do trabalho. Com formação profissional adequada, podem ajudar a garantir que os programas de SGSST, incluindo os mecanismos de verificação, estejam em conformidade com a legislação e os regulamentos nacionais.

|3|

RISCO AMBIENTAL NO GRO

O risco ambiental no PGR é regido pela NR-09 – Avaliação e controle das exposições ocupacionais a agentes físicos, químicos e biológicos -, antiga norma que cuidava do PPRA, que ainda se encontra incompleta, possuindo somente os anexos de vibração e calor (até o momento da edição desta obra).

A NR-09 estabelece os requisitos para a avaliação das exposições ocupacionais a agentes físicos, químicos e biológicos quando identificados no Programa de Gerenciamento de Riscos – PGR, previsto na NR-01, e subsidiá-lo quanto às medidas de prevenção para os riscos ocupacionais.

A NR-09 ainda prescreve que a abrangência e a profundidade das medidas de prevenção dependem das características das exposições e das necessidades de controle, e que tal norma e seus anexos devem ser utilizados para fins de prevenção e controle dos riscos ocupacionais causados por agentes físicos, químicos e biológicos.

Quando tratamos dos riscos ambientais, não há muita dificuldade dos profissionais de SST, pois reconhecer, avaliar e controlar agentes ambientais sempre foram uma atividade trivial destes profissionais, realizada desde 1994, com a instituição do PPRA.

Identificação das exposições ocupacionais aos agentes físicos, químicos e biológicos

A identificação das exposições ocupacionais aos agentes ambientais deverá considerar:

- descrição das atividades;
- identificação do agente e formas de exposição;
- possíveis lesões ou agravos à saúde relacionados às exposições identificadas;
- fatores determinantes da exposição;
- medidas de prevenção já existentes; e
- identificação dos grupos de trabalhadores expostos.

Tais informações, para facilitar sua visualização, devem ser colocadas em forma de tabela, dentro do programa.

Descrição das atividades

As atividades realizadas pelo trabalhador avaliado devem ser descritas de forma suscinta, utilizando verbos no modo infinitivo, como, por exemplo: (i) alimentar o equipamento com matéria-prima, (ii) dar a partida no equipamento, (iii) monitorar visualmente o processo, (iv) realizar controle de qualidade no produto final etc.

Identificação do agente e formas de exposição

O agente deve ser identificado por seu nome e, no caso de agentes químicos, pelo nome do produto químico, vedado o uso de nomes comerciais, como, por exemplo, utilizar hipoclorito de sódio ao invés de água sanitária ou Qboa®, ou ácido acetil salicílico ao invés de Aspirina®.

Relativo à forma de exposição, deve-se fazer menção se a exposição ocorre via: (i) aérea, (ii) dermal/contato ou (iii) digestiva. Geralmente, a maioria dos agentes se propaga por meio da via aérea, a exemplo do ruído, calor, radiações, frio, agentes químicos e agentes biológicos.

Alguns agentes se propagam pelo contato direto com a fonte, como o que ocorre com as vibrações (de corpo inteiro ou de mãos e braços).

Os agentes químicos e agentes biológicos ainda podem se propagar por meio da exposição via digestiva ou dermal, além da aérea.

Possíveis lesões ou agravos à saúde relacionados às exposições identificadas

Segundo os agentes, deverão ser listadas as possíveis lesões ou agravos à saúde relacionados às exposições identificadas, sempre associando o agente à doença produzida por este, como, por exemplo: ruído (perda auditiva), benzeno (benzenismo), chumbo (saturnismo), ferro (siderose), berílio (berilose), mercúrio (hidrargirismo), bismuto (bismutismo) etc.

Fatores determinantes da exposição

Quanto aos fatores determinantes da exposição, podemos citar alguns como:

- Características físico-químicas do agente químico ou natureza do agente físico – O conhecimento das características particulares de cada agente é essencial para determinar seu potencial de agressividade, bem como para sugerir estratégias técnicas para neutralizá-lo. De acordo com sua natureza, cada agente ambiental tem características e impactos próprios e únicos. O primeiro passo na avaliação de uma exposição é encontrar os agentes presentes e as possíveis consequências. Como exemplo, podemos citar um solvente aromático, incorporado numa tinta, que durante o processo de pintura a revólver promove exposição tanto aos vapores, quanto às névoas do agente.

- Tempo de exposição – Geralmente, a probabilidade de se desenvolver uma doença ocupacional aumenta com o tempo de exposição. O tempo real de exposição será estimado usando a análise da tarefa do trabalhador. A análise deve incluir pesquisas sobre o tipo de atividade e suas características, bem como o movimento do trabalhador durante o desempenho de seu serviço, jornada de trabalho e descanso. Para dimensionar a avaliação quantitativa da exposição, todas as suas possíveis variações durante a jornada de trabalho devem ser levadas em consideração.

- Intensidade ou concentração do agente – Os riscos para a saúde dos trabalhadores aumentam com a concentração ou intensidade dos agentes agressivos no local de trabalho. Depois de coletar amostras no local de trabalho, a concentração dos agentes químicos ou a intensidade dos agentes físicos deve ser avaliada para fornecer a representação mais precisa da exposição real do trabalhador a esses agentes agressivos. Como inúmeras variáveis estão envolvidas e têm um impacto direto na representatividade, essa atenção especial na avaliação é necessária. Algumas variáveis que podem interferir no resultado da avaliação quantitativa são: a temperatura ambiental, a pressão atmosférica, os erros de amostragem, os erros de laboratório, os erros contidos nas metodologias, problemas na armazenagem e transporte da amostra até o laboratório etc.

- Suscetibilidade individual – Devido à complexidade do corpo humano, a resposta do corpo a um determinado agente pode variar de pessoa para pessoa. A suscetibilidade individual é composta por vários fatores, dentre eles: nacionalidade, cor da pele, fator genético, sexo, idade, massa corporal, estado patológico, nutricional, temperatura corporal etc. Portanto, a suscetibilidade individual é crucial e os limites de tolerância não devem ser considerados totalmente seguros.

- Sinergismo – Nos locais de trabalho, é possível estar exposto a vários agentes simultaneamente. Isso causa exposições combinadas e interações entre os agentes, que alteram o resultado final da exposição aos agentes. A exposição a um agente específico pode ter um efeito significativamente diferente da exposição a esse mesmo agente em conjunto com outros agentes, especialmente se houver sinergismo ou potenciação dos efeitos. Por exemplo, a análise dos efeitos combinados de duas ou mais substâncias tóxicas deve ser priorizada sobre seus efeitos individuais.

Medidas de prevenção já existentes

As eventuais medidas de prevenção já existentes devem ser relatadas, eis que já interferiram na avaliação ambiental realizada, a exemplo de: ventilação local exaustora, ventilação geral diluidora, enclausuramento de máquinas e equipamentos etc.

No entanto, é preciso lembrar que as medidas de proteção coletiva não duram eternamente e sua eficiência deve ser alvo de constante reavaliação, sob pena de se manter uma medida que não produz nenhum resultado.

Identificação dos grupos de trabalhadores expostos

Normalmente, os trabalhadores são separados por GHE - grupos homogêneos de exposição, que são agrupamentos de trabalhadores que possuem o mesmo perfil de exposição. Ao lançar no documento tais informações, se faz necessário identificar todos os trabalhadores que compõem o GHE e atualizar o documento a cada retirada ou ingresso de trabalhadores no GHE.

Grupos Homogêneos de Exposição

Introdução

As avaliações de exposição ocupacional são realizadas em ambientes de trabalho nos quais existam desde um trabalhador até milhares deles. A concentração ou intensidade dessas exposições varia no tempo, desde segundo a segundo até dia a dia. Para o higienista industrial, o objetivo é avaliar as exposições e os riscos à saúde ocupacional para todos os trabalhadores, de todos os agentes ambientais e em todos os dias.

O maior desafio é fazer isso com precisão e eficiência, independentemente da diversidade de exposições entre os trabalhadores e ao longo do tempo, ou seja, o valor obtido nas avaliações deve se aproximar ao máximo da exposição real dos trabalhadores. Ao término do trabalho, o objetivo final é que todos os trabalhadores estejam devidamente protegidos dos agentes nocivos.

No campo da saúde ocupacional, é essencial compreender os riscos aos quais os trabalhadores estão expostos. A exposição a agentes nocivos pode variar de acordo com o ambiente de trabalho, as atividades desempenhadas e outros fatores específicos de cada ocupação. Uma ferramenta importante para gerenciar esses riscos é a formação de Grupos Homogêneos de Exposição (GHE).

Definição de Grupos Homogêneos de Exposição

Grupos Homogêneos de Exposição são categorias de trabalhadores que compartilham exposições semelhantes a determinados agentes físicos, químicos ou biológicos no ambiente de trabalho. Essa abordagem permite uma análise mais precisa dos riscos ocupacionais, facilitando a implementação de medidas de prevenção e controle adequadas.

Com a introdução do PGR/GRO, as exposições semelhantes também deverão abranger os riscos ergonômico e mecânico (acidente), o que torna ainda mais difícil o estabelecimento de tais grupos.

Importância dos Grupos Homogêneos de Exposição

- Identificação de riscos específicos: Ao agrupar trabalhadores com exposições semelhantes, é possível identificar com mais precisão os riscos específicos a que estão sujeitos. Isso permite um planejamento mais direcionado das ações de prevenção e controle, garantindo a eficácia das medidas adotadas.
- Monitoramento e avaliação: Os GHEs também facilitam o monitoramento contínuo da exposição dos trabalhadores aos agentes nocivos. Isso permite uma análise mais precisa dos níveis de exposição, identificando a necessidade de ajustes nas medidas de controle e fornecendo uma base sólida para a avaliação da eficácia das estratégias implementadas.
- Proteção individualizada: A formação de GHEs possibilita uma abordagem mais individualizada na proteção dos trabalhadores. Ao considerar as características específicas de cada grupo, é possível fornecer equipamentos de proteção individual adequados e treinamento específico, garantindo uma proteção eficaz contra os riscos ocupacionais.
- Eficácia dos programas de saúde ocupacional: A adoção de GHEs é essencial para um programa de saúde ocupacional eficiente. Com base nas exposições específicas de cada grupo, é possível desenvolver estratégias de monitoramento da saúde dos trabalhadores, como exames médicos periódicos e vigilância epidemiológica, direcionadas aos riscos predominantes em cada categoria.

Como eleger os GHEs

Na maioria dos ambientes de trabalho, é impossível avaliar todas as exposições a que se sujeitam os trabalhadores e, ainda que tais avaliações fossem práticas, as medições diariamente seriam impraticáveis. Embora essas dificuldades possam ser superadas, por exemplo, por meio do uso diário de dosímetros que medem a exposição ao ruído, a medição da exposição diária de cada trabalhador raramente é factível. Os recursos disponíveis na maioria dos ambientes de trabalho e o estado atual da instrumentação de higiene do trabalho impõem essa realidade.

Uma estratégia para enfrentar esses desafios é reunir trabalhadores, os quais se acredita terem exposições semelhantes, em um grupo e aplicar conceitos de estatística para garantir a confiabilidade dos resultados obtidos.

A caracterização qualitativa ou quantitativa da exposição de um ou alguns no grupo é então considerada representativa das exposições dos demais no grupo. Essa estratificação dos trabalhadores em grupos de exposição semelhantes permite que recursos limitados sejam bem utilizados, de modo que todas as exposições presentes em um determinado ambiente de trabalho possam ser caracterizadas.

O conceito GHE analisa os agentes e tarefas usados na organização e agrupa os trabalhadores com base em seu perfil geral de exposição a esses agentes. Os trabalhadores são colocados nesses grupos devido à semelhança e frequência das tarefas que realizam, aos materiais e processos com os quais trabalham e à semelhança na forma como realizam as tarefas.

Os grupos são projetados para serem dinâmicos e flexíveis. Os trabalhadores podem ser atribuídos a um ou mais GHEs e os grupos podem ser excluídos ou redefinidos conforme o processo e os trabalhadores atribuídos mudem. Grupos de exposição semelhantes são formados e definidos com base nos objetivos da estratégia de avaliações de exposição ou questões que precisam ser respondidas.

Os GHEs podem começar grandes, onde os trabalhadores realizam tarefas ou processos semelhantes, ou compartilham exposição dos agentes. Com as avaliações quantitativas, esses grandes grupos podem ser divididos em subgrupos onde as exposições aos agentes são semelhantes. Um exemplo seria ter um processo químico com dois operadores e ajudantes. O processo químico é totalmente fechado, com o único potencial de exposição química sendo quando as amostras são coletadas: são coletadas as mesmas quantidades de amostras nas mesmas condições. Também existe o potencial de exposição ao ruído: as fontes do ruído são as bombas localizadas em todo o piso do processo. Os operadores passam a maior parte do tempo em uma sala de controle, enquanto os ajudantes passam a maior parte do tempo na área de processamento. Portanto, os ajudantes têm uma maior exposição ao ruído. Os operadores e os ajudantes têm o mesmo potencial de exposição a produtos químicos; no entanto, exposições distintas ao ruído. Pode haver um GHE para a série de dois empregos, com base na exposição química, com o grupo maior dividido em dois sub-GHEs para a exposição ao ruído. Duas metodologias gerais são usadas para definir GHE: a abordagem observacional (ou qualitativa) e a abordagem de amostragem (ou quantitativa). Na abordagem tradicional de observação, os trabalhadores são atribuídos aos GHEs com base em um exame das atividades que realizam e um julgamento sobre a similaridade esperada de suas exposições. Os dados de monitoramento de exposição não são necessários. Na abordagem de amostragem, as exposições de muitos trabalhadores são medidas e os trabalhadores individuais são atribuídos aos GHE com base na análise estatística dos dados de exposição. Na maioria dos casos, é utilizada uma combinação destes dois métodos. À medida que os resultados da amostra são obtidos, os julgamentos qualitativos se tornam mais refinados ou validados. Ambas as abordagens têm vantagens e desvantagens. Cada um tem um lugar nesta estratégia cíclica de avaliação de exposição abrangente, em contínuo aprimoramento.

Conclusão

A utilização de GHEs é uma abordagem essencial na gestão da saúde ocupacional. Essa estratégia permite a identificação precisa dos riscos a que os trabalhadores estão expostos, reduz os custos com avaliações quantitativas, facilita o planejamento de medidas de prevenção e controle e promove uma abordagem mais individualizada na proteção dos profissionais. A formação de GHEs fortalece os programas de saúde ocupacional, contribuindo para a preservação da saúde e bem-estar dos trabalhadores, bem como para a redução dos índices de doenças ocupacionais.

Ao implementar os GHEs, as empresas demonstram um compromisso com a segurança e saúde de seus colaboradores, proporcionando ambientes de trabalho mais seguros e saudáveis. A conscientização sobre a importância dessa abordagem deve ser disseminada, estimulando a adoção de boas práticas em saúde ocupacional em todos os setores de atividade.

Avaliação das exposições ocupacionais aos agentes físicos, químicos e biológicos

Deve ser realizada análise preliminar das atividades de trabalho e dos dados já disponíveis relativos aos agentes físicos, químicos e biológicos, a fim de determinar a necessidade de adoção direta de medidas de prevenção ou de realização de avaliações qualitativas ou, quando aplicáveis, de avaliações quantitativas.

A avaliação quantitativa das exposições ocupacionais aos agentes físicos, químicos e biológicos, quando necessária, deverá ser realizada para:

- comprovar o controle da exposição ocupacional aos agentes identificados;
- dimensionar a exposição ocupacional dos grupos de trabalhadores;
- subsidiar o equacionamento das medidas de prevenção.

Assim, a avaliação quantitativa deve ser realizada, especialmente, nas condições determinadas pela legislação. No passado, as avaliações quantitativas foram utilizadas de forma indiscriminada e a gestão do risco cessava por aí...

A cada ano eram refeitas as avaliações ambientais quantitativas, as quais eram registradas no PPRA, que era jogado numa gaveta por 12 meses até a próxima renovação.

É preciso ressaltar também que as avaliações quantitativas não podem se sobrepor ao julgamento técnico do profissional que está avaliando, ou seja, não é preciso realizar uma dosimetria de ruído para provar que o ruído do escritório se encontra abaixo do limite de tolerância; como também não é preciso realizar avaliações quantitativas de agentes químicos para provar que numa área administrativa não há exposição aos agentes químicos.

A avaliação quantitativa deve ser representativa da exposição ocupacional, abrangendo aspectos organizacionais e condições ambientais que envolvam o trabalhador no exercício das suas atividades.

Na realização de uma avaliação quantitativa é fundamental observar escrupulosamente a metodologia utilizada (NIOSH ou qualquer outra que foi utilizada). Desvios da amostragem conduzem a resultados com erros. Além do que a amostragem tem de ser representativa da exposição ocupacional, ou seja, tudo o que acontece no ciclo de trabalho deve acontecer também durante a avaliação, pois, caso contrário, o resultado da avaliação vai se distanciando mais e mais da realidade, até um ponto em que a avaliação quantitativa não traduz o que ocorre em condições reais de trabalho.

Os resultados das avaliações das exposições ocupacionais aos agentes físicos, químicos e biológicos devem ser incorporados ao inventário de riscos do PGR.

As avaliações das exposições ocupacionais devem ser registradas pela organização, conforme os aspectos específicos constantes nos Anexos da NR-09.

Desta forma, o laudo ambiental, ou qualquer outro nome que se dê a este documento, será uma das "bolinhas" da grande árvore de Natal chamada PGR. Todas as informações e resultados finais das avaliações quantitativas devem ser incorporadas ao documento, como se fazia anteriormente, no caso do PPRA.

Como interpretar o resultado "não detectado"?

Com relação aos documentos contendo o resultado da avaliação quantitativa emitidos pelos laboratórios analíticos, ainda que o resultado seja "não detectado", o que indica que eventual resultado ficou abaixo do limite de detecção do equipamento utilizado pelo laboratório, e que entendemos ser um virtual "zero concentração", ainda assim, tal avaliação deverá constar do PGR, segundo entendimento da fiscalização do Ministério do Trabalho, uma vez que o perigo foi constatado na fase de levantamento preliminar de perigos.

Medidas de prevenção e controle das exposições ocupacionais aos agentes físicos, químicos e biológicos

As medidas de prevenção e controle das exposições ocupacionais referentes a cada agente físico, químico e biológico estão estabelecidas nos Anexos da NR-09.

Devem ser adotadas as medidas necessárias para a eliminação ou o controle das exposições ocupacionais relacionadas aos agentes físicos, químicos e biológicos, de acordo com os critérios estabelecidos nos Anexos desta NR, em conformidade com o PGR.

As medidas de prevenção e controle das exposições ocupacionais integram os controles dos riscos do PGR e devem ser incorporadas ao plano de ação.

Disposições transitórias

Até que todos os anexos da NR-09 sejam criados, eis que por enquanto só temos os anexos de calor e vibrações (até a edição desta obra), vigorará um período transitório no qual valerá alguns critérios conforme dispõe a legislação, como a seguir.

Enquanto não forem estabelecidos os Anexos a esta Norma, devem ser adotados para fins de medidas de prevenção:

- os critérios e limites de tolerância constantes na NR-15 e seus anexos;
- como nível de ação para agentes químicos, a metade dos limites de tolerância;
- como nível de ação para o agente físico ruído, a metade da dose.

Na ausência de limites de tolerância previstos na NR-15 e seus anexos, devem ser utilizados como referência para a adoção de medidas de prevenção aqueles previstos pela American Conference of Governmental Industrial Hygienists - ACGIH.

Ainda que os critérios de insalubridade se divorciem dos critérios da NR-09, transitoriamente eles serão utilizados de forma alternativa. E, ainda, na falta dos limites de tolerância da NR-15, deverão ser utilizados os TLV's da ACGIH.

Considera-se nível de ação o valor acima do qual devem ser implementadas ações de controle sistemático de forma a minimizar a probabilidade de que as exposições ocupacionais ultrapassem os limites de exposição.

|4|

RISCO ERGONÔMICO NO GRO

A primeira dúvida

A primeira pergunta que se fez quando foi promulgada a legislação do PGR era se a AET - Análise Ergonômica do Trabalho - acabaria, uma vez que a matriz de risco ditaria a necessidade, ou não, de realização da AET. Posteriormente, com a promulgação da nova NR-17, quando então foi instituída a AEP - Análise Ergonômica Preliminar -, o receio foi maior ainda, já que a AEP era obrigatória e, caso o perigo não fosse relevante, não haveria necessidade de aprofundar a análise, realizando a AET.

Mas antes de nos aprofundarmos no risco ergonômico dentro do GRO, vamos repassar alguns conceitos básicos de ergonomia que serão necessários, tanto para a elaboração da AET, como da AEP.

Introdução à ergonomia

A ergonomia, oriunda das palavras gregas *ergon* (trabalho) e *nomos* (leis), é a ciência que estuda as leis do trabalho, ou como o homem interage com outros elementos ou sistemas para garantir a segurança, a saúde, o conforto e o bem-estar dos trabalhadores.

A abordagem ergonômica melhora as condições de trabalho com segurança, saúde e qualidade de vida, aumentando a produtividade e a empregabilidade.

Fisiopatologia do trabalho muscular

O trabalho muscular consiste na contração de músculos específicos e relaxamento de outros. A atividade física depende essencialmente da contração muscular.

Como resultado, o músculo não se alonga em comprimento e mantém uma tensão elevada durante um período prolongado de tempo. A compressão dos vasos sanguíneos está associada aos efeitos fisiológicos dos esforços estáticos. O sangue deixa de fluir, deixando o músculo sem oxigênio e nutrientes, e os resíduos metabólicos não são eliminados, acumulando-se, causando dor e cansaço nos músculos. A tensão determina o tempo de manutenção da contração.

Este mecanismo extremamente danoso é conhecido como hipóxia e pode ser desencadeado por quatro mecanismos fundamentais:

- Contração estática: O trabalho muscular estático é definido como uma contração prolongada da musculatura (que ajuda a manter uma postura ou um membro contra a gravidade), que impede a presença de sangue dentro dela.
- Compressão de tecidos: Isso ocorre normalmente quando um apoio, que é usado para impedir uma postura de contração estática, comprime uma parte do corpo, impedindo que o sangue passe por essas áreas.
- Velocidade de contração: Quando a velocidade de contração é maior do que a capacidade do sangue para retirar oxigênio.
- Distress (ou stress negativo): quando o sistema nervoso central entra em estado de alerta, o que faz com que as veias e artérias se contraiam reflexamente, reduzindo a circulação do sangue.

Quando trabalhamos em uma postura desconfortável ou fora de um posicionamento neutro da articulação, pode haver contato entre estruturas rígidas que se atritarão, inflamando as estruturas mais frágeis. As fibras musculares sofrem lesões com extravasamento de sangue, espasmo protetor, encurtamento cicatricial e perda de flexibilidade quando a força necessária para uma tarefa específica é maior do que as fibras musculares podem suportar.

O manuseio e transporte de cargas

Aqueles que procuram prevenir lesões e doenças do trabalho estão cada vez mais preocupados com as atividades que envolvem levantar, puxar ou empurrar cargas. Em geral, dois tipos de reações corporais são desencadeados pela carga. Em primeiro lugar, a carga fisiológica sobre os músculos da coluna e dos membros inferiores é causada pelo aumento de peso. Segundo, o estresse postural pode ser causado pelo contato do corpo com a carga. Ambos os cenários podem causar desconforto, cansaço e dores. A ergonomia estuda essas situações com o objetivo de desenvolver métodos mais ergonômicos de transporte de cargas, reduzindo os problemas osteomusculares e economizando energia.

De acordo com a NR-17, é fundamental esclarecer alguns conceitos relacionados ao transporte e manuseio de cargas: a) O transporte manual de cargas refere-se a qualquer transporte em que o peso da carga é totalmente suportado por um trabalhador, incluindo levantamento e deposição; b) O transporte manual regular de cargas refere-se a toda atividade contínua ou que inclui o transporte manual de cargas, mesmo de forma descontínua.

O manuseio e o transporte de cargas têm muitas variáveis que ajudam a aumentar ou reduzir os problemas oriundos destas atividades. Assim, é fundamental fazer uma avaliação quantitativa da relação entre o peso do objeto e as condições como ele é transportado, elevado ou manuseado. O NIOSH sugeriu uma avaliação específica para avaliar a importância do manuseio de cargas para a saúde do trabalhador. A recomendação é que essas variáveis sejam consideradas:

- O peso do objeto manuseado;
- A posição da carga em relação ao corpo, medida em coordenadas horizontal e vertical no início e no final do levantamento;
- A frequência de levantamento;
- O período ou duração total do levantamento; e
- A probabilidade de preensão ou pega.

O limite máximo de peso que pode ser mantido sem prejudicar a saúde é uma das perguntas mais frequentes sobre o manuseio e o transporte de cargas. O guia NIOSH de 1981 recomendava um peso máximo de carga de 23 kg para levantamentos simétricos. A ABNT NBR ISO 11228-1:2017 recomenda que todas as variáveis envolvidas no processo, como intensidade, que se encontra cancelada por questões políticas e duração da tarefa, sejam levadas em consideração ao calcular o peso máximo a ser manuseado. Essa seção da ABNT foi criada para fornecer diretrizes para a avaliação das várias variáveis que compõem uma tarefa. Isso permite uma avaliação mais eficaz dos riscos em relação ao peso, bem como outras variáveis relacionadas. Além disso, está disponível nesta ABNT que, após a avaliação e identificação do risco, ele pode ser reduzido ou eliminado por meio da eliminação dos riscos relacionados à tarefa, à organização do trabalho e/ou às condições ambientais (ver ABNT NBR ISO 11228-1:2017).

As seguintes recomendações para levantamento de cargas simétricas foram desenvolvidas a partir do guia do NIOSH:

O levantamento deve ser suave e sem aceleração repentina. Os objetos devem estar a uma altura moderada e as mãos do trabalhador devem estar menos de 75 cm uma da outra. O trabalhador não deve ter restrições de postura e não deve usar suportes para o dorso, como cintas lombares. A pega do objeto deve ser boa e a temperatura deve ser agradável.

O levantamento de cargas sem equilíbrio reduz a capacidade de levantamento e aumenta a probabilidade de lesões nos músculos da coluna lombar e do dorso. Os produtos devem ter uma boa "pega" porque se a carga se move ou desliza por culpa da pega, o risco de lesão aumenta devido ao solavanco.

Puxar e empurrar cargas

Outro questionamento comum no local de trabalho: é melhor puxar ou empurrar uma carga? É melhor empurrar cargas que estão na altura do quadril do que aquelas que estão na altura dos ombros ou acima deles, em função da pressão intra-abdominal e da maior capacidade de força quando as mãos estão na altura dos quadris (CHAFFIN *et al.*, 2001). Além disso, qualquer posição crítica, como elevar os braços acima do nível dos ombros ou usar a flexão dos joelhos para empurrar uma carga, aumenta o risco de lesão.

Para auxiliar nas tarefas de puxar ou empurrar, o trabalhador pode inclinar o peso do corpo para ajudar. As forças manuais estáticas aumentam 40% a 50% quando a pessoa coloca os pés um em frente ao outro em vez de lado a lado. Além disso, é aconselhável que as tarefas de puxar e empurrar sejam executadas com as duas mãos, pois os valores das forças dessas atividades são de aproximadamente 50% a 60% maiores do que quando são executadas com as duas mãos (CHAFFIN *et al.*, 2001).

Como o atrito afeta significativamente os movimentos de puxar e empurrar, é importante pensar no tipo de piso e sola do sapato ocasionalmente. É recomendado que o funcionário se mova lentamente para dar a ele tempo suficiente para recuperar a postura se escorregar (CHAFFIN *et al.*, 2001).

Alternativas para o levantamento manual de cargas

Sete regras gerais para o levantamento de pesos que minimizam o impacto sobre o corpo e a saúde foram propostas por Kroemer e Grandjean (2005):

- Ao transportar uma carga, mantenha as costas retas e os joelhos flexionados.
- A carga deve ser levantada o mais próximo possível do corpo.
- O ideal é levantar o objeto de 50 a 75 cm do chão, até 90 ou 110 cm. A carga pode ser facilmente elevada até os ombros se o levantamento começar na altura do cotovelo.
- Ganchos, cordas, cintas ou "prolongamentos artificiais do braço" devem ser usados quando não há alças.
- Para facilitar o manuseio da carga na altura de 50 cm, devem ser usadas rampas e a altura de depósito deve ficar entre 80 e 110 cm.
- O levantamento não deve girar o tronco.
- O manuseio de cargas deve ser feito com carrinhos, rodízios ou dispositivos de levantamento mecânico sempre que possível.

Abaixo mais dicas importantes sobre o levantamento manual de cargas:

Uma carga pesada ou muito grande deve ser compartilhada entre mais pessoas. Além disso, outro trabalhador deve informar os carregadores sobre o caminho a seguir caso um objeto complexo os impeça de ver. Os desníveis do chão devem ser convertidos em rampas com revestimento antiderrapante e corrimãos nas laterais. Ademais, os locais de trabalho devem ter a mesma altura.

A capacidade de levantamento de peso máxima varia de trabalhador para trabalhador e, geralmente, as mulheres têm a metade da força dos homens.

O levantamento de pesos que envolve rotações do tronco é particularmente danoso para a coluna vertebral.

Transportar objetos próximos ao corpo, no centro da linha de gravidade, é conveniente porque não há necessidade de postura estática dos músculos.

Levantar objetos da altura do solo é crítico, faça uso de mesas ou plataformas elevatórias para elevá-los até a altura dos nós dos dedos para que possa manuseá-los a partir dessa altura.

Os itens que precisam ser transportados devem ter uma pega que seja confortável para as mãos. Quando a carga está em uma prateleira na altura dos ombros do trabalhador, por falta de alças, o trabalhador precisa abduzir os ombros para colocar os dedos sob o objeto. Além de diminuir significativamente o uso da força, causa estresse nos tendões e ligamentos.

A pessoa pode assumir uma posição de menor abdução com um objeto com alça nas laterais (CHAFFIN *et al.*, 2001).

Ao levantar uma carga com as costas curvadas, os discos intervertebrais experimentam um pico repentino de pressão, o que aumenta significativamente a carga assimétrica sobre eles. Ao realizar atividades que exigem levantamento de cargas, é importante manter a coluna ereta.

Assim, é aconselhável que o levantamento de peso seja realizado sempre usando a musculatura das pernas, mantendo a coluna vertical reta.

Para manusear tonéis, é recomendável inclinar e rolar o tonel com o tronco ereto ou usar um carrinho para levantá-los e transportá-los para aliviar o trabalho.

A exigência de força sobre os ombros e a coluna lombar do trabalhador é diminuída com o uso de braços articulados e içadores pneumáticos. O levantamento e o transporte de cargas e materiais podem ser feitos com uma variedade de instrumentos e equipamentos. Alguns são simples, como carrinhos com rodas, que podem ser usados para carga e descarga de diferentes tipos de material.

Por fim, sob o ponto de vista da engenharia de produção, o manuseio e transporte completo de cargas não melhora a produção e causa perda de tempo e danos à saúde do trabalhador. Como resultado, o manuseio e o transporte devem ser mecanizados e automatizados tanto quanto possível. Uma alternativa é reduzir os efeitos na saúde e o tempo de trabalho com dispositivos de transporte como talhas, pontes rolantes e monovias.

Posturas de trabalho

As posturas de trabalho, quando críticas, tendem a causar distúrbios e dores, além de frequentemente resultar em afastamentos temporários ou permanentes do trabalho. Entre os fatores biomecânicos que podem afetar a condição de saúde do trabalhador, estão o manuseio e transporte de cargas e a repetitividade.

No caso dos distúrbios posturais, é difícil estabelecer a relação causal. Isso significa que é difícil saber com precisão se o trabalho ou as atividades do cotidiano são a causa da dor ou do distúrbio postural. Essa dificuldade surge do fato de a maioria das pessoas estar em risco de problemas posturais em várias situações, algumas das quais estão relacionadas a hábitos de vida, como a forma de dormir, de sentar, de caminhar e o sedentarismo. No entanto, é importante lembrar que a exposição a riscos posturais no cotidiano não deve impedir que as questões posturais sejam tratadas no trabalho. É necessário evitar posturas e movimentos críticos relacionados às condições de trabalho.

Os movimentos associados às atividades de trabalho que podem causar problemas de saúde são os seguintes: movimentos rotacionais do tronco; flexões para frente e para os lados; movimentos de extensão (esticar a coluna para trás); e permanecer parado, sentado ou posicionado de forma estática por um longo período de tempo (postura estática).

Ressalta-se que, embora várias posturas possam ser adotadas durante o trabalho, a postura mais comumente adotada é a sentada ou em pé durante toda a jornada, resultando em uma postura estática, que é altamente prejudicial à saúde. Ao falar sobre posturas de trabalho, um assunto importante é a prevenção. Essas abordagens visam evitar os efeitos nocivos da fadiga muscular e os problemas posturais que podem surgir como resultado de uma postura estática prolongada, tanto em pé quanto sentada. Como resultado, é imperativo manter a alternância postural sempre que possível. Isso exige menos esforço e atividade muscular, resultando em menos fadiga e mais energia disponível para o trabalho.

Por fim, vale ressaltar que não existe uma postura ideal e que não se deve permanecer na mesma postura de trabalho por muito tempo. As características da atividade e a adequação do local de trabalho à postura do trabalhador devem ser levadas em consideração quando se trata de posturas de trabalho. Nesse caso, os pressupostos da Nota Técnica 060/2001 devem ser levados em conta para melhor avaliação dessas variáveis.

Conceitos sobre posturas de trabalho

De acordo com a Nota Técnica 060/2001, publicada pelo MTb, a postura mais adequada ao trabalhador é aquela que ele escolhe livremente e pode mudar com o tempo. A variação de postura deve ser valorizada na criação de postos de trabalho ou tarefas, principalmente na alternância entre a postura sentada e em pé.

O tempo de manutenção de uma postura deve ser o mais breve possível, pois seus efeitos nocivos aumentarão ou diminuirão com o tempo. A avaliação do tempo de manutenção de uma postura deve considerar o tempo unitário de manutenção (sem a possibilidade de alterações posturais) e o tempo total de manutenção registrado durante a jornada de trabalho.

Postura é o estudo da posição relativa de partes do corpo, como cabeça, tronco e membros, no espaço. Para realizar o trabalho sem sentir desconforto ou estresse, é fundamental ter uma boa postura.

Postura estática e fadiga muscular

A postura de trabalho deve corresponder à função da atividade realizada, às exigências da tarefa (visuais, uso de forças, precisão dos movimentos etc.), aos espaços de trabalho e à forma como o trabalhador está conectado às máquinas e equipamentos de trabalho, como o acionamento de comandos. A posição do tronco e o esforço postural, tanto no trabalho sentado quanto em pé, são afetados pelas amplitudes dos movimentos dos segmentos corporais, como os braços e a cabeça, bem como pelos requisitos da tarefa em termos visuais, de peso ou de esforço.

O trabalho muscular geralmente é dividido em trabalho muscular estático e trabalho muscular dinâmico. O trabalho muscular estático é aquele que exige a contração contínua de alguns músculos para manter uma posição específica, como os músculos dorsais e das pernas, que são contraídos para manter a posição em pé, ou os músculos dos ombros e do pescoço, que se contraem para manter a cabeça inclinada para frente. Ao longo do tempo, manter uma postura estática faz com que os músculos se cansem. Isso reduz a força de trabalho necessária para manter a postura. O trabalho muscular estático é muito doloroso e deve ser evitado ou aliviado por meio de mudanças de postura e adequações de trabalho. Além disso, sempre que possível, os funcionários devem receber pausas curtas para relaxar e aliviar os músculos cansados.

Em relação aos problemas com a postura estática, qualquer esforço para manter a postura estática resulta em tensão muscular estática (isométrica), que é perigosa para a saúde. A compressão dos vasos sanguíneos está associada aos efeitos fisiológicos dos esforços estáticos. O sangue deixa de fluir, deixando o músculo sem oxigênio e nutrientes, e os resíduos metabólicos não são eliminados, acumulando-se e causando dor e cansaço nos músculos. O desgaste dos tendões, discos intervertebrais e articulações pode ser causado por manutenção estática prolongada.

Postura ortostática (em pé)

De maneira geral, a concepção de postos de trabalho leva em consideração as necessidades de produção, não o conforto do trabalhador. Considerando que as curvaturas da coluna estão alinhadas nessa posição e as pressões sobre o disco intervertebral são menores do que na posição sentada, a postura em pé é frequentemente justificada. Embora fortes, os músculos que sustentam o tronco contra a força gravitacional não são adequados para manter a postura em pé. Eles são mais eficazes em fazer os movimentos necessários para mudanças de postura significativas.

A posição em pé ideal, embora econômica em termos de energia muscular, geralmente não é mantida por muito tempo. Isso se deve ao fato de que as pessoas tendem a apoiar alternadamente suas pernas direitas e esquerdas, o que provavelmente melhora a circulação sanguínea ou reduz as compressões nas articulações.

Só nas seguintes situações é razoável optar pela postura em pé:

- Deslocamentos constantes são necessários para o trabalho, como para carteiros e rondas;
- É necessário manipular cargas com peso igual ou superior a 4,5 kg para a tarefa;
- A tarefa requer movimentos frequentes para cima, para frente e para baixo; mas para que você possa trabalhar sentado, a amplitude desses alcances deve ser reduzida;
- O trabalho requer operações regulares em locais de trabalho fisicamente separados;
- A aplicação de forças para baixo é necessária na tarefa, como no empacotamento.

A postura em pé, por outro lado, tem a vantagem de permitir uma grande mobilidade corporal. As pernas e os braços podem ser usados mais facilmente para controlar as máquinas. Se o trabalhador já estiver em pé, ele pode se deslocar mais rapidamente. Além disso, permanecer em pé facilita o movimento dinâmico dos braços, pernas e tronco. Isso é útil para atividades como chutar uma bola ou quebrar pedras com uma marreta. A postura parada é extremamente cansativa porque exige muita força estática das musculaturas que são usadas para manter essa posição. O corpo não fica totalmente estático; em vez disso, oscila, o que dificulta a realização de movimentos importantes. O corpo geralmente deve ter um ponto de referência (posicionamento espacial) e apoios (encostos). Quando se está em pé, o coração consome mais energia porque é mais difícil bombear sangue para os extremos do corpo.

Os trabalhadores frequentemente assumem posturas inadequadas devido a projetos inadequados de máquinas, assentos ou bancadas de trabalho. Pode ocorrer dor intensa localizada nos músculos responsáveis por manter essas posturas por um longo período de tempo.

Existem três situações em que a má postura pode ser prejudicial ao corpo: trabalhos estáticos, que exigem posturas paradas por muito tempo; trabalhos que exigem muita força; ou trabalhos que exigem posturas desconfortáveis, como tronco inclinado ou torcido.

Posição sentada

Na posição sentada, o esforço postural (estático) e as solicitações sobre as articulações são mais "econômicos" do que na posição em pé. Como o esforço de equilíbrio é reduzido na postura sentada, os movimentos são mais controlados. É, sem dúvida, a melhor posição para tarefas que exigem precisão.

As pessoas que trabalham em escritórios, trabalham com computadores, administram etc., costumam ficar sentadas por muito tempo. A compressão dos discos intervertebrais é maior na posição sentada do que em pé, o que geralmente justifica os problemas lombares associados à postura sentada. Mas tais problemas não são causados apenas pelas cargas na coluna vertebral, mas principalmente por manter uma postura estática.

Um problema para a nutrição do disco intervertebral, que depende do movimento e da variação da postura, é a imobilidade postural. Quando a posição sentada é alternada com a posição em pé, a incidência de dores lombares é menor. A incidência é ainda menor quando é possível movimentar os demais segmentos do corpo, como fazer coisas com pequenos deslocamentos (NT 060/2001).

Se a postura de trabalho sentado for bem pensada (com apoios e inclinações adequados), pode causar pressões intradiscais inferiores a da posição em pé imóvel, desde que o esforço postural estático e as solicitações articulares sejam minimizados. Ao trabalhar sentado, o esforço para manter o equilíbrio postural é reduzido, o que permite maior controle dos movimentos. As vantagens da posição sentada, de acordo com a Nota Técnica 060/2001, incluem:

- menos solicitação da musculatura dos membros inferiores, reduzindo assim o desconforto e o cansaço;
- a capacidade de evitar posições forçadas do corpo;
- menor uso de energia.

As desvantagens incluem:

- pouca atividade física em geral (sedentarismo);

- posturas inadequadas, como lordose ou cifoses excessivas;
- estase sanguínea nos membros inferiores, que é agravada quando a face posterior das coxas ou a panturrilha é pressionada contra a cadeira se a cadeira estiver mal posicionada.

Ajustar o posto de trabalho para atividades sentadas geralmente requer ajustes de cadeira, que geralmente estão disponíveis no mercado. O trabalho sentado requer não apenas uma cadeira confortável, mas também uma bancada de trabalho adequada e um mobiliário bem projetado. A iluminação, a aparência e a performance do trabalhador devem ser levadas em consideração. Manter uma postura saudável evita a fadiga muscular e a degeneração discal.

Na posição sentada, que é típica dos postos de trabalho informatizados, os músculos do dorso e do ventre são os mais afetados. A maioria do peso do corpo está localizada nas nádegas. A postura ligeiramente inclinada para frente é mais confortável e menos exigente do que a postura ereta. Para reduzir os efeitos da fadiga, o assento deve permitir mudanças frequentes de postura.

A seleção do assento

O assento deve ser adequado à função e às medidas antropométricas da população. Independentemente da função que o trabalhador realiza, nenhuma cadeira é totalmente ergonômica. Lembre-se de que uma cadeira confortável para assistir a TV não é adequada para uma secretária, onde tudo deve se movimentar entre uma mesa e um arquivo. O oposto também é verdade.

A altura do assento deve ser adequada para que o trabalhador possa apoiar bem os pés. Depois disso, a altura do assento é ajustada em função da superfície de trabalho. A regulagem do assento deve permitir que ele fique entre 37 e 47 cm do solo, o que permitirá que a maioria das pessoas fique confortavelmente sentada. Aqueles com estatura menor devem ter suporte para os pés quando a altura do plano de trabalho for fixa. O suporte deve ser uma superfície inclinada que sustente a maioria da área da planta dos pés.

A profundidade do assento não pode ser excessivamente reduzida ou excessivamente ampliada. Deve ser do tamanho que permita que seu centro de gravidade seja mantido sobre o assento pelo percentil mais alto. Para evitar uma base frágil, o percentil mais alto deve ter uma profundidade de assento igual à profundidade do tórax mais 2,5 cm. No entanto, o assento não deve ser muito profundo para permitir a mobilidade do percentil mais baixo na área da fossa poplítea.

A forma como o assento é construído deve permitir mudanças de postura, aliviando a pressão sobre os discos intervertebrais e a tensão sobre os músculos dorsais de sustentação. Assim, assentos "anatômicos", em que as nádegas se encaixam neles, não são recomendados porque permitem poucos movimentos.

A densidade do assento também é importante para suportar as tuberosidades isquiáticas. É preferível assento com inclinação para trás em torno de 5 graus com relação à horizontal. Isso impede que a pessoa escorregue para frente, o que pode acontecer em assentos paralelos ao solo. É importante também que o encosto forneça um bom suporte lombar.

Concluindo, qualquer postura desde que mantida prolongadamente é mal tolerada. A alternância de posturas deve ser sempre privilegiada, pois permite que os músculos recebam seus nutrientes e não fiquem fatigados.

A alternância postural deve sempre ficar à livre escolha do trabalhador. Ele é quem vai saber, diante da exigência momentânea da tarefa, se é melhor a posição sentada ou em pé. Uma tarefa não tem exigências fixas. Por isso, nunca se pode afirmar de antemão qual é a melhor postura baseando-se apenas em critérios biomecânicos.

Por exemplo, um caixa de supermercado prefere ficar sentado quando manipula mercadorias leves, quando faz um troco ou quando confere cheques. Mas prefere se levantar quando lida com mercadoria pesada ou frágil, assim como, quando percebe um cliente potencialmente agressivo. Permanecendo em pé, os olhos de ambos se situam na mesma altura, diminuindo a sensação subjetiva de inferioridade. Logo, não são os ergonomistas que têm a palavra final sobre o conforto.

A postura de trabalho adotada é função da atividade desenvolvida, da exigência da tarefa (visuais, emprego de forças, precisão dos movimentos etc.), dos espaços de trabalho, da ligação do trabalhador com máquinas e equipamentos de trabalho, como, por exemplo, o acionamento de comandos.

A concepção dos postos de trabalho deve propiciar e facilitar a alternância de posturas. Para tanto, deve levar em consideração a natureza da tarefa e as atividades desenvolvidas para realizá-la.

Se os fatores organizacionais, ambientais e sociais não forem levados em conta, um posto de trabalho, mesmo que bem projetado do ponto de vista antropométrico, pode se tornar desconfortável.

O tempo de manutenção da postura, a altura do plano de trabalho e da cadeira, o design da cadeira, a adaptação às necessidades visuais e o espaço para pernas e pés são fatores que determinam o conforto do trabalho sentado.

O tempo de manutenção de uma mesma postura deve ser o mais breve possível. Isso inclui o tempo unitário de manutenção (sem ajustes) e o tempo total de manutenção diária. Devido ao fato de que os músculos envolvidos na postura sentada e em pé não são os mesmos e que a imobilidade postural causa a degeneração dos discos intervertebrais, é razoável a necessidade de mudar a postura e evitar a manutenção da mesma por um longo período de tempo.

Quanto às exigências visuais, o posicionamento da cabeça pode ser influenciado pela localização das fontes de informações visuais, o que pode afetar a postura do tronco. Isso pode resultar em trabalhadores assumindo posturas inadequadas prolongadas ou repetitivas da nuca em flexão ou extensão extremas ou inclinação/torção do tronco.

Um fator importante para garantir que o trabalhador esteja confortável em sua posição de trabalho é a altura do plano de trabalho. Se o plano de trabalho for muito alto, o trabalhador deve elevar os braços e os ombros durante a jornada. Ele trabalhará com as costas para frente se for muito baixo. Essa observação é válida para trabalho em pé e sentado. A altura ideal para trabalhar é determinada pela altura dos cotovelos em relação ao piso, mas a natureza da tarefa também deve ser considerada.

Postura sentada e concepção do posto de trabalho

Em muitos casos, os trabalhadores são obrigados a assumir posturas inadequadas devido a projetos de trabalho inadequados. Essas posturas inadequadas podem causar dores localizadas nos músculos necessários para manter a postura. Muitas vezes é necessário inclinar a cabeça para frente para ter uma melhor visão. Isso ocorre quando há pequenas montagens, quando se está inspecionando peças com defeitos menores ou quando se está lendo com dificuldade. Isso geralmente ocorre quando o assento é muito alto; a mesa é muito baixa; o assento está longe da área de trabalho, dificultando a visualização; uma necessidade específica, como um microscópio; ou o trabalhador tem miopia.

Essa postura faz com que os músculos do pescoço e do ombro se fadiguem rápido. Isso ocorre porque a cabeça tem peso relativamente alto e está posicionada a favor da gravidade. A posição, a forma e a inclinação do encosto, a altura e a inclinação do assento da cadeira e a presença de outros tipos de apoio impactam a postura. O trabalho desenvolvido na posição sentada requer atenção a essas considerações. Isso se deve ao fato de que mesmo pequenas mudanças na forma como o ambiente de trabalho é organizado podem alterar significativamente a postura ideal.

Para a mesa de trabalho, os seguintes padrões devem ser seguidos: a altura inferior da superfície de trabalho deve ser suficiente para acomodar as pernas, o campo de visão deve ter uma distância focal de 20 a 40 cm (o mais comum), e a altura da mesa deve estar funcionalmente relacionada à posição do cotovelo (normalmente, 3 a 4 cm acima da altura do cotovelo) e deve ser ajustada após o ajuste da altura da cadeira.

Para reduzir a fadiga, o assento deve permitir mudanças frequentes de postura. As dimensões de altura, largura, profundidade e inclinação do assento devem estar presentes em um assento informatizado. Além disso, a maciez, a adaptabilidade e o conforto térmico devem ser levados em consideração.

Essas informações confirmam a importância de um local de trabalho que seja confortável para o operador e adequado para a função que será realizada, bem como para garantir uma postura adequada e um risco mínimo de distúrbios ocupacionais. A saúde não é apenas a falta de doença. É também o equilíbrio entre o bem-estar físico, mental e social, bem como as interações com o ambiente laboral e com o tempo extra empregado.

Alternância postural

Quando se trata de aspectos ortopédicos e fisiológicos, o layout do posto de trabalho deve ser projetado de forma a permitir que as tarefas sejam realizadas com mudanças de postura frequentes. Para isso, os equipamentos e veículos usados devem permitir essa mobilidade.

Qualquer postura mantida por um longo período de tempo tende a ser mal tolerada. A alternância de posturas deve ser priorizada sempre, pois permite que os músculos recebam os nutrientes necessários e não se fatiguem. O trabalhador deve sempre ter a opção de mudar de posição. Ele é o responsável por determinar se a posição sentada ou em pé é mais adequada em relação às necessidades imediatas da tarefa. Como cada trabalho tem suas próprias necessidades, nunca se pode dizer com certeza qual é a melhor maneira de fazê-lo apenas com base em critérios biomecânicos (Nota Técnica 60/2001).

A alternância postural é o contrário da postura estática, que é sempre em pé ou sentada. Nesse caso, deve-se levar em consideração a necessidade natural do organismo de mudar de posicionamento e movimentos quando o corpo e as condições de atividade o solicitarem. Por meio de sensações como dor, desconforto, cansaço e formigamento, entre outras, o corpo comunica e sente a mudança de postura.

Ao trabalhar em qualquer lugar, é ideal que ele permita a mudança de postura, seja em pé ou sentada. Sempre que possível, um estudo de ergonomia deve ser realizado para identificar as características da atividade de trabalho, como: alcance (a necessidade de esticar os braços para alcançar uma ferramenta de trabalho); esforço físico; necessidade de acuidade visual (enxergar de perto) e realização da tarefa são alguns dos fatores que indicarão o melhor posicionamento durante a atividade de trabalho. A maioria das tarefas que exigem motricidade fina e acuidade visual é executada na postura sentada, enquanto as tarefas que exigem esforço físico envolvem movimentos amplos do corpo e deslocamentos frequentes.

Um ambiente de trabalho que permita que o operador alterne o trabalho sentado com a postura em pé é altamente recomendado do ponto de vista ortopédico e fisiológico. Ainda assim, dores e fadiga causadas pela posição sentada também podem ser aliviadas ficando em pé ou movendo-se. Ao ficar de pé e sentar, vários músculos são pressionados. Como resultado, a alternância permite relaxar alguns grupos musculares enquanto sobrecarrega outros. Além disso, existem fortes razões para crer que a mudança da postura sentada para a de pé ou vice-versa é acompanhada por mudanças no suprimento de nutrientes dos discos intervertebrais. Portanto, para proteger os discos, a alternância de postura também é sugerida.

Posicionamento do pescoço e da cabeça

Quando se senta, o pescoço dobra para frente para que possamos ver o trabalho na posição mais comum. As queixas de desconforto associadas ao dobramento do pescoço aumentam como resultado da sobrecarga dos ligamentos e articulações da região. Quando a cabeça não pode ser movida, os músculos estáticos são usados para manter a posição.

A fadiga localizada na região do pescoço pode ser um sinal preliminar de outros problemas musculoesqueléticos mais graves e, frequentemente, prolongados. Ao trabalhar por um período prolongado, a inclinação da cabeça não deve exceder 30º. O melhor ângulo de visão, por outro lado, varia muito de pessoa para pessoa. Movimentos de olhar de quinze graus acima e abaixo da linha média ainda são confortáveis. A linha de visão média preferencial para pessoas que mantêm a cabeça e o corpo eretos é horizontal se o objeto alvo está longe, mas bastante abaixo da linha do horizonte.

O conforto do trabalho sentado ou em pé é causado por:

a) O tempo gasto mantendo a postura (evitando esforços estáticos).

b) Acomodação às exigências visuais: a posição da cabeça pode ser influenciada pela localização das fontes de informações visuais, o que pode afetar a postura do tronco. Como resultado, os funcionários podem assumir posturas inadequadas prolongadas ou repetitivas da nuca em flexão, extensão e torção extrema ou inclinação/torção do tronco. Colocar monitores de vídeo lateralmente e/ou muito baixos ou muito altos são exemplos comuns disso.

c) Espaço para pernas e pés: Quando não há espaço suficiente para as pernas e pés, os funcionários podem adotar posturas como inclinar e torcer o corpo, pernas muito flexionadas ou aumentar o braço de alavanca.

d) A altura do plano de trabalho: o conforto postural é um fator importante.

Para acomodar o local de trabalho, é importante ter em mente que, se o horário de trabalho for muito alto, o funcionário deverá elevar os braços e os ombros durante toda a jornada ou em grande parte dela. Ele trabalhará com as costas para frente se for muito baixo. Essa observação é válida tanto para trabalho em pé quanto para trabalho sentado. Embora a natureza da tarefa também deva ser levada em consideração, a altura dos cotovelos em relação ao piso serve como um ponto de referência para determinar a altura confortável de trabalho. A altura da cadeira e o layout do local de trabalho são as duas principais considerações a serem levadas em consideração ao projetar e adaptar um local de trabalho sentado. Considerando que as dimensões corporais são extremamente variadas entre indivíduos e entre eles, no mínimo, uma dessas alturas deve ser regulável para permitir que a maioria dos funcionários se adapte ao local de trabalho. Além disso, a cadeira deve ter um assento de trabalho ideal. O assento deve ser determinado com base na atividade realizada, nas condições ambientais de trabalho e, em última análise, nas avaliações dos usuários (Nota Técnica 060/2001).

Considerando os conceitos e métodos apresentados até agora sobre as posturas de trabalho, é importante destacar que já existe um ponto de convergência sob o ponto de vista técnico nessa questão. Isso significa que, sempre que as condições de trabalho permitam, a alternância de posturas deve ser promovida e o local de trabalho deve ser adequado para isso. Se os fatores organizacionais, ambientais e sociais não forem levados em consideração, um posto de trabalho pode se tornar desconfortável, mesmo que esteja bem projetado do ponto de vista antropométrico (em relação às necessidades dos trabalhadores).

Além disso, escutar as opiniões dos trabalhadores antes da compra de mobiliário tem se mostrado um bom método para reduzir a margem de erro, pois a boa postura de trabalho está diretamente ligada à configuração do posto de trabalho. Antes de comprar equipamentos, algumas empresas usam protótipos de trabalho como teste. Portanto, eles escolhem o mobiliário que é mais aceito pelos trabalhadores e usuários.

Repetitividade

De forma geral, sabe-se que a condição de trabalho repetitivo tende a aumentar os outros fatores biomecânicos que podem interferir no desempenho produtivo e na saúde do trabalhador. Isso inclui o manuseio e o transporte de cargas, bem como as posturas e gestos críticos. Por exemplo, uma postura ou gesto de trabalho crítico geralmente não leva a problemas de saúde. No entanto, existe maior probabilidade de sofrer danos e transtornos à saúde se for repetido durante uma jornada inteira, frequentemente por dias e anos. Portanto, o fator que potencializa o risco é a repetitividade e a constância com que se executam determinados movimentos e ações no trabalho.

Se acredita que o trabalho repetitivo tem uma conexão direta com o modo de produção industrial atual. Em particular, é frequentemente associado ao Sistema Taylorista Fordista, que se baseia no trabalho fragmentado e superespecializado em que os funcionários trabalham em uma máquina ou realizam uma única tarefa ao longo da jornada de trabalho. Esse sistema de trabalho acaba com ciclos operacionais extremamente curtos, ou seja, menos de 30 segundos. A maioria das vezes, isso ocorre em processos industriais quando o produto é de pequeno porte, uma característica dos processos de manufatura. A velocidade de operação tende a aumentar com a redução do produto.

Ao tentar conceituar e contextualizar a repetitividade, descobriu-se que, em alguns processos industriais, o ritmo pode ser imposto pela máquina (que determina a cadência do trabalho) e/ou por uma esteira contínua (que facilita o transporte de materiais e insumos). Nesses casos, como medidas preventivas de ergonomia, é importante ter em mente que os exercícios realizados em esteiras contínuas devem ser bem cadenciados e que micro pausas devem ser feitas para ajudar a recuperar os músculos.

É importante observar que, embora os profissionais em ergonomia estejam cientes de que o trabalho repetitivo pode ser prejudicial, existem várias estratégias para reduzir os danos causados pelo trabalho repetitivo, incluindo a multifunção e pausas programadas ou espontâneas.

Conceitos de repetitividade e fadiga muscular

O conceito de Silverstein *et al.* (1987) define um ciclo repetitivo como sendo executado mais de duas vezes por minuto, ou em menos de 30 segundos. Couto (2000) destaca que o ciclo de 30 segundos proposto por Silverstein era um detalhe da abordagem usada nos Estados Unidos em 1985 para estudar específicos grupos de trabalhadores. Naquele momento, ela definiu ciclos de trabalho que duravam menos de trinta segundos e mais de trinta segundos, mas que mantivessem o mesmo padrão de movimento (mesmo tipo de ação técnica, mesmos movimentos e ações musculares) durante mais de metade do ciclo operacional, considerando-os de alta repetitividade.

O trabalho tende a não causar lesões se estiver bem organizado, com os tempos adequados e suficientes para se recuperar. No entanto, é impossível negar que a repetitividade é a principal causa de lesões e distúrbios nos membros superiores. Assim, a ideia apresentada seria melhor expressa da seguinte maneira: "O trabalho de alta repetitividade, sem os tempos de recuperação das estruturas orgânicas e da fadiga, pode constituir um fator de risco para lesões e transtornos nos membros superiores".

A repetitividade está ligada à superespecialização e à fragmentação dos processos e pode causar problemas para a saúde do trabalhador e os resultados da empresa. Isso se deve ao fato de que o trabalho repetitivo causa problemas fisiológicos, como sobrecarga de músculos, tendões e articulações. Isso pode causar LER/DORT, ou lesões por esforço repetitivo/distúrbios osteomusculares relacionados ao trabalho. A repetitividade geralmente resulta em custos, redução da produtividade e falta de trabalho. Além disso, pode causar retrabalho, refugo e outros problemas. Um indivíduo que experimenta dor ou desconforto dificilmente produzirá com a mesma qualidade e capacidade do que um indivíduo que não experimentasse essas condições.

A fadiga muscular, que pode ser definida como o desequilíbrio reversível entre a exigência e a capacidade de recuperação do corpo e uma degradação qualitativa do trabalho, é o primeiro sinal de uma possível LER/DORT. Os sinais de fadiga incluem uma diminuição da força muscular, habilidade e precisão. Dor localizada intensa, contratura muscular e até exaustão podem surgir nos casos mais graves.

Os elementos apresentados são de natureza física. No entanto, pode-se dizer que a repetitividade geralmente leva a fatores psicossociais como monotonia. Aqueles que trabalham na mesma atividade todos os dias por meses e anos não oferecem novos estímulos e seus movimentos são tão automatizados que não há mais a necessidade de "pensar" sobre o trabalho, portanto, são mais propensos a se entediar com seu trabalho. Para a maioria das pessoas, a monotonia leva a desestímulo e falta de sentido ou valorização de seu trabalho. A monotonia do trabalho repetitivo tende a causar erros e acidentes. Quase sempre, a repetitividade prejudica o trabalhador e a empresa.

Estratégias para redução da repetitividade: pausas e multifunção

Os empresários, os engenheiros de produção e o pessoal envolvido com SST (Saúde e Segurança do Trabalhador) têm muitas maneiras de reduzir os efeitos da repetitividade. Essas abordagens visam manter a saúde e a qualidade de vida, bem como aumentar ou manter os resultados produtivos. Portanto, um trabalhador saudável e feliz provavelmente estará mais comprometido com os resultados da empresa.

Pausas no trabalho

Pausas no trabalho são essenciais para recuperar os músculos cansados. A partir da segunda à terceira hora de trabalho com a mesma atividade, o corpo tende a entrar em processo de fadiga muscular. Uma variedade de pausas curtas distribuídas ao longo da jornada de trabalho pode reduzir a fadiga muscular. Isso é melhor do que dar pausas prolongadas ao final da jornada ou da tarefa. Muitas vezes, essas interrupções já fazem parte do próprio ciclo de trabalho.

É fundamental aproveitar bem as oportunidades de descanso. O trabalhador deve ser encorajado a sair de seu local de trabalho nesse momento e fazer alguns exercícios de relaxamento muscular. Atividades que causam repetitividade, postura inadequada, força muscular, compressão mecânica ou estresse devem ser evitadas.

O objetivo principal das pausas no trabalho é ajudar os trabalhadores a se sentirem melhor com seus músculos mais ativos. Em outras palavras, essas pausas visam proteger os trabalhadores contra o intenso trabalho que eles realizam. A seguir algumas regras gerais para as pausas:

- Pausas curtíssimas são feitas quando o trabalhador está completamente envolvido na tarefa. O trabalhador deve aguardar um pouco para continuar ou concluir a tarefa durante a execução.

- Pausas de 5 a 10 minutos por hora: isso ajuda os trabalhadores a não permanecerem na mesma posição por muito tempo.

As pausas regulares são essenciais para a recuperação da musculatura, a fim de prevenir doenças crônicas e suas consequências. Todos concordam que os trabalhos que são considerados repetitivos (como a digitação regular e constante, por exemplo) precisam de pausas regulares. A NR-17 do Ministério do Trabalho estabelece pausas de dez minutos após cada período de cinquenta minutos de trabalho efetivo com entrada de dados. Em situações intermediárias, quando o operador trabalha com terminais, pode ser necessário estabelecer outros ritmos de parada obrigatória porque o estresse, a postura inadequada e a tensão muscular podem continuar existindo, mesmo quando o operador não está digitando. Como resultado, há uma chance de dor e até mesmo lesão, principalmente quando outros fatores antiergonômicos como temperatura baixa, vibrações e fatores cognitivos estão presentes.

Essas regras são baseadas em estudos científicos, mas são muito relativas porque os valores de pausas são considerados o mínimo necessário para evitar desconforto e alterações musculoesqueléticas. Estar bem orientado é essencial para que os trabalhadores possam determinar quando tomar as pausas sem prejudicar sua produtividade e execução das tarefas.

Existem várias maneiras pelas quais as pessoas podem fazer pausas no trabalho:

- Pausas espontâneas: são pausas que o trabalhador faz por conta própria para descansar e interromper o fluxo de trabalho. Essas pausas geralmente não são longas, mas podem ser feitas pelo trabalhador sempre se seu trabalho estiver estressante. Essas pausas curtas, no entanto, têm um impacto maior na recuperação do que pausas longas.

- Pausas disfarçadas: ocorrem quando um operador deixa de fazer a atividade principal para fazer outras atividades. Essas pausas são fisiologicamente justificadas, mas o problema é que, devido ao fato de outra atividade estar sendo realizada, geralmente há relaxamento suficiente.

- Pausas condicionadas pelo trabalho: são todas as interrupções relacionadas ao funcionamento de uma máquina ou à organização do trabalho, como a espera de um cliente ou a espera de uma peça para resfriar. As pausas condicionadas pelo trabalho em uma esteira dependem do movimento da esteira e da habilidade do operador.

- Pausas prescritas: são definidas pela gerência. Isso inclui pausas para o lanche de manhã e à tarde.

Por fim, é importante lembrar que, independentemente do tipo de pausa que possa ser dado a cada situação ou empresa, é essencial que haja uma pausa para recuperar-se da jornada de trabalho. A pausa passa a ser uma estratégia vital para a prevenção de distúrbios musculoesqueléticos se o trabalho for considerado repetitivo.

Multifuncionalidade

Para reduzir o trabalho repetitivo e flexibilizar os processos, a ergonomia propõe a multifuncionalidade. Uma pessoa que trabalha há anos em uma empresa sabe que provavelmente executará a mesma operação na semana seguinte, no mês seguinte, no ano seguinte e assim por diante. Existem poucas perspectivas de crescimento profissional, aprendizagem, valorização salarial e motivação para esse trabalhador. Uma rotina estável e conhecida pode fazer com que alguns indivíduos se sintam cansados, desmotivados e pouco comprometidos, além de causar fadiga por causa do exaustivo uso das mesmas estruturas musculoesqueléticas.

Multifuncionalidade é definida como a rotação planejada de um operador entre vários ciclos de trabalho de diferentes atividades. Isso requer habilidades sociais e técnicas, como cooperação e comunicação entre a equipe de trabalho. A confiabilidade da automação permitiu a multifuncionalidade.

A multifuncionalidade permite a criação de células de fabricação, melhorias na qualidade dos produtos, mudanças significativas na organização do trabalho e da produção e mudanças nas relações entre trabalhadores e supervisão. A flexibilidade da mão de obra é alcançada por meio do layout do local de trabalho e do pessoal suficientemente qualificado para desempenhar outras tarefas.

A multifuncionalidade aumenta o valor do trabalho porque permite a aprendizagem de outras operações, a mudança de gestos e posturas e a criação de novos estímulos. Isso é particularmente verdadeiro para operações com ciclos de tempo curtos, ou seja, quanto menor o tempo de ciclo, mais evidente é o revezamento das atividades. Os benefícios da multifuncionalidade incluem maior flexibilidade na equipe, maior satisfação, comprometimento e motivação dos trabalhadores, maior produtividade e menor absenteísmo.

A multifuncionalidade requer alguns cuidados, no entanto.

Para implementar a multifuncionalidade, são necessários uma equipe bem treinada e comprometida, um layout apropriado e procedimentos operacionais que garantam que as rotinas sejam executadas conforme padrões definidos.

Na prática, muitas empresas têm implementado um sistema de trabalho multifuncional. Mas é importante lembrar que os trabalhadores precisam de tempo para aprender suas novas funções. Para começar, é provável que as novas funções não sejam executadas com o mesmo desempenho ou habilidade que as atividades já conhecidas. Devido a isso, os gestores e os trabalhadores da empresa são orientados a introduzir gradualmente a multifunção, juntamente com uma reestruturação e prospecção de cargos com salários compatíveis com o sistema multifuncional.

Ao implementar a multifuncionalidade, é importante considerar a estrutura de cargos e salários, bem como a definição das funções que podem ser trocadas, pois a troca de funções pode ser considerada um "desvio" de função em termos legais. Assim, é recomendável que seja realizada uma análise das características biomecânicas das atividades para garantir que a troca ocorra com ganho ergonômico. O ganho ergonômico na troca de atividades depende da troca dos grupos musculares usados para realizar as tarefas, do uso de força, das posturas e dos gestos utilizados e do grau de envolvimento cognitivo necessário para completar as tarefas.

Organização do trabalho

A organização do trabalho é descrita pelas formas como as tarefas são distribuídas entre as máquinas e os trabalhadores. Ela especifica quem, como e quando é feito o trabalho.

No passado se tentou organizar o trabalho de uma maneira cientificamente rigorosa. Taylor propôs a Organização Científica do Trabalho, que separava fortemente a concepção do trabalho de sua realização. Existem alguns indivíduos que concebem e planejam, enquanto outros executam. Sem considerar que os homens preferem iniciar e finalizar a fabricação de um produto, entender o que estão fazendo, desenvolver novos processos mais eficientes, ferramentas mais adequadas etc., projetam-se tarefas fragmentadas.

Em outras palavras, a implementação de uma hierarquia rígida na organização científica do trabalho impediu a colaboração necessária entre os trabalhadores.

Tentou-se aumentar a produção limitando-se o tempo de execução com a introdução das linhas de montagem; no entanto, os trabalhadores não estavam motivados. Logo se tornou necessário implementar prêmios por produtividade em tarefas que eram divididas em pequenas partes, um recurso que funcionou a curto prazo, mas que tem efeitos negativos com o passar do tempo.

O taylorismo exige que as tarefas sejam executadas em tempos fixos e invariáveis para todos, garantindo que as máquinas, as matérias-primas e os homens permaneçam estáveis. Estabilidade que é fantasiosa. A cronoanálise, a avaliação de tempos e movimentos (como fazer a tarefa e em quanto tempo) é realizada em trabalhadores cujas habilidades não correspondem às habilidades reais da população trabalhadora em geral. O problema da cronoanálise é não permitir nenhuma pausa ao trabalhador, preenchendo totalmente sua jornada de trabalho ou fazendo com que a execução das tarefas fique demasiadamente apertada para o trabalhador.

Ademais, temos que respeitar as diferenças individuais entre os trabalhadores, vez que um trabalhador com mais idade pode não conseguir acompanhar o ritmo de um jovem trabalhador. Esta questão explica por que determinadas fábricas só possuem jovens em sua produção, os quais vão adoecendo pouco a pouco, quando então são substituídos.

De acordo com uma variedade de fatores, incluindo o tempo disponível, os instrumentos usados, as circunstâncias ambientais, a experiência anterior e a forma como a remuneração é paga, as pessoas podem agir de várias maneiras em uma função.

O planejamento das tarefas de trabalho deve ser baseado em uma compreensão clara dos elementos envolvidos no trabalho. O clima social e psicológico do local de trabalho e como ele afeta o bem-estar, a saúde e a qualidade de vida dos trabalhadores devem complementar a ênfase nos fatores físicos do meio ambiente.

Um ambiente de trabalho bom deve ser livre de estresse, cansaço ou pressão operacional para melhorar a organização e o conteúdo do trabalho. Para realizar uma tarefa adequadamente, além do conhecimento técnico, são necessários acompanhamento, ferramentas adequadas, fornecedores de alta qualidade, atualização profissional e tempo suficiente.

A criação de grupos de trabalho semiautônomos é uma nova forma de organização do trabalho. Esses grupos têm a capacidade de decidir os métodos de trabalho, os horários e as prioridades de solução de problemas.

A participação de todos no planejamento é fundamental para melhorar a organização do trabalho. Estas alterações visam melhorar as condições de trabalho e promover um trabalho mais eficiente. Elas tornam as atividades mais flexíveis e adaptáveis às mudanças e procedimentos de fabricação. Para os trabalhadores, uma empresa mais produtiva traz benefícios como menos stress no trabalho, mais oportunidades de cooperação, melhor uso de suas habilidades e melhores perspectivas profissionais. O planejamento participativo é uma parte importante da administração moderna, como a gestão por objetivos ou ciclos de qualidade.

Uma boa organização empresarial deve fornecer espaço para iniciativas individuais e coletivas. Esta é uma excelente maneira de criar padrões operacionais; as recomendações devem originar de supervisores e trabalhadores, independentemente do nível hierárquico. O núcleo de qualquer sistema de normalização é a intenção de criar um ambiente participativo. Teremos certeza de que todos se dedicarão a seguir as normas de trabalho com base nessa ideia. Vale lembrar que todas as normas operacionais devem incluir elementos de segurança, higiene e saúde.

Uma análise ergonômica mostra os vários modos operacionais possíveis. A organização do trabalho mais adaptável permite que os trabalhadores desenvolvam os modos operatórios mais adequados ao seu estado interno ou aos tipos de matéria-prima ou ferramenta. Só assim os trabalhadores poderão integrar a variabilidade e atingir os objetivos do trabalho. Permitir que vários modos operatórios possíveis sejam usados em várias situações (incluindo aquelas causadas por mudanças no estado corporal) significa aumentar a liberdade. Por exemplo, ter a possibilidade de executar a tarefa em pé quando já se cansou de ficar sentado. Para isso, o design do mobiliário deve levar em consideração os vários modos operatórios.

Assim, a organização do trabalho é um capítulo à parte dentro da ergonomia. Um dos aspectos mais complexos envolve variáveis que geralmente não são visíveis, como o ritmo, a cadência e a carga psicoemocional do trabalho. Ainda que seja difícil medir essas variáveis, elas são importantes para a saúde e a qualidade de vida no trabalho. Portanto, as opiniões dos trabalhadores são a melhor e mais confiável fonte de informações e recursos.

Um dos melhores métodos para avaliar a organização do trabalho é uma entrevista, que permite entender e captar os sentimentos e percepções dos trabalhadores sobre seu trabalho, partindo do pressuposto de que as condições reais de trabalho são aquelas que são percebidas e sentidas por quem trabalha lá. Embora existam parâmetros e ferramentas disponíveis para avaliar problemas organizacionais relacionados ao ritmo e à pressão no trabalho, a ergonomia participativa é baseada na "fala" dos trabalhadores.

Para resumir, a recomendação para quem deseja saber se os trabalhadores estão satisfeitos, confortáveis e envolvidos em seu trabalho é fazer perguntas diretas e simples. Por exemplo, pergunte-lhes sua opinião sobre seu trabalho. Como você avalia seu trabalho? Teria sugestões de melhorias?

O conhecimento do trabalhador é equivalente ao conhecimento técnico científico e é essencial para o sucesso da ação ergonômica. O item 17.1 do *Manual de aplicação da NR-17 comentado* (2004) define ergonomia como: "é arte na qual são utilizados o saber tecnocientífico e o saber dos trabalhadores sobre sua própria situação de trabalho", quando se trata de conforto. A ergonomia participativa, que leva em consideração os fatores humanos e organizacionais envolvidos no trabalho, surge nesse contexto.

É amplamente reconhecido que o novo paradigma da ergonomia, baseado na organização, substituiu os conceitos antigos da ergonomia, que se concentravam principalmente na relação do trabalhador com a máquina, os equipamentos e o ambiente físico. Assim, é necessário apresentar as premissas do *Manual de aplicação da NR-17 comentado*, que trata da análise da organização da produção com base nos seguintes elementos: fluxogramas do processo, etapas e tarefas principais, arranjo físico, tecnologia, automação, metas produtivas, capacidade de produção, índice de produtividade, percentagem de refugo, percentagem de utilização da capacidade instalada, taxa de ocupação das máquinas, modelos de gestão.Outros aspectos da organização do trabalho que devem ser analisados incluem horários, turnos, cadências, ritmos, políticas de remuneração, repartições de tarefas, polivalência, qualificações, terceirização, grau e formação de equipes e organogramas. A organização do trabalho abrange a gestão dos recursos humanos e da produção, bem como o modelo de produção atual, que determina a flexibilidade do processo.

Assim, fica evidente a complexidade de identificar as premissas ergonômicas da organização do trabalho para uma empresa. Em termos organizacionais, é viável discutir os elementos que podem e devem ser observados para que os trabalhadores trabalhem bem e em boas condições, sem perder os resultados e a otimização da produção. Isso se baseia na consideração e análise do trabalho prescrito e real, do ritmo e da cadência do trabalho e do conteúdo do trabalho.

Trabalho prescrito e real

A aplicação dos princípios da ergonomia relacionados às atividades reporta a um enfoque direcionado a uma unidade menor, que é a atividade. Isso facilita a análise, intervenção e validação de melhorias ergonômicas porque a organização do trabalho envolve uma série de variáveis.

O foco da ergonomia na avaliação das atividades é um fator que ajuda a mudar a perspectiva sobre a segurança do trabalho. Isso leva à conclusão de que, como se parte da atividade real, as medições representarão a exposição do trabalhador. Como o trabalho prescrito e o trabalho real são comparados, o viés entre a exposição estimada e a exposição real será menor.

Aqui estão expostos os conceitos de trabalho real e trabalho prescrito. O trabalho prescrito refere-se à maneira como o trabalho deve ser executado. Isso inclui a maneira de usar as ferramentas e as máquinas, o tempo concedido para cada operação, os modos operatórios e as regras que devem ser respeitadas. É difícil corresponder exatamente ao trabalho real. O trabalho real é o trabalho que os trabalhadores realizam de forma eficaz.

Portanto, para entender e avaliar a demanda ergonômica de uma atividade de trabalho, é fundamental analisar a tarefa prescrita (que a empresa normatizou) e compará-la com a tarefa real (que o trabalhador efetivamente realiza). A demanda ergonômica (problemas ergonômicos encontrados) distingue o prescrito do real. Portanto, é necessário levar em consideração a diferença entre a tarefa prescrita e a tarefa real ao elucidar as questões relacionadas à organização do trabalho, além de levar em consideração as opiniões verbais dos empregados sobre seu trabalho.

A flexibilização do processo produtivo é outro aspecto operacional do trabalho (tarefa real), pois a produção é garantida, principalmente nos processos manufaturados, pelas habilidades dos trabalhadores para fazer ajustes finos e acabar os produtos, bem como para evitar os vários incidentes que possam surgir durante o processo. O *Manual da NR-17 comentado* diz que "na prática, temos visto os trabalhadores guardarem zelosamente na gaveta os procedimentos prescritos e continuarem a improvisar para desempenhar bem a tarefa". Isso leva à necessidade de flexibilizar a produção em relação ao *modus operandi* de cada trabalhador. Em outras palavras, a produção deve ser flexível o bastante para que os trabalhadores possam fazer as coisas do seu jeito e fazer com que as coisas sejam feitas de maneira que reflete sua personalidade. No entanto, isso não significa que não deva haver padrões ou regras de produção, pois a compreensão do caminho e das metas de produção é fundamental para a organização do trabalho individual e coletivo. O sucesso é mais provável quando se leva em consideração as características "do fazer" de cada empregado.

Ritmo de trabalho e cadência

Há que se prestar atenção especial ao processo de produção atual da empresa quando se trata de ritmo e cadência. A produção predominantemente Taylorista Fordista, ou seja, quando o trabalho é "puxado" por uma esteira contínua, é uma situação que requer atenção especial. Neste caso, o ritmo é imposto porque o tempo da esteira é regulado, o que significa que todos os empregados devem ter o mesmo ritmo. Ainda assim, essa não é uma situação que afeta o ritmo individual, pois pesquisas no setor de couro e calçado demonstraram que o ritmo dos trabalhadores, mesmo quando trabalham na esteira, pode ser mantido, desde que a programação da esteira permita micro pausas. A multifunção também pode aliviar o ritmo da esteira. A divisão do trabalho permite a realização de mais tarefas ao longo da jornada de trabalho, reduzindo a monotonia e a repetitividade.

O ritmo de trabalho é definido pelo tempo-padrão, que é o tempo necessário para um operador experiente concluir uma tarefa usando o método padrão, que inclui a tolerância de espera do processo e a fadiga.

De acordo com o *Manual de aplicação da NR-17*, deve-se distinguir entre ritmo e cadência. O ritmo é qualitativo, mas a cadência é quantitativa. A velocidade dos movimentos repetidos em um determinado período de tempo é chamada de cadência. O processo de ajustamento ou arranjo das cadências é conhecido como ritmo: pode ser livre (quando o indivíduo tem a liberdade de escolher sua própria cadência) ou imposto (quando causado por uma máquina, linha de montagem e até incentivos à produção).

O ritmo de trabalho pode ser controlado pela máquina (como na linha de montagem, onde as operações geralmente levam menos de um minuto) ou pelo trabalhador ao longo de um dia, mesmo mantendo uma cota de produção diária. Além disso, o modo de remuneração, que é teoricamente um ritmo livre, mas leva o trabalhador a acelerar.

A avaliação da carga de trabalho depende da distinção entre ritmo e cadência. Por exemplo, uma declaração como "o trabalhador realiza 1.200 levantamentos por dia do braço direito até a altura do ombro" não permite, por si só, avaliar a gravidade desses levantamentos para o trabalhador. Ele provavelmente tolerará melhor essa imposição se fizer esses movimentos enquanto trabalha em uma tarefa em que ele mesmo controla sua cadência. Isso significa que ele pode alterar a cadência ao longo do dia ou de um dia para o outro. No entanto, o trabalhador pode considerar sua carga mais difícil se trabalhar em uma máquina que exige que ele se movimente sem poder mudar a cadência. Além disso, aumentará a carga se ele mantiver o braço levantado por um longo tempo ao levantá-lo. O mesmo se aplica a uma fila de clientes que determina uma cadência. Logo, uma avaliação da situação não pode ser feita com medidas quantitativas que não mostram o contexto em que elas ocorrem.

O conteúdo das tarefas

De acordo com o *Manual de aplicação da NR-17*, o conteúdo das tarefas designa o modo como o trabalhador percebe as condições de seu trabalho: estimulante, socialmente significativo, monótono ou aquém de suas capacidades. Se houver uma variedade de atividades, questões a resolver e o empregador demonstrar interesse, pode ser estimulante. É importante ter em mente que, em certos casos, uma variedade muito grande de tarefas não é necessariamente estimulante. Isso ocorre quando as tarefas requerem muita memorização e aprendizado ou quando a execução das tarefas exige um período de tempo específico.

A riqueza maior ou menor do conteúdo das tarefas também depende da avaliação do trabalhador. Isso depende de suas aspirações na vida e das razões pelas quais ele está trabalhando. Os elementos objetivos da organização, supervisão e execução do trabalho são conhecidos como fatores organizacionais. Os fatores psicossociais são definidos como as opiniões que os trabalhadores têm sobre as questões organizacionais. É possível que os elementos logo e psicossociais sejam idênticos. Os fatores psicossociais influenciam um valor "emocional" do trabalhador. Por exemplo, um trabalhador pode ver a progressão profissional como algo motivador e como um reconhecimento de seu bom desempenho nas tarefas. No entanto, quando o trabalhador não se sente totalmente preparado para o novo cargo, isso também pode resultar em uma reação de temor.

Por fim, a análise ergonômica visa identificar os elementos que podem causar uma sobrecarga de trabalho (física ou cognitiva) ou uma subcarga de trabalho e como isso afeta a saúde do trabalhador, identificando os pontos cruciais que devem ser alterados. Insistimos que uma análise deve levar em conta a expressão dos trabalhadores sobre suas condições de trabalho e que, quase sempre, é necessário agir sobre a organização do trabalho para transformar positivamente as condições de trabalho.

Multifuncionalidade como alternativa para a repetitividade e a flexibilização da produção

Na maioria das vezes, a organização do trabalho nas indústrias que trabalham com processos manufaturados se baseia na realização de uma única tarefa. Isso é conhecido como trabalho do tipo tradicional, cujas características incluem especialização em tarefas e funções, bem como a repetitividade dos movimentos. Esse tipo de trabalhador é caracterizado como um trabalhador superespecializado, que conhece e domina uma única operação do processo. É conhecido como trabalho unifuncional.

A repetitividade é um termo que se refere ao tempo de execução de uma tarefa, e seu grau é determinado pela quantidade de vezes que a tarefa é repetida e pela duração do trabalho. O ciclo que é executado mais de uma vez por minuto é considerado repetitivo, de acordo com Silverstein *et al.* (1987). O ritmo de trabalho será mais lento para um operador novo nessa perspectiva. A variação no ritmo corresponderá ao grau de treinamento e às habilidades necessárias para realizar a tarefa.

A repetitividade está ligada à superespecialização e à fragmentação dos processos, o que pode levar a problemas de saúde do trabalhador e aos resultados da empresa. A repetitividade geralmente resulta em custos e baixa produtividade, o que pode resultar em retrabalho e refugo. Um indivíduo que experimenta dor ou desconforto dificilmente produzirá com a mesma qualidade e capacidade do que um indivíduo que não experimentasse essas condições.

Para resolver os problemas de trabalho repetitivo, os profissionais ergonômicos podem programar mudanças de postura, aumentar ou diversificar o conjunto de tarefas e realizar atividades conhecidas como estratégias de prevenção. A multifuncionalidade é como uma extensão do conjunto de tarefas que incluem outras especialidades profissionais que não pertencem inicialmente ao empregado. No entanto, a implementação da multifuncionalidade requer um processo lento e gradual. É necessário que a empresa desenvolva uma consciência geral das vantagens e desvantagens do modelo, pois exige mudanças na organização funcional do trabalho, na cultura da empresa e no treinamento e capacitação dos trabalhadores para evitar perdas no processo e no produto.

Assim, o projeto de trabalho deve ser organizado e dimensionado para ser eficiente. Isso significa que são necessários estudos sobre as necessidades de operação e as habilidades das pessoas e das máquinas, bem como o desenvolvimento de tarefas que maximizem os fatores pertinentes. O planejamento geral de uma instalação produtiva inclui o projeto do posto de trabalho. O arranjo físico, também conhecido como leiaute de fábricas e escritórios, faz parte da estratégia global da empresa para atingir metas de produção específicas e conquistar o mercado.

Para aumentar a produtividade e preservar a saúde dos trabalhadores, a ergonomia propõe a multifuncionalidade. A multifunção, portanto, traz consigo elementos motivacionais, principalmente decorrentes da quebra da monotonia e do estímulo proporcionado pelo aprendizado de novas funções. Isso torna o trabalhador mais qualificado para o mercado de trabalho, pois passa a ser um "sapateiro", um "torneiro" ou um "mecânico" em vez de apenas ter conhecimento de uma operação.

No entanto, antes de começar a transformar um sistema de trabalho monofuncional em multifuncional, é necessário examinar uma série de fatores que impedem a multifuncionalidade. Alguns fatores foram identificados:

- organização funcional inadequada do trabalho (atividades que não correspondem às funções especificadas no registro profissional);
- problemas para controlar o uso de EPIs;
- cultura de trabalho individualista;
- diversidade de processos e materiais utilizados (torna o treinamento mais exigente);
- treinamento técnico operacional frágil; e
- conhecimento limitado.

A adaptação começa com investimentos iniciais, portanto, é necessário um estudo para avaliar sua viabilidade econômica: análise do organograma da empresa; níveis de risco no ambiente de trabalho; nível cultural dos trabalhadores; extensão dos processos de produção; variedade de matérias-primas utilizadas; estrutura de treinamento interno da empresa; habilidades de liderança para problemas interdependentes.

Após essa análise, é necessário designar uma equipe multidisciplinar para conduzir o projeto. Essa equipe deve incluir administradores, gerência, direção, engenheiros, saúde, recursos humanos e outros membros da equipe. Alguns cuidados e métodos necessários para o sucesso da instalação de um sistema multifuncional:

a) É ideal que os trabalhadores possam mudar de função quatro vezes por dia, portanto, eles devem ter conhecimento de pelo menos quatro funções. O processo de troca pode começar com trocas diárias, então passar a trocar a cada turno. Em seguida, quando o trabalhador estiver preparado e possuir as habilidades necessárias, ele pode trocar quatro vezes por dia. Esse tempo de troca é justificado pelo fato de que o corpo costuma se cansar entre a segunda e a terceira hora trabalhando na mesma tarefa.

b) Para evitar passivo trabalhista, o trabalhador deve evitar riscos ocupacionais (químicos, ambientais ou biomecânicos). Como resultado, o trabalhador multifuncional deve ser colocado em determinadas faixas de salário e riscos.

c) Os cargos e salários devem ser reorganizados e todas as empresas podem ajustá-los de acordo com as políticas existentes ou futuras.

d) Um processo de gestão deve acompanhar a multifunção, o que significa que é importante discutir metas, fazer planos de ação, levar em consideração as lideranças naturais e realizar reuniões com os trabalhadores.

e) É importante ter em mente que, embora isso não seja comum, alguns trabalhadores podem preferir continuar realizando a mesma operação. As causas podem ser muitas. A individualidade desses deve ser respeitada, permitindo que o trabalhador continue realizando a mesma atividade desde que não prejudique sua saúde ou qualidade de vida.

Um projeto multifuncional aumenta a flexibilidade da equipe, aumenta a satisfação do empregado, aumenta o comprometimento e a motivação, aumenta a autonomia e aumenta o nível de aspiração. A equipe também ganha mais conhecimento, responsabilidade e controle sobre o trabalho, reduz o absenteísmo e aumenta a produtividade e a qualidade do produto.

A análise ergonômica dos postos de trabalho

A AET – Análise Ergonômica do Trabalho – é o levantamento dos riscos ergonômicos existentes no ambiente, local ou posto de trabalho, conforme o prescrito na NR-17 e seus anexos. No entanto, tais anexos só são válidos para as respectivas atribuições, apesar de conterem informações mais objetivas e claras.

Na AET são realizados vários registros e levantamentos das diversas atividades de trabalho existentes na empresa, suas ferramentas e *modus operandi*, com as seguintes finalidades: (i) melhorar a produtividade do trabalhador; (ii) gerar dados para elaboração de procedimentos de trabalho por meio da racionalização das tarefas; (iii) corrigir as posturas dos trabalhadores, melhorando o nível de conforto e minimizando a ocorrência de doenças ocupacionais; (iv) reduzir o estresse ocupacional; (v) diminuir o absenteísmo; e (vi) atender a legislação trabalhista.

É necessário advertir que toda empresa está sujeita à fiscalização trabalhista e, caso não implemente nenhuma ação em ergonomia ou implemente ações insatisfatórias, pode ser notificada e, eventualmente, obter prazo para elaboração dos documentos ou entabular um Termo de Compromisso com a fiscalização para implantar a seu programa de gestão em ergonomia.

Veja que não há um modelo específico ou próprio de elaboração de AET. Temos linhas de raciocínio estabelecidas por pesquisadores que direcionam a forma de elaborar a AET. De forma geral, o estudo dos riscos ergonômicos de um posto de trabalho compreende três fases: (i) a análise da demanda, na qual se identifica por quais motivos estão exigindo o levantamento dos riscos ergonômicos dos postos de trabalho de uma empresa; (ii) a análise da tarefa, quando são analisadas as condições ambientais, técnicas e organizacionais do trabalho; e (iii) a análise das atividades de trabalho, na qual observam-se os comportamentos do trabalhador na execução da sua atividade de trabalho e no relacionamento com seus colegas, chefias e subordinados.

Em algumas oportunidades, o benefício da elaboração da AET vai além da prevenção do acidente e adoecimento do trabalhador ou da promoção da qualidade de vida e melhoria da produtividade na empresa. As certificações também fazem exigências de requisitos em ergonomia.

Teoricamente, podemos dizer que qualquer tipo de análise só deve ser feito quando precisamos resolver um problema complexo. Isso porque só podemos entender o todo complexo se o dividir em partes menores que possam ser facilmente resolvidas.

Ao entender as partes, é possível entender o todo. Por exemplo, se houver casos de DORT em uma empresa, devemos saber primeiro em que setor eles ocorrem mais. Se esse setor realiza uma variedade de tarefas, é necessário descobrir qual atividade apresenta o maior número de casos. Finalmente, a atividade é dividida em suas partes e determinada em qual delas um ou mais fatores podem ser identificados para causar DORT. Resumindo, não há análise em abstrato. Um problema é analisado para obter uma compreensão.

Embora uma ação ergonômica possa parecer muito demorada à primeira vista, dependendo de quão abrangente for, ela pode beneficiar muitos trabalhadores.

Um modelo de relatório específico para atender às exigências da fiscalização é uma questão que sempre surge. Este tipo de modelo não está preparado para todas as circunstâncias. Como veremos a seguir, é importante ter em mente alguns procedimentos que devem ser seguidos para apresentar melhor os resultados da análise. É fundamental que o relatório descreva claramente o problema que foi abordado, os métodos usados para resolver o problema, os resultados e as sugestões de mudança. Se o problema não for esclarecido e resolvido, seguir um modelo é inútil.

A análise ergonômica do trabalho é um processo participativo e construtivo para resolver problemas complexos. Utiliza o conhecimento das tarefas, da atividade desenvolvida para realizá-las e das dificuldades enfrentadas para atingir os níveis de desempenho e produtividade necessários. A análise começa por uma demanda de várias fontes. Pode ser a conclusão de que em determinado setor há um número excessivo de doenças ou acidentes (demandas de saúde), reclamações de sindicatos de trabalhadores (demandas sociais) ou notificações de auditores fiscais do trabalho ou de ações civis públicas (demandas legais). Essas reclamações ou queixas podem também ser o resultado de outras reclamações ou queixas. A maioria das vezes, a demanda das empresas surge como resultado de uma necessidade de melhorar a qualidade de um produto ou serviço oferecido ou como resultado de um aumento na produtividade.

Para orientar a análise, é necessário investigar a demanda. Esta pode ser reconstruída pelo ergonomista e seus interlocutores. Portanto, durante os primeiros contatos entre os ergonomistas e os trabalhadores, foi possível concluir que a fonte do problema, reclamação ou queixa não era aquela que havia sido explicada anteriormente, mas que ainda não estava muito clara para todos os envolvidos. Por exemplo, uma queixa de intolerância ao ruído pode ser o primeiro sinal de que o trabalho em turnos causa distúrbios. A adequação dos horários de trabalho deve ser investigada logo. Pode não ser útil apenas controlar o ruído.

AEP e AET, qual a diferença?

Há muito tempo, a elaboração da AET – Análise Ergonômica do Trabalho – tem sido feita de maneira protocolar, exclusivamente para comprovar ao fiscal que está se cumprindo a NR-17 – Ergonomia. Empresas determinam a elaboração de AET para todos os postos de trabalho indistintamente, apresentando ou não problemas ergonômicos.

Há problemas ergonômicos para os quais nem é necessária a realização de AET, vez que a intervenção é urgente e muito simples. É o caso das cadeiras! É visível uma cadeira inapropriada para o trabalho, nem precisa AET para dizer isso. E a medida é simples: basta substituir a cadeira.

Em 2002 foi publicado o *Manual de aplicação da NR-17*, o qual já relatava a condição citada anteriormente e, apesar deste manual ter mais de 20 anos, por incrível que pareça, não está nem um pouco desatualizado. Ademais, comparando as duas versões da NR-17 (antiga e atual), as bases são as mesmas e sofreram inspiração da obra *Compreender o trabalho para transformá-lo: a prática da ergonomia* de Guérin e outros. Assim, o *Manual de aplicação da NR-17* continua, com maestria, valendo também para a NR-17 atual.

Chegando aos nossos dias, na versão antiga do eSocial, onde os riscos ergonômicos foram incluídos, novamente a ergonomia voltou a reinar, mas o reinado durou pouco, pois a versão atual do eSocial contempla apenas os agentes nocivos previdenciários. Há promessas de que o eSocial voltará com informações previdenciárias e trabalhistas.

Na verdade, os idealizadores do eSocial não sabiam como transformar o risco ergonômico e o risco de acidente em números (scores) para serem lançados no eSocial, e seria uma grande queda de braço definir qual número representaria a ergonomia, tais como TOR-TOM, OCRA etc.

A nova NR-17 trouxe a falsa impressão de estar instituída uma forma simplificada de fazer AET, introduzida pela AEP – Análise Ergonômica Preliminar. No entanto, a AEP já era praticada por alguns profissionais há muitos anos. Os ergonomistas faziam um levantamento superficial das condições de trabalho, dando vários nomes a este instrumento que nada mais era do que a AEP. Mas a atual AEP prevista na NR-17 está sendo interpretada de forma errônea pelos profissionais.

A AEP não é uma análise simplificada, retirando itens da AET. A AEP é uma análise superficial, mas mantém todos os focos da AET.

Tanto a AEP quanto a AET devem gerar ações de melhorias ergonômicas, que a norma trata como medidas de prevenção e controle. Devendo ainda o ergonomista respeitar obrigatoriamente a hierarquia: (i) medidas de engenharia ou coletivas que eliminem o risco; (ii) medidas coletivas para reduzir o risco; (iii) medidas de organização do trabalho e administrativas para reduzir o risco; e (iv) medidas individuais para reduzir o risco.

A gradação do risco da AEP ou AET deve estar alinhada à metodologia do PGR, em especial aos termos usados para definir os níveis de risco, tamanho da matriz de risco, número de níveis de risco, número de níveis de severidade e de probabilidade e outros detalhes.

Na atual NR-17, quando fala do termo *condições de trabalho*, a norma faz menção a todos os seguintes aspectos:

- Organização do trabalho;
- Levantamento, transporte e descarga individual de cargas;
- Mobiliário dos postos de trabalho;
- Trabalho com máquinas, equipamentos e ferramentas manuais;
- Condições de conforto no ambiente de trabalho.

Veja que a NR-17 não trata dos aspectos psicossociais! No entanto, considerando que as doenças mentais representam o maior desafio na agenda de saúde atual, não é possível esquecê-las.

Na elaboração da AET ou AEP, as percepções e considerações dos trabalhadores devem ser consideradas e registradas. Ninguém melhor que o trabalhador que sabe sobre os problemas do seu posto de trabalho, bem como a forma de resolvê-los.

Na ergonomia participativa são os trabalhadores que desempenham papel fundamental na identificação e análise dos problemas ergonômicos encontrados nos postos de trabalho, sendo eles próprios os responsáveis pela discussão e formulação de soluções. No entanto, a empresa precisa patrocinar o processo que para que ele seja bem-sucedido.

O processo já ocorre em muitas empresas e funciona a partir da formação de um comitê de ergonomia, parecido com a CIPA – Comissão Interna de Prevenção de Acidentes, com representantes dos trabalhadores, da empresa e do SESMT.

Na elaboração da AEP ou AET, para cada risco ergonômico, é necessário, no mínimo:

- descrever os perigos e possíveis lesões ou agravos à saúde;
- identificar as fontes ou circunstâncias;
- indicar o grupo de trabalhadores sujeitos aos riscos;
- avaliar os riscos ergonômicos ocupacionais relativos aos perigos identificados, indicando o nível de risco ocupacional, por meio da matriz de risco.

Na AEP é necessário abordar todas as condições de trabalho e identificar os fatores de riscos (perigos) e riscos oriundos de todas as demandas (ou das mais problemáticas). Ao contrário, na AET não é necessário avaliar todas as atividades e todos os fatores de riscos; mas, tão somente, avaliar as condições complexas, que requerem a ajuda de um ergonomista. No entanto, as AET, como são feitas atualmente, avaliam todas as condições de maneira superficial, sem focar um problema específico. Desta forma, a AET deve ser elaborada para aprofundar demanda específica. No entanto, vale frisar novamente que tanto a AEP, quanto a AET devem fazer: (i) a identificação do perigo e (ii) a avaliação de risco para cada fator de risco. A AET deve ser elaborada por demanda da AEP, logo, a AET não deve estudar todos os fatores de risco, mas tão somente aqueles que a AEP indicar.

Após a avaliação de risco, deve o ergonomista propor sugestões de melhorias ergonômicas para eliminar ou reduzir os riscos, classificando as melhorias segundo o critério: riscos elevados devem ser solucionados rapidamente.

É preciso lembrar que os riscos detectados devem fazer parte do inventário de riscos e do plano de ações do PGR.

Tanto a AET, como a AEP não são as mesmas para todas as empresas e devem ser elaboradas segundo a realidade de cada empresa; assim, não existe modelinho de AET ou AEP. Ainda, no caso de elaboração da AEP, o profissional pode utilizar quaisquer abordagens, tais como qualitativas, semiquantitativas, quantitativas ou a combinação dessas.

Algumas interpretações equivocadas têm sido emanadas no mercado. Muitos profissionais têm defendido que, se a empresa possui AET, não precisa fazer a AEP! Ou que não é necessário fazer a AEP! Tais interpretações são pessoais. Claro que se o profissional, recentemente, realizou a AET da empresa, a partir deste documento pode confeccionar a AEP. No entanto, se a AET foi realizada a alguns anos, sem implantação das medidas de melhorias, será necessário iniciar o trabalho do ponto zero.

Apesar da NR-17 não prescrever qual profissional poderia elaborar uma AEP, a escolha deve recair sobre alguém que detenha conhecimentos em ergonomia, sob pena de obtenção de um documento com ausência de riscos.

A seguir, um modelo de AEP proposto por Dr. Hudson Araújo Couto e Dennis Carvalho Couto no boletim denominado *Nova NR-17 e a novidade da Avaliação Ergonômica Preliminar – como fazer*:

Antes de iniciar a AEP, é importante atentar-se a outros 4 aspectos:

- Esses 18 fatores não influenciam na condição ergonômica na mesma proporção;
- Eles são considerados, em princípio, como exigências e não necessariamente como riscos;
- No entanto, se existirem na forma caracterizada na *checklist*, fica explícito que aquela condição de trabalho "não passa" em nenhuma análise racional sobre condição de trabalho e tem que ser melhorada com prioridade;

- Porém, a inexistência dos fatores relacionados na *checklist* não significa que a condição ergonômica esteja boa, mas quer dizer que o processo produtivo, em princípio, pode "rodar", pois não há condições ergonômicas muito erradas.

IDENTIFICAÇÃO	Posto de trabalho: ____Setor:___ Analista: ___Data:___		
	Para atividades operacionais em geral:		
1	Postura de trabalho em desvio extremo: alguma postura forçada ou desvio postural extremo que choca o analista pela posição muito errada de algum segmento corpóreo (agachado fazendo força, ajoelhado, ajoelhado com o tronco encurvado para frente, agachado ou ajoelhado com os membros superiores acima do nível dos ombros, carregando peso sobre a cabeça, compressão de partes do corpo por superfícies rígidas ou com quinas vivas	Não	Sim
2	Tronco encurvado para frente ou torcido durante mais que 50% do ciclo ou jornada, com pouca probabilidade de mudar de posição e retornar à posição de equilíbrio, mesmo em pequeno grau de desvio	Não	Sim
3	Trabalho de pé, parado, durante mais que 85% da jornada, com pouca possibilidade de se sentar	Não	Sim
4	Posição sentada em cadeira muito ruim ou em posto de trabalho com desvios muito forçados	Não	Sim
5	Esforços extremos evidenciados por observação do trabalho; exemplos: usar marreta com grande esforço, usar alavancas com dispêndio de grande esforço, dar pancadas com grande esforço, puxar ou empurrar carrinho com peso excessivo ou com rodas em mau estado.	Não	Sim
6	Trabalhar e concluir mais que 15.000 peças em um turno ou 1.800 peças por hora sem tempos previstos de recuperação de fadiga ou com rodízio ineficaz	Não	Sim

7	Esforço nítido, com mãos, braços ou coluna, aplicando força extrema; utilização de pinça pulpar, pinça lateral ou pinça palmar com esforço nítido	Não	Sim
8	Levantamento individual de algum peso superior a 25 kg	Não	Sim
9	Levantar totalmente ou depositar com precaução alguma carga mais pesada que 15 kg em frequência maior que 2 vezes por minuto; e/ou em distância horizontal entre os tornozelos e o centro de massa da carga maior que 60 cm	Não	Sim
10	Empurrar ou puxar carrinhos ou transpaleteiras manuais com peso maior que 1500 kg ou maior que 700 kg em aclives, declives ou em condições nitidamente ruins do piso ou do equipamento	Não	Sim
11	Ritmo intenso de trabalho mantido, tempo apertado, pressão de tempo, operação crítica com alto impacto na qualidade do produto sem disponibilização de tempo necessário, utilização rigorosa de metas de produção, impossibilidade de pausas voluntárias em trabalhos com alta demanda mental; algum outro fator de carga mental bem evidente	Não	Sim
Para atividades operacionais em geral:			
12	A forma de se realizar o trabalho predispõe para a ocorrência de acidentes	Não	Sim
13	Alto nível de ruído, calor, vibração ou algum outro fator da Higiene Ocupacional bastante evidente	Não	Sim
Para postos de trabalho informatizados:			
1	Posto de trabalho improvisado, com dificuldade nítida de se usar o teclado, torcendo o pescoço para enxergar o monitor de vídeo ou com dificuldade de leitura de documento fonte ou não podendo encostar-se no espaldar da cadeira ou sem espaço adequado para as pernas	Não	Sim
2	Configuração do computador ultrapassada em relação à demanda atual de serviço do executante	Não	Sim

3	Aplicativos apresentando problema importante de performance	Não	Sim
4	Cadeira degradada ou inadequada para postos de trabalho informatizados	Não	Sim
5	Condição ambiental bastante inadequada: calor excessivo, frio excessivo, vibração, iluminação bastante inadequada, alto nível de ruído	Não	Sim
Espaço para anotação detalhada dos itens pontuados			

A NR-17 avalia risco ergonômico?

No passado, a análise ergonômica foi equiparada a uma *checklist* da NR-17. Muitas empresas apenas aplicavam tal *checklist* acreditando que tal instrumento substituiria a AET. É preciso esclarecer que a NR-17 não avalia o risco ergonômico, já que não prescreve quaisquer ferramentas com tal finalidade. Na verdade, a NR-17 apenas prescreve o que deve ser e não como deve ser feito. O primeiro item da NR-17 deixa tal condição bem clara:

> 17.1.1 Esta Norma Regulamentadora – NR visa estabelecer as diretrizes e os requisitos que permitam a adaptação das condições de trabalho às características psicofisiológicas dos trabalhadores, de modo a proporcionar conforto, segurança, saúde e desempenho eficiente no trabalho.

Um problema clássico das empresas

É comum encontrarmos AET cujas descrições de atividades e locais de trabalho não são as mesmas daquelas declaradas no antigo PPRA ou atual PGR. Com a articulação da ergonomia com o PGR, tanto as descrições de atividades como os locais de trabalho deverão ser idênticos para efeitos de PGR e ergonomia.

Quem pode elaborar a AET?

Segundo a Nota Técnica 287/2016/CGNOR/DSST/SIT, a NR-17 não estabelece qual profissional pode realizar a AET, eis que no Brasil não há definição explícita de qual profissional está habilitado legalmente a executar esse tipo de avaliação.

Assim, ao contrário do que parece, a escolha não é livre pela empresa, mas sim tal escolha deverá recair sobre aqueles profissionais que realmente possuam conhecimento da área.

Não é demais lembrar que a ergonomia está dentro das atribuições profissionais do profissional engenheiro de segurança do trabalho, segundo a Resolução n. 359, do CONFEA, de 31/07/1991.

GHE por função ou por atividade?

Com a introdução do risco ergonômico no PGR, dentre outras questões, temos a formação dos GHEs para análise do risco. Diga-se de passagem que o GHE para o risco ambiental não pode ser o mesmo para o risco ergonômico. E, considerando que GHE é o acróstico para Grupo Homogêneo de Exposição, a separação dos trabalhadores deve levar em conta a exposição ao risco ergonômico, ou seja, comporão um GHE aqueles trabalhadores submetidos a idênticas condições de risco ergonômico.

Assim, fica bem claro que o que já não era fácil, a separação dos GHEs para o risco ambiental, com o risco ergonômico, se complicou mais ainda. E, neste ponto, gostaria de dar um conselho a você, leitor: não tente atribuir um GHE único para os riscos ambientais e ergonômicos! Será muito difícil. Separe GHEs para o risco ambiental, outros GHEs para o risco ergonômico e, finalmente, GHEs para o risco de acidentes.

Quais riscos ergonômicos devo incluir no GRO?

Para aqueles que não possuam uma *checklist* já elaborada, ou ainda não estão convictos sobre quais fatores de risco ergonômico devam ser incluídos no PGR, sugerimos não inventar a roda; mas simplesmente utilizar aquilo que já foi inventado...

A versão antiga do eSocial já tinha estabelecido uma tabela com mais de 50 fatores que deveriam ser lançados no eSocial.

Com algumas ressalvas, sugerimos que tal tabela poderia suprir a ausência de uma *checklist* e, posteriormente, tal tabela poderia ser corrigida, melhorada, acrescentada etc.

Abaixo a tabela para o risco ergonômico do eSocial:

Biomecânicos

- Trabalho em posturas incômodas ou pouco confortáveis por longos períodos;
- Postura sentada por longos períodos;
- Postura de pé por longos períodos;

- Frequente deslocamento a pé durante a jornada de trabalho;
- Trabalho com esforço físico intenso;
- Levantamento e transporte manual de cargas ou volumes;
- Frequente ação de puxar/empurrar cargas ou volumes;
- Frequente execução de movimentos repetitivos;
- Manuseio de ferramentas e/ou objetos pesados por longos períodos;
- Exigência de uso frequente de força, pressão, preensão, flexão, extensão ou torção dos segmentos corporais;
- Compressão de partes do corpo por superfícies rígidas ou com quinas;
- Exigência de flexões de coluna vertebral frequentes;
- Uso frequente de pedais;
- Uso frequente de alavancas;
- Exigência de elevação frequente de membros superiores;
- Manuseio ou movimentação de cargas e volumes sem pega ou com "pega pobre";
- Exposição à vibração de corpo inteiro;
- Exposição a vibrações localizadas (mão-braço);
- Uso frequente de escadas;
- Trabalho intensivo com teclado ou outros dispositivos de entrada de dados.

Mobiliário e equipamentos

- Posto de trabalho improvisado;
- Mobiliário sem meios de regulagem de ajuste;
- Equipamentos e/ou máquinas sem meios de regulagem de ajuste ou sem condições de uso;
- Posto de trabalho não planejado/adaptado para a posição sentada;
- Assento inadequado;
- Encosto do assento inadequado ou ausente;

- Mobiliário ou equipamento sem espaço para movimentação de segmentos corporais;
- Trabalho com necessidade de alcançar objetos, documentos, controles ou qualquer ponto além das zonas de alcance ideais para as características antropométricas do trabalhador;
- Equipamentos ou mobiliários não adaptados à antropometria do trabalhador.

Organizacionais

- Trabalho realizado sem pausas predefinidas para descanso;
- Necessidade de manter ritmos intensos de trabalho;
- Trabalho com necessidade de variação de turnos;
- Monotonia;
- Trabalho noturno;
- Insuficiência de capacitação para execução da tarefa;
- Trabalho com utilização rigorosa de metas de produção;
- Trabalho remunerado por produção;
- Cadência do trabalho imposta por um equipamento;
- Desequilíbrio entre tempo de trabalho e tempo de repouso.

Ambientais

- Condições de trabalho com níveis de pressão sonora fora dos parâmetros de conforto;
- Condições de trabalho com índice de temperatura efetiva fora dos parâmetros de conforto;
- Condições de trabalho com velocidade do ar fora dos parâmetros de conforto;
- Condições de trabalho com umidade do ar fora dos parâmetros de conforto;
- Condições de trabalho com iluminação diurna inadequada;
- Condições de trabalho com iluminação noturna inadequada;
- Presença de reflexos em telas, painéis, vidros, monitores ou qualquer superfície, que causem desconforto ou prejudiquem a visualização;

- Piso escorregadio e/ou irregular.

Psicossociais / cognitivos

- Excesso de situações de estresse;
- Situações de sobrecarga de trabalho mental;
- Exigência de alto nível de concentração, atenção e memória;
- Trabalho em condições de difícil comunicação;
- Excesso de conflitos hierárquicos no trabalho;
- Excesso de demandas emocionais/afetivas no trabalho;
- Assédio de qualquer natureza no trabalho;
- Trabalho com demandas divergentes (ordens divergentes, metas incompatíveis entre si, exigência de qualidade X quantidade, entre outras);
- Exigência de realização de múltiplas tarefas, com alta demanda cognitiva;
- Insatisfação no trabalho;
- Falta de autonomia no trabalho.

|5|

RISCO DE ACIDENTES NO GRO

Introdução

A disciplina de Segurança e Saúde no Trabalho (SST) não seria necessária se os perigos não existissem no local de trabalho. A indústria, o comércio e a prestadora de serviços trabalham para fornecer serviços, bens e materiais manufaturados; criar novos produtos; fornecer assistência; construir edificações; ou transportar ou mover materiais. Essas entidades trazem uma infinidade de riscos aos processos, procedimentos e resultados.

Cada uma das atividades comerciais mencionadas acima apresenta uma ampla gama de riscos. Cada perigo ou grupo de perigos é único para cada ambiente de negócios.

Uma fonte de risco que pode causar um evento inesperado, como um acidente ou incidente, é chamada de perigo. O perigo é a possibilidade real de sofrer lesão, dor ou perda. No entanto, nem todos os perigos são iguais. Dependendo da quantidade de perigos presentes, a exposição a riscos pode ser mais ou menos perigosa. Um pequeno barco em águas correntes rápidas não corre o mesmo risco que uma barragem. Risco é a probabilidade de perda, lesão ou doença, ou o grau de possibilidade de perder algo. Os incidentes não ocorrem se não houver um perigo que ameace os trabalhadores ao seu redor. Existe um risco maior de ocorrência de um evento indesejado se a exposição potencial for elevada.

A evolução inicial da SST começou com a identificação de perigos no local de trabalho. Os perigos se tornaram cruciais para a segurança e a saúde no local de trabalho porque representavam uma ameaça para as pessoas que trabalhavam lá. Existem dois tipos principais de risco: risco de acidente, que pode causar lesões traumáticas ou morte, ou risco à saúde, que pode causar doenças ou morte por doença.

Cada ameaça deve ser tratada individualmente devido às suas diferentes fontes e consequências. A liberação de materiais perigosos ou a liberação de grandes quantidades de energia são as principais causas dos acidentes e incidentes. A energia ou material perigoso liberado no momento do incidente é a causa direta desses eventos não planejados, de acordo com uma análise das causas do acidente. É impossível controlar ou impedir a liberação destas fontes de energia se ninguém consegue identificá-las. Assim, haverá riscos e um resultado menos favorável.

Existem razões pelas quais as fontes de energia no local de trabalho devem ser localizadas. Como é possível identificar esses riscos?

- Liberam frequentemente quantidades significativas de energia armazenada.
- Às vezes, não são considerados ameaças.
- Devido ao seu tamanho e peso, são perigosos.
- Seu movimento gera muita energia.
- Eles aumentam o risco quando combinados com outras fontes ou materiais.
- Eles podem ser mais controlados.
- A liberação de energia pode ser catastrófica para o ambiente, os trabalhadores e os equipamentos.

Existem duas categorias de energia. É energia cinética ou potencial. O termo "energia potencial" refere-se à energia que está armazenada, como uma rocha no topo de uma colina. A energia potencial geralmente consiste em dois elementos. Eles são o peso e a altura do objeto acima de uma superfície. A rocha no topo da colina tem mais energia potencial do que a rocha na base da colina.

A energia cinética, que pode ser definida como energia em movimento, é uma categoria adicional. A massa de um objeto determina sua energia cinética. A quantidade de matéria que compõe um objeto é chamada de massa. Por exemplo, um elefante tem massa maior do que a de um rato. A massa e a força da gravidade sobre um objeto determinam seu peso. A energia cinética é o produto da massa e da velocidade ou velocidade de um objeto. A massa de uma bala disparada contra um indivíduo é a mesma que a de uma bala arremessada numa pessoa; no entanto, a velocidade é a única coisa que diferencia as duas, e não há dúvida de qual tem maior energia cinética ou potencial para causar maior dano ou prejuízo.

Existem muitas formas diferentes de energia, cada uma com seu próprio potencial de liberação de energia e potencial de perigo e acidente que pode ocorrer como resultado da liberação de energia. Pressão, biológica, química, elétrica, térmica, leve, mecânica e nuclear são algumas das formas de energia.

Se for identificado o tipo de energia de causa direta, os equipamentos, materiais e instalações podem ser reprojetados para torná-los mais seguros. A proteção pessoal pode ser fornecida para reduzir os danos e os trabalhadores podem ser treinados para estar cientes de situações perigosas para que possam se proteger pessoalmente contra elas.

Cada um deles representa um tipo de energia com seu próprio perigo. Eles diferem significativamente em termos de grau de risco representado e do tipo de energia que pode ser liberada quando não é prevenida ou controlada. No local de trabalho, toda essa energia tem o potencial de causar uma variedade de incidentes ou acidentes. Outra razão pela qual os riscos são perigosos para os trabalhadores no local de trabalho é esta.

Assim, de forma geral, todos os agentes mecânicos, também chamados de riscos de acidentes, envolvem a transferência de energia. Desta forma, toda a ocorrência de acidente envolve a transferência de energia.

Acidente de trabalho

A palavra "acidente", que pode ser encontrada em uma variedade de léxicos da língua portuguesa, refere-se ao fato de ser algo inesperado ou ocasional. Por outro lado, o dano pode ser um dano físico, moral ou patrimonial. Portanto, a Constituição Federal de 1988 garante que qualquer dano causado por um acidente pode ser reparado.

De acordo com a lei previdenciária brasileira (Lei n. 8.213/1991), um acidente de trabalho é qualquer situação em que o exercício do trabalho a serviço de uma empresa resulte em lesão corporal ou perturbação funcional que cause a morte ou a perda ou redução da capacidade para o trabalho, seja temporária ou permanente.

De acordo com a mesma lei, existem três categorias distintas de acidente de trabalho:

a) Acidente típicos: Lesões como cortes, fraturas e queimaduras são lesões imediatas que diminuem a capacidade de trabalhar imediatamente após o incidente.

b) Doenças ocupacionais: O trabalho causa doenças como LER/DORT, silicose, PAIR e saturnismo, que se desenvolvem lentamente como resultado da exposição constante a agentes agressivos no local de trabalho.

c) Acidentes de trajeto: são aqueles que ocorrem quando os empregados não estão no local e horário de trabalho, como quando vão de casa para o trabalho ou vice-versa.

Por sua vez, as doenças ocupacionais se subdividem em:

b.1) Doença profissional, também conhecida como tecnopatia, ergopatia ou idiopatia, é aquela causada pelo exercício do trabalho específico para uma atividade específica, como silicose, saturnismo, asbestose, pneumoconiose, antracose, siderose, bissinose etc.; e

b.2) Doença do trabalho, também conhecida como mesopatia, ou doença profissional atípica ou decorrente do trabalho, é aquela causada, desencadeada ou agravada por condições especiais em que o trabalho é realizado. Por resultar em um risco específico indireto, ao ser considerada atípica, exige a comprovação do nexo de causalidade com o trabalho, como PAIR, Síndrome de Burnout, LER/DORT, estresse, dermatoses ocupacionais e outras.

Considerando que um acidente do trabalho é aquele que causa dano a um trabalhador durante o exercício do trabalho, é necessário estabelecer uma conexão entre o dano e o agente responsável para caracterizá-lo.

Quando um agente age diretamente como necessário para causar dano, existe um nexo causal. Assim, um fenômeno específico é chamado de causa.

De outra forma, quando o agente contribui para a aparição ou agravamento do dano, mas não é a causa necessária, também será caracterizado como nexo, embora seja de concausalidade. Assim, será estabelecido um nexo de concausalidade e o agente será considerado a concausa.

O conjunto de fatores que podem alterar o curso natural do resultado de uma lesão, seja preexistente ou superveniente, é conhecido como concausa. Trata-se da combinação de alterações fisiológicas, patológicas ou anatômicas que já existiam ou podem existir que podem tornar um processo específico mais difícil de lidar.

O primeiro critério a ser levado em consideração ao definir a concausalidade é a modificação da história natural da doença, também conhecida como o curso natural do resultado de uma doença ou lesão.

Portanto, quando um agente específico não causa mudanças na história natural da doença ou quando fatores em seu quadro são exclusivamente relacionados ao processo natural de envelhecimento, a concausalidade não será considerada.

Existem outros pontos importantes a serem levados em consideração na análise da relação concausal:

a) o fato de que a doença ou agravo é multicausal;

b) a existência real de um fator de risco ocupacional e sua capacidade de causar dano; e

c) a possibilidade ou a própria existência de ações que violam as normas de proteção à saúde do trabalhador.

Voltando ao conceito, o termo "acidente do trabalho" refere-se tanto a acidentes que ocorrem por causas súbitas ou inesperadas quanto a doenças que surgem como resultado de processos de trabalho insidiosos.

Devido ao fato de que ela exige que haja lesão para que um acidente de trabalho seja caracterizado, os prevencionistas não podem usar essa definição. Além disso, há uma abundância de evidências que indicam que os acidentes de trabalho com vítimas são apenas a ponta do iceberg de uma questão extremamente preocupante para os estudiosos da prevenção. As pirâmides (de Frank Bird e Heinrich) mostram que uma quantidade significativamente maior de casos resulta apenas em perda de tempo e materiais. É fundamental evitar que esses casos não cobertos pela legislação ocorram, pois podem resultar em perdas.

Além disso, a organização também é responsável por acidentes de trabalho que afetam pessoas que não trabalham na empresa. Portanto, o vínculo empregatício exigido pela definição legal é uma característica do sistema previdenciário mais importante do que a prevenção de acidentes em si.

Assim, é melhor usar a definição prevencionista de evento, que define um acidente de trabalho como todo evento inesperado e indesejado que interrompe a rotina normal de trabalho e pode resultar em perdas de tempo, vida ou materiais.

Se uma perturbação ou anomalia ocorrer no processo de trabalho, o acidente de trabalho começa.

A perturbação não é apenas o resultado de falhas; ela pode ser o resultado de um evento secundário, inútil durante o processo de produção. Por exemplo, uma perturbação pode ser detectada quando uma motoserra não tem boa manutenção ou conservação, não corta mais eficientemente. No entanto, ruído, calor, vibração e outros efeitos secundários também causarão perturbação, mesmo que a operação seja executada corretamente.

Como prejudicará o ambiente de trabalho, esse tipo de perturbação indica perda de confiabilidade do sistema. Em situações de trabalho imprevistas, ajustes (retrabalhos, compensações, desgastes etc.) serão necessários. Por si só, essa situação é uma condição de trabalho insegura que pode desencadear comportamentos inseguros. Assim, um acidente de trabalho é apenas uma etapa a mais de uma perturbação do sistema que pode causar danos físicos, mas já resultou em perda.

Desta forma, cuidar apenas do elemento do processo de trabalho que causou a lesão na vítima do acidente de trabalho pode não ser uma abordagem eficaz para a prevenção de acidentes. Em um processo de usinagem, se um trabalhador fosse atingido por um jato de fluído de corte e então escorregasse sobre o óleo derramado e caísse, o ato de lidar com o óleo (a causa da lesão) certamente não impediria outras quedas causadas pelo piso escorregadio, aumentando a probabilidade e os acidentes no local.

Como mencionado anteriormente, quando uma perturbação ocorre no local de trabalho, o risco de um acidente de trabalho aumenta. Os riscos têm duas facetas. Eles podem ser vistos a partir do ponto de vista (i) quantitativo e, portanto, designar a probabilidade de ocorrência de um acidente, que pode ser examinado de forma (ii) qualitativa e identificar o perigo criado pela disfunção.

Algumas definições importantes

Inicialmente, é preciso definir alguns termos que usamos quando falamos em acidentes de trabalho, tais como: incidentes, quase acidentes e assim por diante.

Um acidente é um evento que causa uma ou mais lesões físicas. Qualquer evento que causa uma lesão pode ser considerado um acidente, independentemente da gravidade.

Um acidente também é um evento que não é causado deliberadamente e que não é inevitável.

Um incidente é descrito como um evento que ocorre sem causar ferimentos. Exemplos podem incluir uma queda, escorregão ou tropeço que não tenha consequências físicas.

Um quase acidente é uma situação em que nenhum evento específico ocorre, embora a situação poderia potencialmente ter resultado em um incidente ou acidente. Por exemplo, um tijolo que cai da construção de um prédio, mas não atinge ninguém.

Para aqueles que gostam de atribuir os acidentes à conta de Deus, um ato de Deus é um fenômeno natural imprevisto que não é possível proteger realisticamente, que não envolve ações humanas e que se deve direta e exclusivamente a causas naturais.

Classificação dos riscos de acidentes

A legislação trabalhista brasileira oferece um bom, mas limitado exemplo de classificação de riscos, estabelecendo: (i) riscos mecânicos, (ii) físicos, (iii) químicos, (iv) biológicos e (v) ergonômicos, conforme asseveram as recomendações para a construção de mapas de riscos.

Reduzindo o contexto para os riscos de acidentes, também dito como riscos mecânicos, é possível classificá-los, segundo os agentes causadores, em:

- Alta temperatura;
- Baixa temperatura;
- Eletricidade;
- Explosões;
- Fogo;
- Pressão;
- Radiações ionizantes;
- Substâncias químicas;

- Altura (energia cinética).

Segundo Gardin (2001), os acidentes podem ser classificados segundo os tipos:

- Atingido por;
- Contatado por;
- Bater contra;
- Contato com;
- Preso dentro;
- Preso por;
- Preso entre;
- Queda;
- Excesso de esforço;
- Exposição a gases, emanações e vapores;
- Animais peçonhentos.

Resolvemos perguntar para a IA – Inteligência Artificial – quais os 20 principais tipos de acidentes e ela respondeu:

Os tipos de acidentes mais comuns podem variar dependendo do ambiente de trabalho, da atividade ou do contexto em questão. No entanto, muitos acidentes se enquadram em categorias amplas. Aqui estão 20 tipos de acidentes que frequentemente ocorrem em diversos cenários:

1. Quedas: quedas de altura, tropeços ou escorregões são uma das principais causas de acidentes.
2. Colisões de veículos: acidentes de trânsito envolvendo automóveis, caminhões, motocicletas etc.
3. Lesões por máquinas: prender dedos ou membros em máquinas, cortes, esmagamentos etc.
4. Quedas de objetos: itens que caem de prateleiras, guindastes ou estruturas.
5. Incêndios: incêndios em edifícios, veículos ou áreas industriais.
6. Explosões: explosões em ambientes com substâncias inflamáveis ou explosivas.
7. Lesões musculoesqueléticas: lesões nas costas, pescoço, ombros devido a esforço repetitivo.
8. Acidentes elétricos: choques elétricos, arcos elétricos etc.

9. Exposição a agentes químicos: inalação, ingestão ou contato com substâncias químicas perigosas.
10. Soterramentos: em ambientes de construção, mineração ou escavação.
11. Afogamentos: em situações de água, como piscinas, praias ou locais de trabalho com água.
12. Choques térmicos: exposição a temperaturas extremas, como calor ou frio.
13. Acidentes de trabalho em altura: acidentes que ocorrem em plataformas, andaimes ou telhados.
14. Atropelamentos: em locais de trabalho, estradas ou áreas de estacionamento.
15. Lesões oculares: lesões nos olhos devido a objetos estranhos, produtos químicos ou materiais perigosos.
16. Desmoronamentos: em construções, minas ou locais com estruturas frágeis.
17. Lesões por ferramentas manuais: cortes, perfurações ou impactos causados por ferramentas manuais.
18. Ataques de animais: mordidas, picadas ou ferimentos causados por animais.
19. Esmagamentos: lesões que resultam em esmagamentos de partes do corpo.
20. Lesões por soldagem e corte: exposição a riscos em atividades de soldagem e corte de metais.

Quais riscos de acidentes devo incluir no GRO?

Há diversas listas de acidentes, a seguir apresentamos uma sucinta lista compilada:

Atingido por;

Contatado por;

Golpe contra;

Golpeado por;

Contato com;

Preso em;

Preso sobre;

Preso entre;

Queda em nível diferente;

Queda no mesmo nível;

Exposição;

Esforço.

A versão anterior do eSocial, a qual trazia elencados todos os riscos, já havia feito um longo trabalho de compilação de riscos de acidentes, a qual apresentamos a seguir:

Diferença de nível menor ou igual a dois metros;

Diferença de nível maior que dois metros;

Iluminação diurna inadequada;

Iluminação noturna inadequada;

Condições ou procedimentos que possam provocar contato com eletricidade;

Arranjo físico deficiente ou inadequado;

Máquinas e equipamentos sem proteção;

Armazenamento inadequado;

Ferramentas necessitando de ajustes e manutenção;

Ferramentas inadequadas;

Ambientes com risco de engolfamento;

Ambientes com risco de afogamento;

Áreas classificadas;

Queda de objetos;

Intempéries;

Ambientes com risco de soterramento;

Animais peçonhentos;

Animais domésticos;

Animais selvagens;

Mobiliário e/ou superfícies com quinas vivas, rebarbas ou elementos de fixação expostos;

Pisos, passagens, passarelas, plataformas, rampas e corredores com saliências, descontinuidades, aberturas ou obstruções, ou escorregadios;

Escadas e rampas inadequadas;

Superfícies e/ou materiais aquecidos expostos;

Superfícies e/ou materiais em baixa temperatura expostos;

Áreas de trânsito de pedestres sem demarcação;

Áreas de trânsito de veículos sem demarcação;

Áreas de movimentação de materiais sem demarcação;

Condução de veículos de qualquer natureza em vias públicas;

Identificação de perigos

Identificar perigos talvez seja a etapa mais difícil do gerenciamento de riscos, uma vez que só se aprende a identificar perigos com a reiterada experiência. Não há outra forma de aprendizagem senão a constante vistoria em ambientes de trabalho. É por isso que profissionais que passam vários anos num único ambiente de trabalho não desenvolvem a prática da identificação de perigos.

A identificação dos perigos que podem causar acidente de trabalho é a etapa anterior à sua eliminação. Caso isso não seja possível, é necessário avaliá-los para determinar as medidas preventivas que nos permitirão reduzir a sua gravidade e a probabilidade de se materializarem.

A maior causa raiz de lesões, doenças e acidentes no local de trabalho é a falha em identificar ou reconhecer os perigos presentes, ou que poderiam ter sido antecipados. Um elemento crítico de qualquer programa de SST e eficaz é um processo proativo e contínuo para identificar esses perigos.

Tradicionalmente, o primeiro contato das empresas com o mundo da SST tem sido devido a problemas (deficiências e fatores de perigo) relacionados com a segurança. Por esta razão, os perigos de segurança são muitas vezes os mais conhecidos, não só pelos profissionais competentes, mas também pelas empresas. No entanto, a contínua mudança que ocorre nas condições de trabalho em decorrência da utilização de novos produtos, equipamentos e tecnologias, aliada à atualização das normas vigentes, faz com que os perigos clássicos de segurança também se alterem e sejam modificados e, portanto, é necessário ter elementos de referência que auxiliem nesta tarefa de identificação.

Dentro do programa de gerenciamento de riscos, a etapa de identificação ou reconhecimento de perigos é pouco exercitada e pouco valorizada e, em consequência, os perigos são subestimados ou até mesmo "varridos para baixo do tapete", tornando o programa vulnerável à fiscalização, especialmente nas situações de ocorrência de acidentes não previstos no programa.

Ainda me lembro do agente físico vibração que durante décadas nunca foi citado no PPRA – Programa de Prevenção de Riscos Ambientais – devido a sua impossibilidade de avaliação ou custo proibitivo desta. Desnecessário recordar que onde há ruído certamente há vibração.

Portanto, os profissionais da área de SST, dentre outras medidas, devem:

1. Coletar e revisar informações sobre os perigos presentes ou susceptíveis de estar presentes no local de trabalho. É preciso aprofundar o conhecimento sobre o perigo, para não subestimar grandes perigos, nem dar muita relevância a condições que não representam perigos;

2. Realizar inspeções iniciais e periódicas no local de trabalho para identificar perigos novos ou recorrentes. Nestas inspeções, os trabalhadores devem ser encorajados a se manifestarem sobre eventuais perigos que identificaram em seus locais de trabalho;

3. Investigar lesões, doenças, acidentes e incidentes para determinar os perigos subjacentes, suas causas e deficiências do PGR. Da mesma forma, as investigações do passado devem servir de experiência para o futuro, trazendo valiosas informações para evitar que um mesmo tipo de acidente ocorra duas vezes;

4. Identificar tendências em lesões, doenças e perigos relatados, por meio do estudo de grupo de incidentes semelhantes mediante panorama epidemiológico. Como dito anteriormente, a experiência pregressa nos traz inestimáveis informações para o futuro. O profundo estudo do grupo de incidentes semelhantes pode dar ensejo à predição de acidentes;

5. Considere os perigos associados a situações de emergência ou não rotineiras. Na atividade de reconhecimento de perigo, somente são consideradas as atividades de rotina, olvidando-se aquelas que ocorrem de forma eventual, mas que podem ser importantes no levantamento de perigos;

6. Determinar a gravidade e a probabilidade de incidentes que podem resultar para cada perigo identificado e use essas informações para priorizar ações corretivas. É preciso lembrar que acidentes mandam recados e, apesar de haver profissionais que não acreditam na teoria das pirâmides, os números apresentados ainda batem com os dias atuais.

7. Alguns perigos, como, por exemplo, sujeira e desordem no ambiente, podem gerar escorregões e tropeções, que podem e devem ser corrigidos à medida que são encontrados. Corrigir perigos no local enfatiza a importância da SST e aproveita uma oportunidade de liderança em segurança.

Como coletar informações existentes sobre os perigos no local de trabalho?

Informações sobre os perigos no local de trabalho podem já estar disponíveis para empregadores e trabalhadores, tanto de fontes internas como externas.

Como conseguir isso? É preciso coletar, organizar e revisar informações com os trabalhadores para determinar quais tipos de perigos podem estar presentes e quais trabalhadores podem estar expostos ou potencialmente expostos. As informações disponíveis no local de trabalho podem ser oriundas de várias fontes:

1. Manuais de operação de máquinas e equipamentos;
2. Fichas de Dados de Segurança (FDS) fornecidas pelos fabricantes de produtos químicos;
3. Relatórios de auditoria interna, relatórios de vistoria de seguradoras, laudos periciais, autos de infração etc.;
4. Registros de lesões e doenças anteriores e relatos de investigações de incidentes;
5. Processos de indenização por acidente ou doença dos trabalhadores;
6. Levantamento de estudos sobre padrões de lesões e doenças frequentes;
7. Resultados de monitoramento biológico, avaliações de higiene ocupacional e registros médicos.
8. Programas de segurança e saúde existentes (PGR, PCMSO, PPR, PCA etc.);
9. Resultados de análises de perigo de trabalho;
10. Informações sobre perigos por meio de fontes externas, tais como: Fundacentro, OSHA, NIOSH, HSE etc.

Inspeção do local de trabalho para levantamento de perigos

À medida que os postos de trabalho e os processos se alteram, os equipamentos ou ferramentas se desgastam, a manutenção é negligenciada ou a limpeza diminui, novos perigos podem emergir do ambiente de trabalho. Avaliar regularmente o local de trabalho em busca de perigos pode ajudar a identificar problemas para que possam ser resolvidos antes que ocorra um incidente.

Como posso obter isso? Verificando regularmente todas as operações, equipamentos, áreas de trabalho e instalações, por meio das inspeções diárias. Encoraje os empregados para que participem da equipe de inspeção e discutam os perigos que veem ou relatam.

Os profissionais que estão há muitos anos num mesmo ambiente de trabalho devem ser "resetados", por meio de treinamento, para começarem a enxergar outros perigos, além daqueles que comumente já estão acostumados a ver.

Certifique-se de registrar as inspeções para que você possa verificar se as condições perigosas foram corrigidas. Tire fotos ou faça vídeos de áreas problemáticas para facilitar a discussão sobre como controlá-las e para usá-los como recursos de aprendizagem.

Inclua todas as áreas e atividades abordadas nessas inspeções, tais como armazenamento, manutenção de instalações e equipamentos, atividades de escritório e ações de contratados, subcontratados e empregados temporários.

Inspecionar também de forma regular veículos de transporte (por exemplo, carros e caminhões) e veículos fabris (por exemplo, empilhadeiras, tratores e transportadores).

Use *checklists* para não esquecer qualquer item importante. Os perigos típicos se enquadram em várias categorias principais, conforme listadas a seguir; cada local de trabalho terá sua própria lista:

- Serviço de limpeza geral;
- Trabalhos em altura e escorregões;
- Perigos elétricos;
- Operação do equipamento;
- Manutenção de equipamentos;
- Proteção contra incêndio;
- Organização de trabalho e fluxo de processos;
- Violência no trabalho;
- Problemas ergonômicos;
- Falta de procedimentos de emergência.

Antes de realizar mudança de operações, estações de trabalho ou fluxo de trabalho; fazer grandes alterações organizacionais; ou introduzir novos equipamentos, materiais ou processos, avalie as mudanças planejadas quanto aos perigos envolvidos.

Identificar os perigos para a saúde

Identificar a exposição dos trabalhadores a perigos para a saúde é tipicamente mais complexo do que identificar perigos de segurança física. Por exemplo, gases e vapores podem ser invisíveis, muitas vezes não têm odor e podem não ter um efeito prejudicial imediato à saúde. Os perigos para a saúde incluem químicos (solventes, adesivos, tintas, poeiras tóxicas etc.), físicos (ruído, vibração, radiação, calor etc.), biológicos (doenças infecciosas) e fatores de risco ergonômicos (elevação pesada, movimentos repetitivos, vibração). A revisão dos registros médicos dos trabalhadores pode ser útil na identificação de riscos à saúde associados às exposições no local de trabalho.

Como conseguir isso?

- Identificar perigos químicos – revise a FDS e rótulos de produtos para identificar produtos químicos em seu local de trabalho que têm baixos limites de exposição, são altamente voláteis ou são usados em grandes quantidades ou em espaços não ventilados. Identificar atividades que podem resultar na exposição da pele a produtos químicos.

- Identificar perigos físicos – identificar quaisquer exposições a ruídos excessivos (áreas onde você deve levantar a voz para ser ouvido por outros), vibrações (de mãos e braços ou corpo inteiro), calor elevado (interior e externo) ou fontes de radiação (materiais radioativos, raios-X ou radiação de radiofrequência).

- Identificar perigos biológicos – determinar se os trabalhadores podem estar expostos a fontes de doenças infecciosas, fungos, plantas tóxicas ou venenosas, ou materiais animais (pele ou escama) capazes de causar reações alérgicas ou asma ocupacional.

- Identificar fatores de risco ergonômicos – examinar atividades de trabalho que exigem levantamento pesado, trabalhar acima da altura do ombro, movimentos repetitivos ou tarefas com vibração significativa, ou elaborar a AEP – Análise Ergonômica Preliminar.

- Realizar avaliações quantitativas de exposição – quando possível e necessário, usando amostragem aérea ou instrumentos de leitura direta. Lembre-se que as avaliações quantitativas não suplantam o julgamento técnico do higienista; ou seja, não é necessário realizar uma avaliação quantitativa para comprovar que a intensidade ou concentração do agente é irrelevante.

- Revisão de registros médicos – para identificar casos de lesões musculoesqueléticas, irritação ou dermatite da pele, perda auditiva ou doença pulmonar que pode estar relacionada a exposições no local de trabalho.

Realizar investigações de incidentes

Incidentes no local de trabalho – incluindo lesões, doenças, incidentes, acidentes ou quase acidente, ou ainda relatos de outras preocupações – fornecem uma indicação clara de onde são oriundos os riscos. Ao investigar minuciosamente incidentes e relatórios, você identificará os perigos que provavelmente causarão danos futuros. O objetivo de uma investigação deve ser sempre identificar as causas profundas (e muitas vezes há mais de uma) do incidente ou preocupação, a fim de evitar ocorrências futuras.

Como conseguir isso? Desenvolver um plano e um procedimento claros para a realização de investigações de incidentes, para que uma investigação possa começar imediatamente quando ocorrer um incidente. O plano deve abranger itens como:

- Quem estará envolvido na investigação? E neste aspecto não é a quantidade de pessoas que apresenta resultado, mas, sim, a qualidade. Além do que, é preciso limitar a quantidade de pessoas que participem das investigações, pois é comum aparecerem vários voluntários que sequer testemunhas oculares são realmente;

- As linhas de comunicação devem ser claramente definidas para evitar que informações vazem e, eventualmente, venham a cair em mãos indevidas. Lembrar que o resultado da investigação não deve ser trazido a público, mas tão somente àqueles verdadeiramente interessados;

- Materiais, equipamentos e suprimentos necessários, desde uma simples caneta até um microscópio para verificar a autenticidade de uma assinatura;

- Relatórios de formulários e modelos, todas as informações devem ser sistematizadas para facilitar a análise rápida;

- Treinamento de equipes investigativas sobre técnicas de investigação de incidentes, enfatizando a objetividade e a mente aberta durante todo o processo de investigação. Mente aberta está ligada ao fato de que os investigadores não podem jamais ser tendenciosos ou deixar que a ideologia os impeçam de uma análise isenta;

- Realização de investigações com uma equipe treinada que inclui representantes da gerência e dos trabalhadores. Todas as partes devem estar representadas com o intuito de coibir abusos ou que a ideologia fale mais alto nas investigações;

- Comunicar os resultados da investigação aos gestores, supervisores e trabalhadores para evitar a recorrência.

Investigações eficazes de incidentes não param quando identificam um único fator que desencadeou um incidente. É sabido que os incidentes ocorrem devido a uma superposição de fatores. Raramente, muito raramente, há um só fator interveniente num incidente.

Os investigadores fazem, várias vezes, as perguntas: "Por que?" e "O que levou ao infortúnio?". Por exemplo, se um equipamento falhar, uma boa investigação pergunta: "Por que falhou?", "Se foi manutenido corretamente?", "Isso foi além de sua vida útil?" e "Como esse infortúnio poderia ter sido evitado?". Da mesma forma, uma boa investigação de incidentes não para quando conclui que um trabalhador cometeu um erro. Ele faz perguntas como: "Ao trabalhador foram fornecidos ferramentas e tempo apropriados para fazer o trabalho?", "O trabalhador foi adequadamente treinado?" e "O trabalhador foi devidamente supervisionado?".

Identificar perigos associados a situações de emergência e não rotineira

As emergências apresentam perigos que precisam ser reconhecidos e compreendidos. Tarefas não rotineiras ou infrequentes, incluindo atividades de manutenção, também apresentam perigos potenciais. Os planos e procedimentos devem ser desenvolvidos para responder de forma adequada e segura aos perigos associados a cenários de emergência previsíveis e situações não rotineiras.

Como conseguir isso? Identificar cenários de emergência e tarefas não rotineiras, levando em consideração os tipos de material e equipamento em uso e a localização dentro da instalação. Cenários como os seguintes podem ser previsíveis:

- Incêndios e explosões;
- Liberações de produtos químicos;
- Derramamentos de materiais perigosos;
- *Startups* após desligamentos de equipamentos planejados ou não planejados;
- Tarefas não rotineiras, como atividades de manutenção raramente realizadas;
- Colapso estrutural;
- Os surtos de doenças;
- Emergências meteorológicas e desastres naturais;
- Emergências médicas;
- Violência no trabalho.

Caracterizar a natureza dos perigos identificados, identificar medidas de controle provisórios e priorizar os perigos para o controle.

O próximo passo é avaliar e entender os perigos identificados e os tipos de incidentes que podem resultar da exposição dos trabalhadores a esses perigos. Essas informações podem ser usadas para desenvolver controles provisórios e priorizar os riscos de controle permanente.

Como conseguir isso? Avalie cada risco, considerando a gravidade dos resultados potenciais, a probabilidade de ocorrência de um evento ou exposição e o número de trabalhadores que possam estar expostos.

Utilizar medidas de controle provisórios, por exemplo, equipamentos de proteção individual, para proteger os trabalhadores até que possam ser implementadas soluções mais permanentes ou definitivas.

Priorize os perigos de forma que aqueles que apresentam maior risco sejam abordados primeiro. Observe, no entanto, que os empregadores têm a obrigação contínua de controlar todos os riscos sérios e proteger os trabalhadores.

Lembre-se que risco é o produto do perigo e da exposição. Assim, o risco pode ser reduzido pelo controle ou eliminação do perigo ou pela redução da exposição dos trabalhadores aos perigos. Uma avaliação de risco ajuda os empregadores a entender os perigos no contexto de seu próprio local de trabalho e priorizar os riscos para o controle permanente.

Relação dos principais perigos

Como sugestão de reconhecimento dos perigos existentes numa instalação industrial, a seguir apresentamos uma relação, que não tem a pretensão de ser exaustiva, mas abrange boa parte dos perigos comuns encontrados:

1. INSTALAÇÕES DE TRABALHO
   - 1.1. Segurança estrutural
     - 1.1.1. Resistência inadequada do edifício ou instalações do centro de trabalho para o tipo de utilização realizada ou prevista.
     - 1.1.2. Falta de sistema de alicerce, fixação ou suporte que garanta estabilidade.
     - 1.1.3. Não há sinalização do limite de carga.
     - 1.1.4. Circulação de pessoas em telhados, coberturas (fibrocimento) ou plataformas instáveis.
     - 1.1.5. Área livre por trabalhador inferior a 2 m^2.
     - 1.1.6. Pé-direito inferior a 3 m (2,5 m em escritórios e lojas).
     - 1.1.7. Separação insuficiente entre os materiais do local de trabalho para realizar o trabalho em condições seguras e sanitárias.
     - 1.1.8. Falta de autorização para entrar em espaço confinado.
     - 1.1.9. Tipo de solo instável ou escorregadio.
     - 1.1.10. Falta de diferenciação entre os corredores definidos para o tráfego humano e os destinados à passagem de veículos.
     - 1.1.11. Áreas de trabalho não delimitadas, não sinalizadas e com visibilidade insuficiente.
   - 1.2. Espaços de trabalho
     - 1.2.1. Falta de ordem e limpeza nas áreas de trabalho.
     - 1.2.2. Aberturas de acesso direto, nas paredes ou no piso, a mais de 2 m acima do nível inferior.
     - 1.2.3. Abrir laterais de escadas e rampas com mais de 60 cm de altura sem proteção.

1.2.4. Falta de resistência nas prateleiras e estruturas de suporte para armazenamento.

1.2.5. Instabilidade de pilhas de materiais.

1.2.6. Plataformas de trabalho altas (> 2 m) sem proteção ou com superfície de trabalho insuficiente. Largura do corredor inferior a 1 m.

1.2.7. Largura das portas exteriores para corredores inferior a 80 cm.

1.2.8. Iluminação do local de trabalho não adequada às características de trabalho ou operação.

1.3. Escadas fixas

1.3.1. Largura das escadas fixas inferior a 40 cm.

1.3.2. Distância máxima entre degraus superior a 30 cm.

1.3.3. Distância entre a frente dos degraus e as paredes mais próximas do lado de subida inferior a 75 cm.

1.3.4. Escadas sem resistência suficiente ou com elementos de suporte e fixação inseguros ou inexistentes.

1.3.5. Escadotes sem elementos de fixação seguros contra abertura total.

1.4. Escadas manuais

1.4.1. Utilização de escadas de forma inadequada ou insegura (solo instável, inclinação excessiva, mais de um trabalhador, durante transporte ou manipulação de objetos etc.).

1.4.2. Escadas de madeira pintadas.

1.4.3. Utilização de escadas ou outros tipos de escadas com comprimento superior a 5 m (sem garantia da sua resistência).

1.4.4. Largura inferior a 40 cm ou distância entre degraus superior a 30 cm.

1.4.5. Escadas com mais de 4 m de altura sem prolongamento do corrimão acima de 1 m da área de acesso.

1.4.6. Ausência de plataformas de descanso ou anéis de proteção em escadas fixas com altura superior a 9 m.

1.5. Materiais e instalações de primeiros socorros

1.5.1. Os locais de trabalho não dispõem de material de primeiros socorros em caso de acidente ou de difícil acesso ao referido material.

1.5.2. Não há kit portátil de primeiros socorros disponível.

1.5.3. Há estabelecimento com mais de 50 trabalhadores que não possuem local para primeiros socorros.

1.6. Serviços higiênicos e locais de descanso

1.6.1. Não há água potável suficiente.

1.6.2. Os trabalhadores que devem usar uniforme não dispõem de vestiários.

1.6.3. Não há cabides ou armários para colocar roupas.

1.6.4. Existem empregos sem acesso a serviços de higiene porque estes são inexistentes ou não são adequados ao número de trabalhadores no local de trabalho ou às características do trabalho realizado.

1.7. Sinalização

1.7.1. Falta de sinalização de advertência, proibição, obrigação, resgate ou socorro, ou sinalização de combate a incêndio.

1.7.2. Concorrência de sinais que afetam a percepção ou compreensão da mensagem.

1.7.3. Má manutenção e limpeza de meios ou dispositivos de sinalização.

1.7.4. Existência de sinalização de segurança não padronizada.

2. EQUIPAMENTOS, MÁQUINAS E ACESSÓRIOS DE TRABALHO

2.1. Máquinas, dispositivos e instalações com perigo aparente.

2.1.1. Falta de manutenção preventiva de acordo com procedimentos documentados.

2.1.2. Inspeções obrigatórias por regulamentos (dispositivos de elevação, dispositivos de pressão etc.) não realizadas.

2.1.3. Falta de dispositivos de atuação para parada total em condições seguras.

2.1.4. Ausência de manual de instruções do fabricante do equipamento de trabalho ou, caso exista, não seja compreensível para o usuário.

2.1.5. Falta de procedimentos documentados para tarefas de limpeza e preparação de equipamentos de trabalho.

2.1.6. Protetores fixos não resistentes aos esforços mecânicos que devem ser suportados.

2.1.7. Guardas e dispositivos de proteção facilmente burláveis, fora de serviço ou inexistentes.

2.1.8. Utilização de equipamentos de trabalho contrários aos usos pretendidos pelo fabricante.

2.1.9. Falta ou não utilização de equipamentos de proteção individual (EPI) necessários ao trabalho executado.

2.1.10. Falta de instruções para parar ou desligar o equipamento, verificação da ausência de energia residual perigosa e evitar partida ou conexão acidental durante manutenção, ajuste, desbloqueio, revisão ou reparo de equipamentos de trabalho.

2.1.11. Falta ou não utilização de medidas complementares como empurradores, ganchos, puxadores, pinças às necessidades do trabalho realizado.

2.1.12. Equipamento de trabalho que não possua certificação, quando a regulamentação assim o exigir.

2.1.13. Área de operação/mecanização acessível diretamente com o corpo ou partes do corpo.

2.1.14. Ponto de aprisionamento entre uma parte móvel e uma parte fixa acessível pelo corpo ou partes do corpo.

2.1.15. Área entre dois cilindros de rotação coincidente acessível ao corpo ou partes do corpo.

2.1.16. Transmissões, eixos, polias, engrenagens, eixos cardan, tomadas de força, correias transportadoras com movimento livre e/ou exposto e acessíveis ao corpo ou partes do corpo.

2.2. Equipamento de trabalho para uso temporário em altura

2.2.1. Má construção ou estado de conservação e manutenção.

2.2.2. Plataformas de trabalho não construídas com elementos rígidos (pranchas amarradas ou bandejas metálicas), que não tenham largura mínima de 60 cm e que não estejam protegidas por grades de resistência suficiente e altura de 90 cm.

2.2.3. Barra intermediária rígida e rodapé em alturas superiores a 2 m.

2.2.4. As operações de montagem e desmontagem não são realizadas de forma segura (cintos de segurança, bandejas inferiores etc.).

2.2.5. Não realização de inspeções por pessoa competente antes da colocação em serviço do equipamento, nem periodicamente, nem após modificações ou qualquer circunstância que tenha afetado a estabilidade do equipamento.

2.2.6. Falta de mecanismos de retenção que impeçam o movimento do andaime. Inexistência de escadas de comunicação entre plataformas para alturas superiores a 5 m.

2.2.7. Falta de pontos de ancoragem suficientes na fachada para garantir a estabilidade do andaime.

2.2.8. Comprimento superior a 8 m.

2.3. ANDAIMES

2.3.1. Falta de guarda-corpo rígido com 70 cm de altura em um dos lados da parede, faltando também, nos outros 3 lados, guarda-corpo com 90 cm de altura e barra intermediária, todos rígidos.

2.3.2. Falta de cintos de segurança ancorados em uma linha de vida independente dos mecanismos do andaime ou uso incorreto desses cintos pelos operadores.

2.3.3. Distância entre o revestimento e o andaime superior a 45 cm.

2.3.4. Utilização destas plataformas para alturas superiores a 6 m.

2.4. ENERGIA/INSTALAÇÕES

2.4.1. Existência de elementos sob tensão acessíveis devido à falta de proteção contra contatos elétricos diretos.

2.4.2. Ausência de sistema de proteção contra contatos elétricos indiretos ou sistema de proteção ineficaz.

2.4.3. Modificações indevidas nas instalações (elétricas, pneumáticas, gás etc.), realizadas por pessoal ou instaladores não autorizados.

2.4.4. Ausência do certificado de instalação e instruções para o correto uso e manutenção das instalações por parte da empresa instaladora.

2.4.5. Avaliações obrigatórias por regulamentos não realizadas.

2.5. PRODUTOS/SUBSTÂNCIAS

2.5.1. Os produtos químicos não possuem fichas de dados de segurança (FDS) ou essas fichas não estão disponíveis aos trabalhadores.

2.5.2. Os recipientes que contêm produtos químicos não são rotulados de forma regulamentar.

2.5.3. Os produtos perigosos não são mantidos ou armazenados em armários protegidos ou em recipientes ou tanques apropriados.

2.5.4. Não é garantido que os recipientes para produtos perigosos sejam resistentes à quebra ou degradação.

2.5.5. Não existem meios específicos disponíveis para limpar ou neutralizar derrames e/ou fugas de substâncias perigosas.

2.5.6. Os tanques fixos de produtos químicos não estão localizados dentro das bacias de contenção apropriadas.

2.5.7. Não existem sistemas suficientes de chuveiros e lava-olhos em áreas onde podem ocorrer projeções ou derramamentos de substâncias perigosas.

2.5.8. A obrigação de utilização de EPI não está incluída ou documentada em normas ou procedimentos internos de trabalho.

2.5.9. Não está documentado que o EPI apropriado seja disponibilizado ao pessoal que possa ser afetado por projeções e/ou derramamentos de substâncias perigosas.

2.5.10. Não existem procedimentos de trabalho escritos para o manuseio e uso de substâncias perigosas e/ou inflamáveis.

2.5.11. O armazenamento de paletes com recipientes de produtos perigosos e/ou inflamáveis não garante estabilidade.

2.5.12. Os recipientes de vidro, plástico etc. utilizados para conter produtos perigosos e/ou inflamáveis não têm estabilidade garantida porque são colocados em paletes ou outras plataformas ou recipientes (filme retrátil ou outros sistemas de fixação).

2.5.13. Os meios e métodos de transferência de produtos inflamáveis e/ou perigosos não são seguros.

2.5.14. Não existem sistemas disponíveis que garantam a eficácia da ventilação durante a transferência de produtos inflamáveis e/ou perigosos.

2.5.15. A manipulação mecânica de produtos perigosos e/ou inflamáveis é realizada com veículos ou equipamentos inadequados e a formação e conhecimentos suficientes dos condutores não estão acreditados.

2.5.16. Produtos inflamáveis são utilizados ou armazenados no local de trabalho.

2.5.17. O armazenamento de produtos ou substâncias combustíveis sólidos não é realizado em áreas específicas adaptadas.

2.5.18. O armazenamento de produtos que possam reagir entre si é realizado em espaços indiferenciados e em conjunto, e em recipientes inseguros que não garantem que não ocorram contatos ou misturas acidentais.

2.5.19. Os produtos inflamáveis não são mantidos nem armazenados em armários protegidos ou em recintos ou armazéns apropriados.

2.5.20. Nos locais de trabalho onde, devido ao processo ou limpeza, é necessária a utilização de pequenas quantidades de substâncias perigosas e/ou inflamáveis, estas substâncias não são armazenadas em recipientes seguros, herméticos ou com dispositivos anti-derramamento.

2.5.21. A quantidade de produto (substâncias perigosas ou inflamáveis) no local de trabalho é superior ao necessário em relação às quantidades mínimas do processo.

2.5.22. Os resíduos combustíveis produzidos no processo (estacas, poeiras, serragens etc.) não são removidos, pelo menos de acordo com as quantidades mínimas do processo.

2.5.23. No local de trabalho são manuseadas, produzidas ou armazenadas substâncias pulverulentas que podem causar deflagrações ou detonações (farinha de cereais, açúcar, cacau, alumínio etc.).

2.5.24. Não há sinalização adequada sobre a proibição de fumar, nem/ou sobre a presença de elementos que produzam chamas, faíscas, incandescência etc., em áreas perigosas.

2.5.25. Não foi feita a classificação das instalações de risco especial no local de trabalho.

2.5.26. Em instalações industriais e/ou de armazenamento, o nível de risco intrínseco não foi determinado.

2.5.27. Não é respeitada a proibição de fumar nas áreas de armazenamento ou manuseio de produtos combustíveis e/ou inflamáveis.

2.5.28. Presença de fontes de ignição (instalação elétrica fora dos padrões, empilhadeiras com motor a combustão, fogões, estática etc.).
2.5.29. Falta de protocolos escritos de "autorização especial de trabalho" para a realização de intervenções de manutenção ou limpeza em áreas com atmosferas inflamáveis.
2.5.30. Os extintores disponíveis não são adequados ao tipo de incêndio esperado, são insuficientes em quantidade e a sua distribuição não cobre toda a área.
2.5.31. O acesso a todos os equipamentos manuais de combate a incêndios apresenta obstáculos que o dificultam.
2.5.32. Os hidrantes existentes são insuficientes e não garantem a cobertura de toda a área que deve ser protegida. Não existem pessoas suficientes com formação teórica e prática para utilizar meios de combate a incêndios. Os sistemas e meios de setorização estabelecidos são insuficientes.
2.5.33. Os equipamentos de detecção, alarme, extinção etc., não estão em boas condições de funcionamento. O sistema de detecção estabelecido não garante permanentemente um bom funcionamento. Os sistemas de extinção por água não são garantidos com a vazão ou pressão necessária.
2.5.34. Os elementos de compartimentação interna dos edifícios não apresentam o nível de resistência ao fogo adequado.
2.5.35. As características estruturais do edifício contra incêndio não são adequadas.
2.5.36. Os materiais de cobertura das vias de evacuação e das paredes e tetos não são adequados.
2.5.37. O equipamento manual de combate a incêndio não está diretamente visível ou a sua localização não está devidamente marcada. As inspeções regulamentares de equipamentos de combate a incêndios não estão documentadas.
2.5.38. Não existem elementos de detecção e alarme de incêndio ou a quantidade é insuficiente.
2.5.39. Não existem sistemas automáticos de extinção (sprays de água ou gases).
2.5.40. O pessoal que pode aceder às instalações com sistemas de inundação de gás não possui formação adequada sobre o risco, nem conhece as formas e o conteúdo das mensagens de evacuação das instalações.
2.5.41. O número e as características das saídas existentes são insuficientes.
2.5.42. As rotas de evacuação são insuficientes ou inadequadas para garantir a evacuação eficaz do pessoal.

2.5.43. O dimensionamento das rotas de evacuação não foi realizado com base na ocupação teórica.

2.5.44. As rotas das rotas de evacuação ascendentes não são adequadas.

2.5.45. As rotas de evacuação passam por áreas especiais de risco, garagens ou estacionamentos. Escadas de incêndio específicas não são apropriadas.

2.5.46. O tipo e a direção de abertura das portas de saída não são adequados. A sinalização das rotas de evacuação é deficiente.

2.5.47. Não existe um plano de emergência e evacuação estabelecido ou/ou implementado.

2.5.48. No local de trabalho há pessoal que desconhece a existência do Plano de Emergência e Evacuação. Nenhum exercício de emergência e evacuação foi realizado.

2.5.49. As escadas de evacuação não possuem características ou largura suficientes para evacuar as pessoas que lhes são atribuídas.

2.5.50. As portas, degraus e corredores de evacuação não são suficientemente largos para a saída das pessoas que lhes estão atribuídas.

2.5.51. As rotas de evacuação excedem o máximo admissível, tendo em conta a origem da evacuação.

2.5.52. A iluminação de emergência e a sinalização das rotas de evacuação e dos meios de combate a incêndios são inadequadas e insuficientes.

2.5.53. As instalações e edifícios não reúnem as condições de acessibilidade dos bombeiros e seus equipamentos, estabelecidas em regulamento.

2.5.54. As instalações e edifícios não cumprem as condições de separação em relação aos vizinhos e às áreas florestais ou com vegetação abundante.

2.5.55. Nenhuma medida foi planejada diante de riscos graves e iminentes.

|6|

TÉCNICAS DE ANÁLISE DE RISCO

O conforto e o desenvolvimento que a industrialização trouxe também contribuem com o aumento do número de acidentes ou anormalidades no processo devido à obsolescência de equipamentos, máquinas cada vez mais sofisticadas e outros fatores.

O controle de danos, o controle total de perdas e a engenharia de segurança de sistemas surgiram como resultado da preocupação com o bem-estar humano, o principal bem de uma organização, e a busca de maior eficiência.

Esta última, como resultado do crescimento e da necessidade de segurança total em setores como aeronáutica, aeroespacial e nuclear, forneceu instrumentos úteis para a resolução de questões de segurança. A partir da década de 1970, as técnicas e metodologias aplicadas à segurança de sistemas se tornaram quase universais na solução de problemas de engenharia em geral, como resultado da difusão dos conceitos de perigo, risco e confiabilidade.

O que é a análise de risco?

Conjunto de técnicas ou métodos aplicados a uma atividade futura ou atual com o objetivo de identificar e avaliar o risco à própria corporação, à população lindeira ou ao meio ambiente, gerado pela atividade industrial, comercial ou de prestação de serviços, em termos de probabilidade de ocorrência e abrangência das consequências e sugestão de medidas para redução da vulnerabilidade com critérios de aceitação previamente estabelecidos.

A análise de risco é a parte estratégica no desenvolvimento de um produto ou serviço e é utilizada para avaliar os riscos envolvidos em produtos, processos e sistemas para minimizar a possibilidade de falhas no desenvolvimento, produção e utilização de um produto ou na realização de um serviço, aumentando a confiabilidade e segurança.

Análise de risco na Mitologia Grega

Dédalo, um notável arquiteto e inventor ateniense, famoso em toda a Grécia, caiu em desgraça por ter matado Talo e foi acolhido, juntamente com seu filho Ícaro, por amizade do rei Minos de Creta.

Dédalo teve como missão construir um labirinto para guardar o terrível Minotauro, filho da Rainha Pasifae, mulher de Minos, e de um touro. Minotauro era um monstro, metade homem e metade touro, que se alimentava de carne humana. O labirinto era tão perfeito que até Dédalo teve dificuldade em sair dele.

O rei Minos, em represália aos atenienses por terem matado seu filho Androgeu, tomou a cidade de Atenas e impôs como pena a sete rapazes e sete moças alimentar o Minotauro.

Chegando em Creta, Ariadne, filha do rei Minos, se apaixona por um dos jovens presos e, com a ajuda de Dédalo, deu ao jovem um novelo de fio que o guiou para fora do labirinto.

Furioso com a traição de Dédalo, o rei Minos mandou-o prender, juntamente com o seu filho Ícaro, de onde não podiam fugir sem autorização do rei. Dédalo começou então a imaginar uma fuga. Mas, devido ao seu papel na construção do labirinto, Dédalo sabia que era impossível sair dele. Além disso, os exércitos de Minos estavam cercando a ilha de Creta por terra e mar, mesmo que eles tivessem conseguido sair do labirinto.

Após dias de prisão, o engenhoso inventor teve uma ideia inesperada. Enquanto ele trabalhava no esboço de seu novo projeto, ele pede que seu filho colete pedaços de madeira.

Dédalo faz armações de madeira que se assemelham às asas de uma ave. Ele conseguiu coletar muitas penas de aves marinhas que voavam pelo labirinto e então as colou com cera de mel de abelha para finalizar sua invenção.

Ele havia construído duas grandes asas: uma para si mesmo e outra para seu filho. Dédalo veste as asas e dá conselhos ao filho: Não voe muito baixo, perto do mar, meu filho, para que a umidade não emperre as engrenagens frágeis. E não voe muito alto para que o sol não derreta a cera de abelha. Acompanhe-me sempre.

Dédalo e Ícaro então decolaram, abandonando a ilha de Creta. Ambos tiveram dificuldade no início ao enfrentar as correntes de vento, mas rapidamente eles já conseguiram controlar totalmente o voo. O panorama lá do céu era impressionante. Ambos estavam eufóricos. Ícaro voava longe de Dédalo e a uma altura muito maior que ele.

Ele grita desesperadamente para seu filho, mas ele não consegue ouvi-lo. Os olhos de Ícaro estavam fechados, enquanto ele voava através das nuvens com entusiasmo.

A sensação de ser livre o matou. O jovem garoto avançava em direção ao sol e, de repente, percebeu que a cera que prendia as penas à estrutura das asas estava começando a derreter sob o calor do sol. Ícaro começa a perder o controle do voo quando as penas começaram a cair. As asas estavam caindo. Ícaro cairia.

Seu pai, impotente, vê a queda fatal de seu filho enquanto ele começa a despencar do céu. Enquanto Dédalo voava em busca de seu filho, Ícaro se choca violentamente contra as águas do oceano. Dédalo só encontrou penas no mar.

Mais tarde, o pai de Icaro encontra o corpo do filho em uma praia depois de muita procura. Dédalo se lamenta que sua invenção tenha matado seu próprio filho. Após enterrar seu filho, ele parte para a Sicília com o coração ferido.

O texto nos mostra que até na Mitologia Grega a análise de risco está presente... Antes de voar, Dédalo faz recomendações ao seu filho Ícaro, usando dos conceitos de análise de risco: "Não voe muito baixo, perto do mar, meu filho, para que a umidade não emperre as engrenagens frágeis. E não voe muito alto para que o sol não derreta a cera de abelha. Acompanhe-me sempre".

Inclusive, no estudo de algumas técnicas, vamos utilizar a tragédia de Ícaro para exercitar a análise de risco.

O que é a gestão de riscos?

A gestão ou gerência de riscos é o processo de planejar, organizar, dirigir e controlar os recursos humanos e materiais de uma empresa para minimizar o impacto dos riscos sobre ela, ao máximo possível e com o menor custo.

Gestão de riscos é uma nova filosofia de administração empresarial, formada por um conjunto de técnicas, que visa reduzir ao mínimo os efeitos das perdas acidentais, com enfoque no tratamento de riscos que possam causar danos: pessoais, materiais, ao meio ambiente e à imagem da empresa.

São elementos básicos da gestão de risco:

O controle do risco que se constitui em um programa de prevenção de perdas, reduzindo tanto a frequência como a severidade dos acidentes;

O financiamento do risco que significa a gestão dos riscos remanescentes, retendo-os na empresa ou transferindo-os total ou parcialmente para as seguradoras.

Os principais benefícios da gestão de riscos para a empresa são:

- Redução dos prêmios de seguros;
- Retenção consciente de riscos;
- Preservação de patrimônio e vidas;
- Manutenção do fluxo produtivo e permanência da empresa no mercado;
- Motivação dos empregados;
- Aumento da produção e competitividade.

Checklist

Para quem acha que não sabe utilizar nenhuma técnica de análise de risco, a *checklist* vem provar que isso não é verdade! Quem já não preencheu uma *checklist*? Então, o *checklist* pode ser sua primeira técnica de análise de risco.

Como o próprio nome indica, o *checklist* é uma ferramenta utilizada para conferir se as medidas preventivas sugeridas pelos processos de análise de riscos estão sendo adotadas.

O objeto do *checklist* pode ser área, sistema, instalação, processo e equipamento.

Temos dois tipos de *checklist*: (i) o aberto e (ii) o fechado.

No *checklist* fechado é montada uma lista com todos os riscos identificados e suas respectivas recomendações de prevenção. Ao lado de cada item, deverá ser preenchida uma coluna com "sim" ou "não", "conforme" ou "não conforme", para indicar se as medidas preventivas foram colocadas em prática.

Muito simples de ser aplicado, o *checklist* fechado é bastante útil para ter uma visão geral das medidas de controle de riscos, garantindo a aplicação dos procedimentos sugeridos e permitindo identificar as necessidades de correções.

Numa outra vertente, o *checklist* fechado utiliza listas de comprovação de cumprimento de normas e regulamentos, que incluam aspectos técnicos e de segurança previstos naqueles regulamentos. Neste aspecto, a análise se assemelha a uma auditoria de requisitos legais.

No *checklist* aberto é dada a liberdade para o próprio analista colocar os itens, riscos ou conformidades que compreenda serem necessários mediante a sua observação.

Brainstorming

Brainstorming, traduzindo literalmente do inglês, representa tempestade cerebral; em nosso cotidiano traduzimos como tempestade de ideias.

O *brainstorming* é uma técnica participativa e estruturada, onde um grupo de pessoas, orientadas, são incentivadas a dar sua opinião sobre determinada questão. Os participantes devem ter liberdade total para opinar e, ainda que suas sugestões sejam absolutamente imprestáveis, não devem ser desencorajados a falar.

Uma sessão de *brainstorming* é uma ótima maneira de gerar ideias criativas e soluções para um problema específico em um ambiente colaborativo. Aqui estão algumas etapas básicas para conduzir uma sessão de *brainstorming* eficaz:

1 – Preparação

Defina o objetivo: Tenha clareza sobre o que você quer alcançar com a sessão de *brainstorming*.

Escolha os participantes: Selecione pessoas com diferentes perspectivas e experiências relevantes para o problema.

Escolha um facilitador: Alguém para orientar a sessão, manter o foco e garantir a participação de todos.

2 – Durante a sessão

Estabeleça regras básicas: Encoraje a liberdade de expressão e evite críticas durante a fase de geração de ideias.

Inicie com um aquecimento: Uma atividade leve para soltar a criatividade, como um exercício de associação livre de palavras.

Apresente o problema ou questão: Garanta que todos entendam claramente o problema ou desafio a ser abordado.

Geração de ideias: Encoraje os participantes a expressarem livremente suas ideias, sem julgamentos. Use técnicas como *brainstorming* livre, *brainstorming* em grupo, técnicas de associação livre etc.

Promova a diversidade de ideias: Encoraje todos a contribuírem, não importa quão estranhas possam parecer suas ideias.

Construa e expanda as ideias: Construa em cima das ideias apresentadas, estimule a discussão para desenvolver mais profundamente as ideias iniciais.

3 – Encerramento

Avalie as ideias geradas: Analise e selecione as ideias mais promissoras.

Consolide as ideias selecionadas: Organize e resuma as ideias selecionadas para avançar para a próxima fase.

Defina próximos passos: Estabeleça um plano de ação com base nas ideias selecionadas, atribuindo responsabilidades e prazos.

Lembre-se, a atmosfera é crucial para uma sessão de *brainstorming* produtiva. Um ambiente de apoio e aberto, onde todos se sintam confortáveis para compartilhar suas ideias, é essencial para colher os benefícios máximos dessa técnica.

Diagrama de Ishikawa

O Diagrama de Ishikawa, também conhecido como Diagrama de Causa e Efeito ou Diagrama Espinha de Peixe, é um gráfico cuja finalidade é organizar o raciocínio em discussões de um problema prioritário, em processos diversos, especialmente na produção industrial.

O diagrama foi desenvolvido com o objetivo de representar a relação entre um "efeito" e suas possíveis "causas". Esta técnica é utilizada para descobrir, organizar e resumir o conhecimento de um grupo a respeito das possíveis causas que contribuem para um determinado efeito.

- Método: toda a causa envolvendo o método que estava sendo executado o trabalho;
- Material: toda causa que envolve o material que estava sendo utilizado no trabalho;
- Mão de obra: toda causa que envolve uma atitude do colaborador (ex.: procedimento inadequado, pressa, imprudência, ato inseguro etc.);
- Máquina: toda causa envolvendo a máquina que estava sendo operada;
- Medida: toda causa que envolve os instrumentos de medida, sua calibração, a efetividade de indicadores em mostrar as variações de resultado, se o acompanhamento está sendo realizado, se ocorre na frequência necessária etc.;
- Meio ambiente: toda causa que envolve o meio ambiente em si (poluição, calor, poeira etc.) e o ambiente de trabalho (layout, falta de espaço, dimensionamento inadequado dos equipamentos etc.).

5 porquês

Originalmente, esta técnica foi aplicada na Toyota. Segundo o método, repetindo a pergunta por que, cinco vezes, a causa do problema é evidenciada e orienta a solução do problema. Esta técnica também é utilizada na investigação de incidentes e é enquadrada no grupo de métodos de análise de causa raiz.

O método pode ser assim descrito:

- Defina um incidente e constitua um grupo que conheça o trabalho;
- Inicie a sessão de definição da causa fazendo a primeira pergunta;
- Continue a identificação das sequências das causas, perguntando novamente por que;
- Junto com o grupo selecione as causas pertinentes.

Uma vez validada a sequência de respostas dos 5 Porquês, selecionada a causa raiz e fatores contributivos com o grupo, defina finalmente as ações necessárias para a prevenção.

Exemplo de aplicação dos 5 Porquês:

Por que o trabalhador caiu? Porque ele escorregou.

Por que o trabalhador escorregou? Porque o piso estava molhado.

Por que o piso estava molhado? Porque vazou água de uma tubulação.

Por que vazou água de uma tubulação? Porque a tubulação estava sem manutenção há anos.

Por que a tubulação estava sem manutenção há anos? Porque não há profissionais de manutenção predial na empresa.

5W2H

Uma técnica valiosa no contexto da análise de risco é a 5W2H, uma abordagem sistemática que oferece um quadro estruturado para identificar, analisar e gerenciar os riscos de forma eficaz.

A análise de risco 5W2H deriva seu nome de sete perguntas-chave em inglês, cada uma começando com as letras W ou H:

- *What* (O que): Refere-se à identificação do risco específico. O que pode dar errado?
- *Why* (Por que): Busca compreender as razões por trás desse risco. Por que isso pode acontecer?
- *Where* (Onde): Examina o ambiente ou contexto em que o risco pode se manifestar. Onde isso pode ocorrer?
- *When* (Quando): Determina o momento ou circunstâncias em que o risco pode se concretizar. Quando isso pode ocorrer?
- *Who* (Quem): Identifica as pessoas ou partes envolvidas no risco. Quem pode ser afetado?
- *How* (Como): Analisa os modos de ocorrência do risco. Como isso pode acontecer?
- *How much* (Quanto): Avalia o impacto potencial do risco. Quanto pode afetar?

A técnica 5W2H é aplicada mediante os seguintes passos:

Passo 1: Identificação do risco (*what, why, where, when, who*)

O que pode dar errado? – Identifique os eventos que podem representar riscos para o projeto ou negócio.

Por que isso pode acontecer? – Entenda as causas e motivações por trás desses eventos.

Onde e quando isso pode ocorrer? – Analise os locais e momentos onde os riscos podem se manifestar.

Quem pode ser afetado por esses riscos? – Identifique as partes interessadas e como elas podem ser impactadas.

Passo 2: Análise detalhada (*how, how much*)

Como esses riscos podem ocorrer? – Explore os cenários possíveis para cada risco identificado.

Quanto impacto cada risco pode ter? – Avalie o potencial de impacto nos objetivos do projeto ou negócio.

Benefícios da técnica 5W2H na gestão de riscos

- Estruturação: Fornece uma estrutura clara e direta para identificar e entender os riscos.
- Compreensão aprofundada: Aprofunda a compreensão dos riscos, suas causas e consequências potenciais.
- Foco em soluções: Ajuda na formulação de estratégias para mitigar ou lidar com os riscos identificados.
- Comunicação eficaz: Facilita a comunicação entre as partes interessadas, tornando mais fácil o entendimento dos riscos e ações necessárias.

Técnica de incidentes críticos (TIC)

É uma análise operacional, qualitativa, de aplicação na fase operacional de sistemas, cujos procedimentos envolvem o fator humano em qualquer grau. É um método para identificar erros e condições inseguras que contribuem para a ocorrência de acidentes com lesões reais e potenciais, onde se utiliza uma amostra aleatória estratificada de observadores-participantes, selecionados dentro de uma população.

A TIC possui grande potencial, principalmente naquelas situações em que se deseja identificar perigos sem a utilização de técnicas mais sofisticadas e, ainda, quando o tempo é restrito. A técnica tem como objetivo a detecção de incidentes críticos e o tratamento dos riscos que os mesmos representam.

Os observadores-participantes são escolhidos entre os principais departamentos da empresa para representar as diferentes operações da empresa dentro das diferentes categorias de risco. Um entrevistador os interroga e os incentiva a recordar e descrever incidentes importantes, como atos inseguros que tenham cometido ou observado, bem como situações inseguras que tenham chamado sua atenção. Os observadores devem ser incentivados a descrever tantos eventos importantes quanto possam lembrar, pois isso colocará a pessoa à vontade para controlar as divagações.

Os incidentes relevantes relatados pelos entrevistados devem ser transcritos e categorizados em categorias de risco. Isso define as áreas-problema e determina a priorização das ações para distribuir os recursos disponíveis para corrigir as situações atuais e prevenir problemas futuros. A técnica deve ser usada regularmente, reciclando os observadores-participantes para identificar novas áreas-problema e também para evitar problemas futuros.

A TIC identifica os fatores causais, incluindo erros e condições inseguras, que causam tanto acidentes com lesão quanto acidentes sem lesão. Além disso, ela identifica as fontes potencialmente de acidentes com lesão.

Assim, a análise de incidentes críticos permite a identificação e análise de possíveis problemas de acidentes antes da ocorrência, ao invés de depois, tanto em termos de danos à propriedade quanto na produção de lesões.

A aplicação da TIC implica um conjunto de passos, de forma que os dados sejam colhidos num formato que permita dar resposta aos objetivos da investigação.

Esses passos podem ser sistematizados nas seguintes fases: (1) preparação; (2) coleta dos dados; e (3) análise dos dados.

What-If

Introdução

O *What-If* é uma técnica de análise qualitativa geral que é bastante simples de usar e útil para uma abordagem em primeira instância para detectar exaustivamente riscos em todas as fases de processo, projeto ou pré-operacional. A técnica de análise *What-If* é uma abordagem de *brainstorming* na qual um grupo de pessoas experientes e familiarizadas com a questão faz perguntas ou manifesta preocupações sobre possíveis eventos indesejados.

Com o objetivo de facilitar a identificação e tratamento de riscos nos ambientes de trabalho, o *What-If* visa testar possíveis omissões em projetos, procedimentos e normas, bem como aferir comportamento, capacitação pessoal e outros fatores.

A estratégia é desenvolvida por meio de reuniões de pesquisa entre as duas equipes. Os questionários abrangem os processos, as instalações e a situação analisada. Devido ao fato de a equipe questionadora conhecer e estar familiarizada com o sistema que será analisado, eles devem formular uma série de perguntas com antecedência com o objetivo de orientar a discussão. O *What-If* é uma metodologia técnico-administrativa que inclui princípios de dinâmica de grupo, que deve ser aplicada com frequência. O bom resultado na revisão de riscos do procedimento é garantido pela execução regular do procedimento.

A aplicação do *What-If* não apenas fornece uma revisão de uma variedade de riscos, mas também fornece soluções potenciais para os problemas levantados. Além disso, estabelece um consenso entre as áreas de atuação como produção, processo e segurança sobre a maneira mais segura de operar a planta. O relatório do procedimento fornece materiais fáceis de entender que servem como fonte de treinamento e base para revisões futuras.

Propósito

O objetivo do *What-If* é identificar perigos, circunstâncias perigosas ou conjuntos de eventos específicos que podem causar resultados indesejáveis. Um grupo de pessoas experientes identifica situações anormais possíveis, suas consequências e as salvaguardas existentes. Depois, quando são encontradas oportunidades claras de melhoria ou quando as salvaguardas são consideradas inadequadas, elas sugerem alternativas para reduzir os riscos. O processo pode incluir a análise de possíveis erros no projeto, construção, modificação ou intenção. Requer uma compreensão básica da intenção do processo e a capacidade de combinar mentalmente possíveis desvios da intenção do projeto que podem resultar em um incidente. A técnica é útil se a equipe for experiente; caso contrário, os resultados provavelmente serão insuficientes.

Descrição

O *What-If* não é tão estruturado quanto algumas outras abordagens. Em vez disso, exige que o analista adapte o conceito fundamental para uma aplicação particular. O método *What-If* e sua aplicação são muito pouco divulgados e não possuem muitas publicações.

A equipe de avaliação de perigos é incentivada a considerar questões que começam com "E se" por causa da ideia de *What-If*. No entanto, mesmo que não seja uma pergunta, qualquer preocupação com a segurança do trabalho pode ser expressa. Por exemplo, o que aconteceria se a proteção da máquina X tivesse falhado durante a inicialização? E se o operador apertar o botão Y em vez do botão Z?

Todas as perguntas geralmente são anotadas no computador, em um quadro de marcação ou em um bloco de notas. Em seguida, as preocupações podem ser organizadas em áreas de pesquisa específicas, geralmente relacionadas às consequências da preocupação. Por exemplo, segurança elétrica, proteção contra incêndio ou segurança pessoal são alguns exemplos de áreas de pesquisa específicas. Uma equipe de especialistas é então responsável por cada área. A experiência serve como base para a formulação de perguntas, que são aplicadas a desenhos e descrições de processos atuais. Para uma planta em operação, entrevistas com membros da equipe de avaliação de perigos não representados podem fazer parte da investigação. A menos que o líder forneça um padrão lógico, como dividir o processo em sistemas funcionais, não há ordem ou padrão definido para estas questões. Além de falhas de componentes ou variações de processo, as perguntas podem abordar qualquer condição fora do normal relacionada à planta.

Requisitos de recursos

A flexibilidade da análise *What-If* permite que ela seja implementada a qualquer momento, com qualquer informação e conhecimento disponíveis. Duas ou três pessoas podem ser designadas para analisar cada etapa do processo, mas uma equipe maior pode ser melhor. Às vezes, dividir um processo grande em partes menores é melhor do que manter um grupo pequeno por muito tempo durante todo o processo.

A complexidade da planta e o número de áreas a serem analisadas são proporcionais ao tempo e ao custo de uma análise hipotética. O método de análise hipotética pode se tornar um método econômico para avaliar riscos em todas as fases do projeto depois que uma organização se familiarizou com ele.

A equipe não deve ser apressada e tampouco trabalhar por muitas horas seguidas. Uma equipe idealmente não deve se reunir por mais de quatro ou seis horas por dia. As reuniões de equipe que duram mais de uma semana em dias seguidos não são boas.

As reuniões podem ser conduzidas de duas maneiras. Alguns preferem listar todas as questões de segurança em um gráfico ou quadro e, em seguida, começar a discuti-las. Outra opção é levar em consideração todas as questões e então apresentá-las uma a uma. Isso permite que a equipe compreenda o significado de cada situação à medida que ela é apresentada. Depois disso, não há necessidade de perguntar mais questões ou questões à equipe. Ambos os métodos podem funcionar, mas para não interromper o "*momentum* criativo" da equipe, é melhor listar todas as perguntas antes de responder. Se o processo for complexo ou extenso, deve ser dividido em partes menores para que a equipe não passe vários dias listando perguntas. Após considerar os problemas anteriores, a equipe frequentemente considerará novos problemas.

Para começar, o escopo do estudo deve ser delineado pelo líder da equipe e a equipe deve concordar. Em geral, a equipe prossegue do início ao fim do processo em questão, mas o líder da equipe de avaliação de perigos pode ordenar a análise de acordo com sua lógica. Em seguida, a equipe responde a cada pergunta, resolve os problemas (ou indica a necessidade de mais informações) e analisa os riscos, as possíveis repercussões, as proteções projetadas e as soluções. Ao longo desse processo, eles incluem quaisquer novas questões hipotéticas que surgem durante a análise. (Algumas vezes, as respostas sugeridas são criadas por pessoas que não estavam presentes na reunião inicial e depois são enviadas à equipe para ser aprovada ou alterada.)

Metodologia

Os departamentos técnicos e as equipes de análise produzem revisões rápidas e eficientes em culturas de controle de riscos mais eficazes. As etapas básicas para sua utilização são:

a) Formação do comitê de revisão: formação da equipe e seus membros;

b) Planejamento prévio: planejamento de atividades e pontos a serem abordados durante a aplicação da técnica;

c) Reunião organizacional: para discutir procedimentos, programar novas reuniões, definir metas para as tarefas e fornecer informações aos integrantes sobre o funcionamento do sistema sob análise;

d) Reunião de revisão do processo: destinada aos membros que ainda não estão familiarizados com o sistema em estudo;

e) Reunião de formulação de perguntas: perguntas "E se..." são feitas ao longo do processo, passo a passo, até que o produto acabado seja entregue à planta do cliente;

f) Reunião de respostas às questões (formulação consensual): depois da reunião de formulação das questões, cada pessoa é responsável por criar respostas escritas às questões. Ao longo da reunião de resposta às questões, as respostas serão examinadas, e cada resposta será classificada em uma das seguintes categorias: a resposta que foi aprovada pelo grupo na forma como foi apresentada; a resposta que foi aprovada após discussão e/ou ajustes; ou a resposta que foi rejeitada devido à investigação posterior. O consenso grupal é o ponto crucial nesta fase, onde a análise de riscos geralmente se consolida;

g) O relatório de revisão dos riscos do processo: o objetivo é registrar os riscos identificados na revisão e as medidas sugeridas para eliminá-los ou controlá-los.

A seguir uma sugestão de formulário de *What-If* para anotação dos resultados:

<table>
<tr><th colspan="5">WHAT IF - IDENTIFICAÇÃO DE PERIGOS</th></tr>
<tr><td>OBJETO DA ANÁLISE:</td><td colspan="2">EQUIPE EXECUTORA:</td><td colspan="2">DATA DA REUNIÃO:</td></tr>
<tr><td>E Se?</td><td>Perigo</td><td>Consequência</td><td>Salvaguarda</td><td>Recomendações</td></tr>
<tr><td></td><td></td><td></td><td></td><td></td></tr>
<tr><td></td><td></td><td></td><td></td><td></td></tr>
<tr><td></td><td></td><td></td><td></td><td></td></tr>
<tr><td></td><td></td><td></td><td></td><td></td></tr>
<tr><td></td><td></td><td></td><td></td><td></td></tr>
<tr><td></td><td></td><td></td><td></td><td></td></tr>
</table>

No caso da tragédia sofrida por Ícaro, descrita no início deste capítulo, algumas perguntas importantes seriam:

E se chover?

E se eles encontrassem uma revoada de pássaros?

E se a radiação solar provocasse queimaduras neles?

E se Ícaro tivesse um treinamento maior com seu pai antes de voar?

E se Ícaro não fosse tão arrogante e desobediente?

E se eles não tivessem fugido voando?

E se eles tivessem tentado a fuga pelo labirinto?

Análise preliminar de riscos (APR)

Introdução

Também conhecida como Análise Preliminar de Perigos (APP) ou *Preliminary Hazard Analysis* (PHA), o objetivo da APR é identificar os riscos que podem surgir durante a fase inicial de desenvolvimento de um novo sistema.

Como resultado, a APR é uma análise inicial "qualitativa" que é feita durante a fase de projeto e desenvolvimento de qualquer processo, produto ou sistema. É particularmente importante para examinar sistemas novos, inovadores ou pouco conhecidos, ou seja, quando a experiência em riscos de operação é insuficiente ou deficiente. Apesar das características básicas de análise inicial, é muito útil como ferramenta de revisão geral de segurança em sistemas já operacionais, revelando elementos que às vezes passam despercebidos.

A APR foi desenvolvida para uso militar, sendo inicialmente usada para revisar novos sistemas de mísseis. Como os mísseis foram projetados para trabalhar com combustíveis líquidos perigosos, essas características de alto risco justificavam a necessidade. Assim, a APR foi usada para garantir que os materiais e procedimentos de alto risco não sejam usados ou, no mínimo, estudar e implementar medidas preventivas se tais materiais e procedimentos fossem inevitáveis.

Na época, havia setenta e dois silos de lançamento do míssil intercontinental Atlas e quatro deles foram destruídos quase consecutivamente, mostrando a importância da segurança. Cada uma dessas unidades perdidas representou perdas financeiras estimadas de US$ 12 milhões, sem levar em consideração as perdas relacionadas ao fator humano.

Objetivo da APR

O objetivo da APR é determinar os riscos e as medidas preventivas antes da fase operacional, portanto, não é uma técnica de análise de riscos muito profunda. É possível que apenas alguns detalhes finais do projeto estejam presentes neste estágio de desenvolvimento. Nesse caso, a falta de informações sobre os procedimentos é ainda maior, pois esses procedimentos geralmente são definidos posteriormente.

A descrição dos riscos permite a identificação das causas (agentes) e dos efeitos (consequências) dos riscos. Isso permite a busca e o desenvolvimento de ações e medidas para prevenir ou corrigir possíveis falhas.

A classificação dos riscos determina a priorização das ações; quanto mais prejudicial ou maior for o risco, mais rápido deve ser resolvido.

Como resultado, a APR é mais importante na determinação de medidas de controle e prevenção de riscos desde o início do funcionamento do sistema, o que permite revisões de projeto rápidas para garantir maior segurança. Além disso, define responsabilidades no controle de riscos.

Desenvolvimento da APR

O desenvolvimento de uma APR envolve várias etapas básicas, como:

a) Revisão de problemas conhecidos: Com base na experiência anterior, o objetivo é encontrar conexões ou semelhanças com outros sistemas para determinar os riscos que podem estar presentes no novo sistema.

b) Uma revisão da missão a que se destina: Examine os objetivos, exigências de desempenho, funções e procedimentos principais, ambientes onde as operações serão realizadas etc. Enfim, envolve estabelecer os limites de atuação e determinar o sistema que a missão incluirá, incluindo o propósito, o que envolve e como será desenvolvida.

c) Determinação dos principais riscos: Identificar riscos que podem resultar em lesões diretas e imediatas, perda de função ou valor, danos ao equipamento e perda de materiais.

d) Identificar os riscos iniciais e os contribuintes: Realize séries de riscos, identificando cada risco principal, os riscos iniciais e os riscos associados.

e) Uma revisão dos métodos para eliminar ou gerenciar riscos: Realize uma lista de possíveis métodos de eliminação e controle de riscos para garantir que os melhores sejam adequados às necessidades do sistema.

f) Considere os métodos para limitar os danos: Pesquisar os métodos que podem ser mais eficazes para a restrição geral, ou seja, para limitar os danos causados quando o controle sobre os riscos é perdido.

g) Descrição de quem será responsável por realizar as ações corretivas e/ou preventivas: Indicar claramente quem é responsável por tomar medidas preventivas e/ou corretivas, e especificar atividades para cada unidade.

A APR é muito útil em seu campo de trabalho, mas precisa ser complementada por técnicas mais detalhadas e apuradas, como já dissemos. Esta técnica pode ser colocada em *by-pass* em sistemas já conhecidos, onde a experiência acumulada produz um grande número de informações sobre riscos. Nesses casos, outras técnicas mais específicas podem ser usadas diretamente.

Informações contidas na APR

No formulário da APR encontramos cinco colunas:

- Risco – determinar os riscos principais, com potencialidade para causar direta ou indiretamente lesões, perda de função, danos a equipamentos, perda de material etc.;
- Causa – apontar o fator causador do risco, seja ele um ato inseguro ou condição insegura;
- Efeito – mencionar como a causa pode produzir o acidente, ou seja, a concretização do risco.
- Categoria do risco – segundo a Norma Militar Americana.
- Medidas preventivas ou corretivas – indicar as ações corretivas mais eficientes na restrição do risco.

As categorias de risco são:

I – desprezível – a falha não irá resultar em acidente ou contribuir com um risco ao sistema;

II - marginal - a falha irá degradar o sistema numa certa extensão, porém, sem envolver danos maiores ou lesões;

III - crítica - a falha irá degradar o sistema causando lesões, danos substanciais, ou irá resultar num risco inaceitável;

IV - catastrófica - a falha irá produzir severa degradação do sistema, resultando em sua perda total, lesões ou morte.

Abaixo, um modelo de APR, utilizando a tragédia sofrida por Ícaro, que foi descrita no início deste capítulo:

ATIVIDADE	RISCO	CAUSA	EFEITO	CAT RISCO	MEDIDAS PREVENTIVAS OU CORRETIVAS
Escapar da ilha de Creta voando	radiação solar	Voar muito alto na presença de forte radiação solar	O calor pode derreter a cera de abelhas e em consequência as penas se desprendem das asas, causando perda da aerodinâmica, resultando na queda do piloto no mar.	IV	Avisar o piloto para não voar alto. Manter supervisão próxima do piloto. Fornecer uma correia ou forma de atrelar os dois pilotos, para numa eventual queda um suportar o outro. Restringir a área de voo. Voar somente em dia nublado ou com pouca incidência de sol. Não voar com temperaturas próximas ou superiores a 35°C (temperatura na qual a cera começa a amolecer).
	umidade	Voar próximo à superfície da água	As penas podem absorver umidade, causando aumento de peso nas asas. A força humana pode não ser suficiente para compensar o peso extra das asas e o piloto pode se afogar no mar.	IV	Avisar o piloto para não voar baixo. Manter supervisão próxima do piloto. Não voar em dias com alta umidade relativa do ar. Impermeabilizar as penas com a cera de abelhas (que é impermeabilizante).

FMEA - análise de modos de falha e efeitos

Introdução

A Análise de Modos de Falha e Efeitos (AMFE), ou do inglês *Failure Modes and Effects Analysis* (FMEA), tabula os modos de falha do equipamento e seus efeitos em um sistema ou planta.

A FMEA é uma análise detalhada, qualitativa ou quantitativa, que permite analisar como um equipamento ou sistema pode falhar e os efeitos que podem surgir. Essa análise estima as taxas de falha e permite a criação de mudanças e alternativas para reduzir as probabilidades de falha e aumentar a confiabilidade do sistema.

A probabilidade de uma tarefa ser concluída com sucesso em um determinado período de tempo e em condições específicas é conhecida como confiabilidade. Engenheiros de confiabilidade criaram a FMEA para que eles pudessem avaliar a confiabilidade de produtos complexos. Para isso, primeiro é necessário determinar como e com que frequência os componentes do produto podem falhar. Em seguida, é necessário realizar uma análise extensa para avaliar os efeitos dessas falhas.

A FMEA é mais útil nas indústrias de processo, principalmente quando o sistema em estudo possui instrumentos de controle. Isso se deve ao fato de que levanta necessidades adicionais e defeitos de projeto e define configurações seguras para os mesmos em caso de falhas de componentes ou suprimentos essenciais. Além disso, a técnica ajuda na identificação e encadeamento dos procedimentos para contingências operacionais em situações em que o sistema é colocado em risco e a ação adequada dos operadores é essencial para reduzir a probabilidade de erro devido a ações não estruturadas.

A FMEA é primeiro realizada de forma qualitativa, quer na revisão sistemática dos modos de falha do componente, na determinação de como essas falhas afetam outros componentes e ainda na determinação dos componentes cujas falhas têm um impacto significativo na operação do sistema. O objetivo da FMEA sempre é minimizar o dano ao sistema como um todo. Posteriormente, pode-se proceder à análise quantitativa para determinar a confiabilidade ou a probabilidade de falha do sistema ou subsistema, calculando as probabilidades de falha de montagens, subsistemas e sistemas a partir das probabilidades individuais de falha de seus componentes. Também podem ser determinadas maneiras pelas quais essas probabilidades podem ser reduzidas, incluindo o uso de componentes com confiabilidade alta ou a verificação de redundâncias de projeto.

Propósito

O objetivo de uma FMEA é identificar modos de falha individuais de equipamentos e sistemas e o(s) efeito(s) potencial(ais) de cada modo de falha no sistema ou planta. Esta análise normalmente gera recomendações para aumentar a confiabilidade do equipamento, melhorando assim a segurança do processo.

Descrição

O modo de falha descreve quando um equipamento falha, como abrir, fechar, ligar, desligar, vazar etc. O modo de falha afeta a resposta do sistema à falha do equipamento. Uma FMEA identifica modos de falha únicos que contribuem significativamente ou são diretamente responsáveis por um incidente. Em uma FMEA, os erros do operador humano geralmente não são examinados diretamente. No entanto, a falha do equipamento geralmente se manifesta como resultado de um projeto inadequado, instalação inadequada, manutenção inadequada ou operação inadequada.

A FMEA examina como um dispositivo pode falhar (ou funcionar incorretamente) e como essas falhas podem afetar um processo. Essas descrições de falhas ajudam os analistas a descobrir onde melhorar o projeto de um sistema. Os analistas, durante uma FMEA, descrevem as consequências potenciais e as relacionam apenas com falhas de equipamentos; eles raramente investigam os danos ou ferimentos que poderiam surgir se o sistema operasse corretamente. A FMEA não é tão eficaz quanto outros métodos, como o HAZOP, na criação de uma lista completa de combinações de falhas de equipamentos que resultam em incidentes. Isso se deve ao fato de que a FMEA examina todos os modos de falha que resultam em resultados seguros, bem como aqueles que podem resultar em perda.

No que diz respeito às falhas no sistema, cada falha é vista como uma ocorrência única e separada das outras falhas. A exceção são os efeitos posteriores que possam surgir. No entanto, alguns casos podem ser considerados falhas de causa comum em vários componentes do sistema.

Os analistas geralmente usam os resultados de uma FMEA como uma técnica qualitativa; no entanto, eles podem ser estendidos para fornecer uma classificação de prioridade baseada na gravidade da falha. Os resultados são normalmente listados em formato tabular, item por item de equipamento.

Tipos de resultados

A FMEA produz uma lista sistemática e qualitativa de referências de equipamentos, modos de falha e efeitos. Inclui uma estimativa do pior caso dos efeitos de falhas únicas. A FMEA pode ser facilmente atualizada para alterações relacionadas ao projeto ou às modificações relacionadas à planta ou sistema. Os resultados da FMEA são normalmente documentados em uma tabela de coluna. Os analistas de perigos geralmente fazem recomendações sobre como melhorar a segurança dos itens da tabela.

Requisitos de recursos

As seguintes fontes de dados e informações são necessárias para a implementação da abordagem FMEA: (i) uma lista de equipamentos do sistema ou da planta ou P&ID; (ii) conhecimento da função do equipamento e dos modos de falha; e (iii) conhecimento da função do sistema ou da planta e respostas às falhas do equipamento.

Um analista pode realizar uma FMEA, mas, para garantir a integridade, outros analistas devem revisá-la. O tamanho e a complexidade dos itens de equipamento que estão sendo analisados determinarão os requisitos de pessoal. Todos os analistas que trabalham em FMEA devem estar familiarizados com as funções do equipamento e os modos de falha, bem como as falhas que podem afetar outros componentes do sistema ou da planta.

O tempo e os custos de uma FMEA são proporcionais ao tamanho do processo e ao número de componentes analisados. Em média, uma hora é suficiente para analisar entre dois e quatro equipamentos. Devido à natureza repetitiva das avaliações, os requisitos de tempo são significativamente reduzidos para avaliações de perigos de sistemas com equipamentos comparáveis que realizam tarefas comparáveis.

HAZOP - Hazard and Operability Studies

O que é HAZOP?

HAZOP é uma abreviatura de *Hazard and Operability Study* ou Análise de Operabilidade de Perigos; é uma análise sistemática que permite detectar e calcular os riscos na operação industrial. Ele é amplamente usado para a gestão de riscos industriais e resulta em um rigoroso processo de avaliação em várias etapas. O HAZOP ajuda na identificação de condições de risco, para que medidas de prevenção possam ser tomadas antes que eles se tornem parte do sistema de gestão de riscos da empresa. Como uma técnica de análise de desvios, o HAZOP ajuda a identificar todos os desvios, falhas possíveis e planos para prevenir qualquer evento indesejado. Este processo é extremamente útil para as empresas que desejam garantir a segurança dos processos de produção, pois proporciona uma abordagem sistemática para avaliar os riscos.

É importante lembrar que o HAZOP deve ser conduzido por uma equipe experiente e capacitada, que possa identificar todos os possíveis perigos e falhas no processo ou sistema analisado. Além disso, é fundamental que a equipe tenha acesso a toda documentação necessária e trabalhe em conjunto com os responsáveis pelo processo ou sistema para garantir a segurança e a eficiência da operação.

As etapas do HAZOP

O HAZOP é uma poderosa técnica de análise de riscos utilizada em projetos industriais, utilizada para identificar falhas ou potenciais problemas. É importante que o processo de análise dos riscos seja realizado de forma minuciosa e exata. O HAZOP é considerado uma das ferramentas mais utilizadas para isso. Ele é dividido em etapas, desde a criação do nó, até a leitura das palavras-chave e do projeto, e finalmente às discussões, avaliações e conclusões. O método HAZOP é usado para ajudar a gerenciar riscos de uma forma geral, bem como a fim de melhorar a eficiência operacional. Ele também pode ajudar a identificar problemas relacionados à segurança, ao meio ambiente e à saúde, bem como a prevenir ou minimizar os danos ocasionados por desastres. É uma excelente ferramenta para auxiliar na gestão de riscos.

Aplicações do HAZOP

O HAZOP é um processo criado para ajudar as indústrias químicas a identificar e gerenciar seus riscos. O HAZOP foi desenvolvido na década de 1970, é usado para identificar possíveis fontes de risco e para determinar como esses riscos podem ser minimizados. É um método de análise sistemática que se concentra em um processo de tomada de decisão por meio de uma abordagem passo a passo. Ele se aplica a qualquer tipo de processo industrial, incluindo sistemas de refrigeração, plantas de processamento químico e usinas.

O HAZOP é usado para avaliar o modo como um sistema ou processo pode falhar em um ambiente de trabalho. A análise por HAZOP envolve uma série de etapas, começando com o desenvolvimento de uma lista de fatores que podem afetar o sistema industrial, como falhas na operação, falhas nos equipamentos, mudanças de pressão, temperatura ou vazão. A análise HAZOP também pode identificar áreas onde medidas adicionais possam ser tomadas para reduzir os riscos.

O HAZOP é aplicado em várias áreas da indústria química para reduzir o risco e garantir o funcionamento adequado de todos os processos. Ele ajuda as empresas a gerenciar o design e o funcionamento dos processos industriais de forma mais eficaz, minimizando os riscos envolvidos e maximizando os benefícios. Além disso, o HAZOP ajuda a melhorar a segurança dos trabalhadores e a reduzir os custos operacionais das empresas.

Em conclusão, o HAZOP é uma ferramenta útil para a gestão de riscos na indústria química. Ele permite que as empresas identifiquem e gerenciem os riscos de forma eficiente, reduzindo a probabilidade de acidentes e minimizando os custos operacionais.

Como fazer um HAZOP

O HAZOP é uma técnica de análise de riscos cuja realização envolve uma metodologia própria. A seguir, seguem alguns passos básicos para a realização de um HAZOP:

- Identificação do processo ou sistema a ser estudado: Determine qual processo ou sistema será analisado e estabeleça uma equipe de trabalho para conduzir o HAZOP.

- Definição dos objetivos: Determine os objetivos do estudo, como identificar possíveis perigos e falhas no processo ou sistema.
- Divisão do processo em seções: Divida o processo em seções menores, chamadas de nós, que possam ser analisadas de forma mais detalhada. Quanto menor o sistema mais fácil será a condução do estudo, então divida o seu processo.
- Identificação das variáveis: Para cada seção, identifique as variáveis envolvidas no processo, como temperatura, pressão, fluxo etc., conforme tabela abaixo.
- Estudo de cada variável: Para cada variável, conduza uma análise de cenários, considerando todas as possíveis variações, chamadas palavras-guia, que podem ocorrer, como aumentos ou diminuições de pressão ou temperatura, falhas em equipamentos etc., conforme tabela abaixo.
- Identificação dos desvios: Identifique quaisquer desvios em relação aos parâmetros esperados, que possam levar a perigos ou falhas, conforme tabela abaixo.
- Identificação das causas: Identifique as possíveis causas para cada desvio, levando em consideração todas as possíveis fontes de falhas e perigos.
- Avaliação do risco: Avalie o risco associado a cada desvio e suas possíveis causas, levando em consideração as consequências potenciais e a probabilidade de ocorrer.
- Desenvolvimento de ações preventivas: Desenvolva ações preventivas para mitigar os riscos identificados e implemente-as no processo ou sistema.
- Documentação: Documente todas as etapas do HAZOP, incluindo os resultados obtidos e as ações preventivas adotadas.

Parâmetro	Palavra-guia	Desvio
Fluxo	Nenhum	Sem fluxo
	Menor	Fluxo menor
	Maior	Fluxo maior
	Também	Contaminação
	Inverso	Fluxo contrário
Nível	Menor	Nível menor
	Maior	Nível maior
Temperatura	Menor	Temperatura menor
	Maior	Temperatura maior

Pressão	Menor	Pressão menor
	Maior	Pressão maior
	Inverso	Vácuo
Concentração	Nenhum	Ausência de componente
	Menor	Composição menor
	Maior	Composição maior
	Outro que	Outro componente
Contaminação	Menor que	Menor contaminação
	Maior que	Maior contaminação
Energia	Menor	Tensão menor
	Maior	Tensão maior
	Nenhum	Sem energia
Vazão	Menor	Vazão menor
	Maior	Vazão maior
	Nenhuma	Sem vazão
Velocidade	Menor	Desaceleração
	Maior	Aceleração
	Nenhuma	Velocidade nula
	Inverso	Sentido inverso
Volume	Menor	Menor volume
	Maior	Maior volume
	Nenhum	Sem volume

Aplicação do uso do HAZOP

Vamos utilizar como processo a fabricação do fosfato de amônio, que é feito segundo as seguintes reações:

MAP – monoamônio fosfato

$$NH_{3(aq)} + H_3PO_{4(aq)} \rightarrow NH_4H_2PO_{4(aq)}$$

DAP – diamônio fosfato

$$2NH_{3\,(aq)} + H_3PO_{4(aq)} \rightarrow (NH_4)_2HPO_{4(aq)}$$

De forma simplificada, o processo é realizado com o equipamento da figura a seguir:

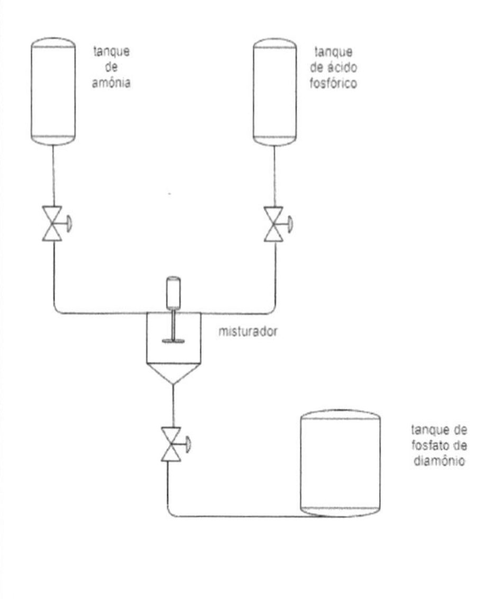

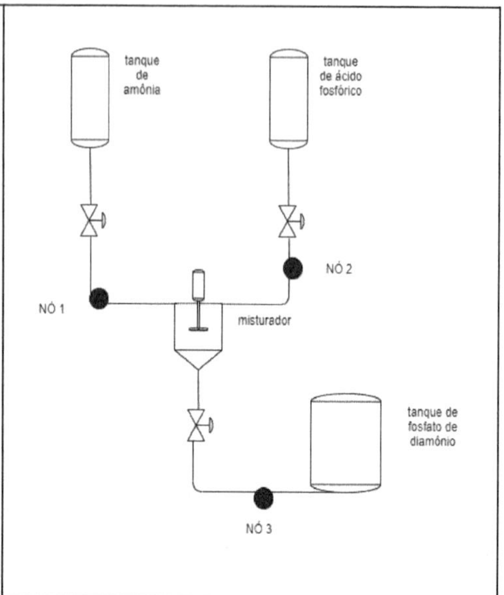

Representação do processo de fosfato de amônia	Identificação de 3 nós eleitos no processo

Como eleger os nós?

Os nós são também chamados de nodos (em razão da tradução do inglês *node*). Não há forma certa de definir nós, a experiência ditará a melhor forma; no entanto, é melhor começar com um nó pequeno. À medida que a experiência aumenta, seguir para um nó maior.

Se a equipe se aborrecer fácil, é sinal de que o nó é provavelmente demasiado pequeno; se a equipe ficar confusa, o nó é provavelmente grande demais.

Como determinar as causas de um desvio?

Considerar apenas as causas que se originam dentro do nó (consequências podem estar fora do nó). Os desvios podem ser causados por:

- Falha de controle de processo ou equipamento;
- Erro humano;
- Perda de serviços públicos;
- Eventos externos tais como: incêndio, inundação, vendaval;

- Processos a longo prazo, por exemplo, erosão, corrosão, carbonização etc.

Se a instrumentação do processo atravessa a fronteira de um nó, o mau funcionamento de controle é considerado uma causa nos dois nós. Desvios que requerem a ocorrência simultânea de duas ou mais causas não relacionadas não são considerados.

Como determinar as consequências?

Descrever todas as consequências, mesmo aquelas que se propagam fora do nó. As consequências podem incluir:

- Lesões em trabalhadores;
- Danos ambientais;
- Danos no equipamento;
- Perda de propriedade;
- Tempo de inatividade prolongado;
- Operabilidade/problemas de qualidade.

Consequências são descritas assumindo que não há garantias. Descrever as consequências como uma sequência cronológica de eventos.

Recomendações

As recomendações são feitas para:

- Eliminar uma causa;
- Prevenir ou atenuar a consequência;
- Reduzir a probabilidade de o risco ocorrer.

Exemplos de recomendações incluem:

- Equipamento/mudanças de instrumentação/adições;
- Necessidade de estudo aprofundado;
- Inspeção e manutenção;
- Formação;
- Sistemas administrativos para gerir riscos;
- Verificação dos pressupostos de conceção.

A seguir, uma proposta para o formulário para estudo do HAZOP:

<table>
<tr><td colspan="4">ESTUDO:</td><td rowspan="2">EQUIPE</td></tr>
<tr><td colspan="4">SISTEMA:</td></tr>
<tr><td colspan="2">NÓ:</td><td>DATA:</td><td colspan="2"></td></tr>
<tr><td>Desvio</td><td>Possíveis causas</td><td>Modos de detecção</td><td>Consequências</td><td>Recomendações
Observações</td></tr>
<tr><td></td><td></td><td></td><td></td><td></td></tr>
</table>

Cada coluna deve ser preenchida com informações, conforme figura a seguir:

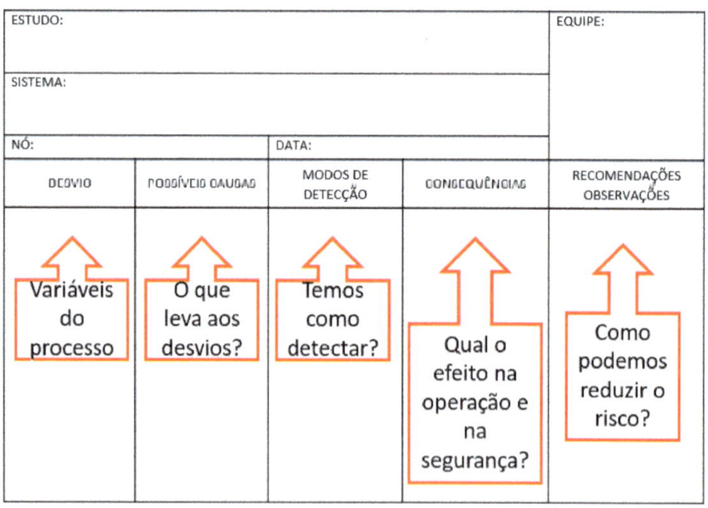

1ª Etapa – Iniciar com desvio "sem fluxo"

- A equipe indica todas as causas para a falta de fluxo nas linhas e equipamento dentro do nó;
- Depois das possíveis causas, devemos buscar os modos de detecção, consequências e recomendações/observações.

2ª Etapa – Depois de "sem fluxo"

- Repetir exercício para "menos fluxo" (geralmente semelhante a "sem fluxo");
- Repetir exercício para "mais fluxo";
- Repetir exercício para "fluxo inverso";
- Repetir exercício para "composição" (exceto composição do material esperado);
- ATÉ "FLUXO" ser completamente estudado.

3ª Etapa – Depois de "fluxo"

- Listar as causas para "mais temperatura";
- Seguir para as consequências de "mais temperatura";
- Repetir todos os passos como para o fluxo;
- Quando a temperatura for estudada, seguir para a pressão;
- Depois da pressão, considerar outros parâmetros, por exemplo, agitação (utilizar intenção de conceção como guia).

4ª Etapa – Quando todos os parâmetros para o nó 1 estão completos

- Repetir todo o processo para o nó 2;
- E todos os outros nós definidos no âmbito do estudo;
- Listar ações e responsabilidade para seguimento.

Abaixo, sequência de elaboração do HAZOP para o nó 1, vazão, palavra-guia nenhum, menos e mais, e para o nó 2, com nenhuma vazão.

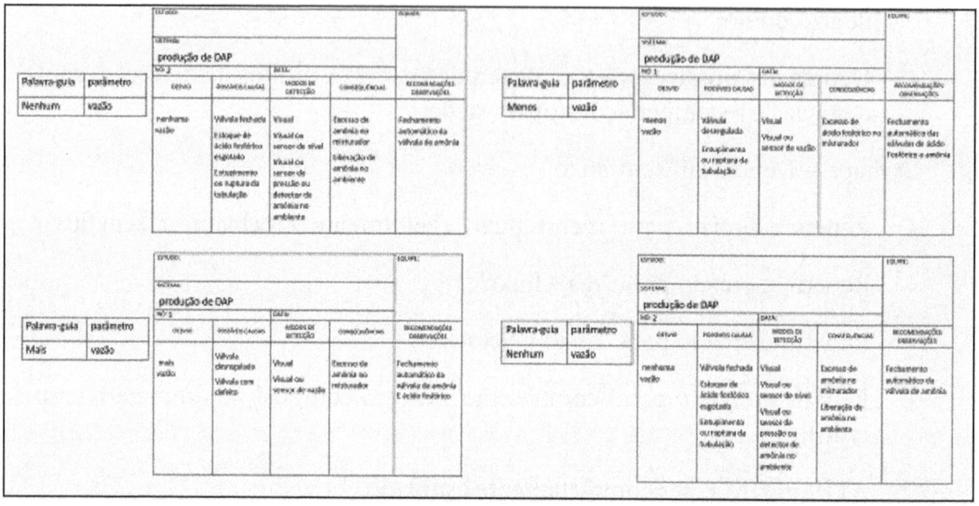

Análise da árvore de eventos (AAE)

Introdução

A análise da árvore de eventos (AAE), também conhecida como *Event Tree Analysis* (ETA), é um método lógico-indutivo para determinar as várias e possíveis consequências de um evento inicial específico.

Uma árvore de eventos mostra todos os resultados possíveis após o sucesso ou falha dos sistemas de proteção devido a uma causa inicial determinada, como erro humano ou falha do equipamento. As árvores de eventos também são usadas para estudar outros eventos, como avaliar sistemas de mitigação e começar um evento de perda.

As árvores de eventos são usadas para identificar os vários incidentes que podem ocorrer durante um processo complexo. Após a identificação dessas sequências de eventos individuais, a análise da árvore de falhas pode ser usada para identificar as combinações específicas de falhas que podem resultar nos incidentes.

Os resultados da Análise da Árvore de Eventos são as sequências de eventos, ou conjuntos de falhas ou erros que resultam em um incidente. Uma Análise da Árvore de Eventos é útil para avaliar processos complexos que incluem várias camadas de procedimentos de emergência ou sistemas de segurança que estão em vigor para lidar com eventos iniciais específicos.

Classificações de resultados

Os modelos de árvore de eventos e os resultados de sucesso ou falha do sistema de segurança são os resultados de análise da árvore de eventos. Uma árvore de eventos mostra combinações de eventos e lógicas; portanto, essas sequências podem ser colocadas na forma de um modelo de árvore de falhas para análise qualitativa posterior. Os resultados são usados pelos analistas para encontrar erros de design e procedimentos. Eles também geralmente sugerem maneiras de reduzir a probabilidade e/ou consequências dos incidentes em questão.

A necessidade de recursos

O uso da AAE requer conhecimento das causas iniciais possíveis, como falhas de equipamentos ou perturbações do sistema que podem causar um incidente, bem como das funções do sistema de segurança ou procedimentos de emergência que podem minimizar os efeitos de cada causa inicial.

Quando um analista tem uma compreensão detalhada do sistema, um único analista pode realizar uma análise da árvore de eventos, mas normalmente é preferível uma equipe de duas a quatro pessoas. A abordagem em equipe estimula a criação de ideias, resultando em uma árvore de eventos mais completa. A equipe deve ter pelo menos um membro familiarizado com a AAE, e os demais membros devem ter conhecimento dos processos e experiência em trabalhar com os sistemas analisados.

O tempo e o custo de uma AAE dependem do número e da complexidade das causas iniciais e salvaguardas incluídas. A equipe deve ter vários dias para avaliar as várias causas iniciais de um processo simples; processos complexos podem levar semanas.

O processo de análise

O procedimento geral das AAE consiste em seis etapas: (1) identificar as causas iniciais ou eventos de perda de interesse que podem causar um tipo de incidente ou impacto de preocupação, (2) identificar as salvaguardas projetadas para responder à causa inicial ou evento de perda, (3) construir a árvore de eventos, (4) descrever os resultados da sequência de eventos resultantes, (5) determinar os conjuntos de cortes mínimos da sequência de eventos e (6) documentar os resultados.

Usando encadeamentos lógicos em cada etapa do funcionamento do sistema, o método visa determinar as frequências das consequências de eventos indesejáveis.

Os eventos iniciais da árvore de eventos nas aplicações de análise de risco geralmente são as falhas de um componente ou subsistema. Os eventos posteriores são determinados pelas características do sistema.

Para criar o traçado da árvore de eventos, é necessário seguir os seguintes passos:

a) Definir o evento inicial que pode resultar em um acidente;

b) Definir os sistemas de segurança (ações) que podem diminuir o impacto do evento inicial;

c) Combinar as várias sequências de acontecimentos que podem surgir a partir do evento inicial em uma árvore lógica de decisões; e

d) Calcular as probabilidades associadas a cada ramo do sistema que pode resultar em uma falha (acidente).

A árvore de acontecimentos deve ser lida da esquerda para a direita. O evento inicial está na esquerda e os outros eventos são listados em sequência. A linha superior indica que o evento não ocorre, enquanto a linha inferior indica que o evento realmente ocorre.

Análise da árvore de falhas (AAF)

O que é a árvore de falhas?

A Análise da Árvore de Falhas - AAF (em inglês, *Failure Tree Analysis* - FTA) é uma técnica dedutiva que se concentra em um incidente específico ou falha do sistema principal e fornece um método para determinar as causas desse evento.

A AAF foi desenvolvida por H. A. Watson, nos anos 60, para os Laboratórios "Bell Telephone", no âmbito do projeto do míssil "Minuteman", sendo posteriormente aperfeiçoada e utilizada em outros projetos aeronáuticos da Boeing.

A árvore de falhas é uma ferramenta que coloca os eventos em uma sequência lógica, permitindo que você descubra qual foi o principal fator que levou ao problema ou situação em questão. Na maioria das vezes, isso é feito por meio de diagramas, que fornecem uma representação visual que ajuda a identificar a falha inicial que resultou no problema principal.

É necessário realizar uma análise dedutiva para identificar a fonte da falha e corrigir o problema na raiz, em vez de apenas sua consequência.

Muitas vezes, a causa principal é a origem de outros problemas que ainda não foram encontrados ou desenvolvidos. Portanto, a árvore de falhas ajuda a traçar o caminho até a origem da falha e prever outros problemas que podem surgir. Assim, conseguimos prevenir problemas futuros e evitar que eventos indesejados voltem a acontecer.

A técnica é uma excelente abordagem para o estudo dos elementos que podem contribuir para um evento indesejável (falha). Além disso, encontra sua melhor aplicação no estudo de situações complexas. Ela calcula as frequências de eventos indesejáveis (topo) combinando as falhas dos vários componentes do sistema.

O conceito central da AAF é a transformação de um sistema físico em um diagrama lógico estruturado, também conhecido como árvore de falhas. Como resultado, é correto supor que a árvore de falhas é um diagrama que ilustra a forma como estas causas básicas e o acidente se relacionam logicamente.

Como uma ferramenta qualitativa, a AAF é capaz de identificar as combinações de falhas de equipamentos e erros humanos que podem resultar em um incidente. Isso permite que o analista reduza a probabilidade de um incidente concentrando as medidas preventivas ou mitigativas em causas importantes.

A AAF se concentra em um acidente específico e fornece um método para determinar as causas do acidente. É um modelo gráfico que apresenta várias combinações de falhas de equipamentos e erros humanos que podem levar a um acidente. Consideram a abordagem como "uma técnica de pensamento-reverso, ou seja, o analista começa com um acidente ou evento indesejável que deve ser evitado e identifica as causas imediatas do evento, cada um examinado até que o analista tenha identificado as causas básicas de cada evento".

Como fazer a AAF

O objetivo de uma AAF é identificar uma combinação de erros humanos e falhas de equipamentos que podem resultar em um incidente. A AAF é adequada para análises de sistemas com grandes quantidades de redundância. Uma abordagem orientada para falhas únicas, como FMEA ou HAZOP, é recomendada para sistemas que são particularmente suscetíveis a falhas únicas que podem resultar em incidentes. Quando outra técnica de avaliação de perigo (como o HAZOP) identificou um incidente significativo de interesse que requer uma análise mais detalhada, a AAF é frequentemente usada.

A árvore de falhas é diagramada usando um modelo de análise de cima para baixo. O primeiro bloco, que representa o problema principal, agora tem elementos adicionais que mostram outras possíveis falhas.

Cada evento que é colocado no diagrama deve ter uma ordem lógica que o relacione com o evento anterior. Os componentes vão sendo adicionados até que se descubra a causa raiz da falha inicial.

A árvore de falhas pode conter o número de eventos necessários para encontrar a causa raiz. Além disso, uma simbologia específica é usada para tornar a representação padronizada e fácil de entender.

O evento indesejado é chamado de evento-topo e é colocado no nível mais alto na montagem da árvore de falhas. Este é o nível em que o sistema é dissecado de cima para baixo, listando todas as causas ou combinações de causas que contribuíram para o evento indesejado. Os eventos que dão origem a todos os eventos de nível mais alto são chamados de eventos básicos ou primários.

A diagramação lógica da árvore de falhas usa comportas e símbolos lógicos para mostrar as relações entre os eventos considerados. Os operadores "E" e "OU" são as duas unidades lógicas básicas envolvidas, indicando a relação casual entre eventos dos níveis inferiores que levam ao evento-topo. Os diferentes ramos da árvore são formados por combinações sucessivas destes eventos.

A análise divide as causas de um evento-topo em eventos básicos ou falhas básicas de equipamentos e humanos. Isso é feito usando símbolos lógicos booleanos, como portas "E" e portas "OU". Começando com um evento ou incidente indesejável que deve ser evitado, o analista identifica suas causas diretas. Até que o analista descubra as causas fundamentais de cada evento de falha ou alcance o limite estabelecido para a análise, cada uma das causas imediatas, também conhecidas como eventos de falha, é examinada da mesma maneira. O modelo de árvore de falhas produzido mostra as relações lógicas entre os eventos básicos e o evento principal escolhido.

Os principais eventos são situações específicas de risco que normalmente são identificadas por meio de uma técnica de avaliação de perigo mais ampla. Alguns exemplos de técnicas de avaliação de perigo mais ampla incluem, mas não se limitam a, Análise *What-If* e HAZOP. Um modelo de árvore de falhas pode ser usado para criar uma lista de combinações de falhas (modos de falha) que podem resultar no evento-topo de interesse.

De forma sucinta, a AAF pode ser elaborada seguido as seguintes etapas:

a) Seleção do evento indesejável ou falha, cuja probabilidade de ocorrência deve ser determinada;

b) Revisão dos fatores intervenientes: ambiente, dados do projeto, exigências do sistema etc., determinando as condições, eventos particulares ou falhas que possam vir a contribuir para ocorrência do evento-topo selecionado;

c) Montagem, por meio da diagramação sistemática, dos eventos contribuintes e falhas levantadas na etapa anterior, mostrando o inter-relacionamento entre estes eventos e falhas, em relação ao evento-topo. O processo inicia com os eventos que poderiam, diretamente, causar tal fato, formando o primeiro nível – o nível básico. À medida que se retrocede, passo a passo, até o evento-topo, são adicionadas as combinações de eventos e falhas contribuintes. Desenhada a árvore de falhas, o relacionamento entre os eventos é feito por meio das comportas lógicas;

d) Por meio de álgebra booleana são desenvolvidas as expressões matemáticas adequadas, que representam as entradas da árvore de falhas. Cada comporta lógica tem implícita uma operação matemática, podendo ser traduzida, em última análise, por ações de adição ou multiplicação;

e) Determinação da probabilidade de falha de cada componente, ou seja, a probabilidade de ocorrência do evento-topo será investigada pela combinação das probabilidades de ocorrência dos eventos que lhe deram origem.

Para proceder ao estudo quantitativo da AAF, é necessário conhecer e relembrar algumas definições da Álgebra de Boole. A álgebra booleana foi desenvolvida pelo matemático George Boole para o estudo da lógica. Suas regras e expressões em símbolos matemáticos permitem simplificar problemas complexos. É principalmente usada em áreas de computadores e outras montagens eletromecânicas e também em análise de probabilidades, em estudos que envolvem decisões e, mais recentemente, em segurança de sistemas.

Benefícios do uso da AAF

Uma ferramenta fantástica para aumentar a produtividade de sua empresa é a AAF, que ajuda a:

- Diagnosticar a causa raiz de uma falha: assim, é possível tratar o problema para que ele não cause novas falhas;
- Perceber como o sistema pode falhar: abrindo espaço para a prevenção dessas falhas por meio de planos de ação;
- Determinar os riscos associados ao sistema: promovendo a elaboração de análises de risco;
- Identificar medidas para reduzir o risco: para aumentar a confiabilidade das operações; e
- Estimar a frequência de acidentes de segurança: para proteger a saúde e a segurança no local de trabalho.
- A árvore de falhas pode ser usada em qualquer setor da empresa para facilitar o controle do dia a dia das operações. Entre os principais benefícios do uso da AAF, em estudos de análise de riscos, pode-se destacar:
- Conhecimento detalhado de uma instalação ou sistema;
- Estimativa da confiabilidade de um determinado sistema;
- Cálculo da frequência de ocorrência de uma determinada hipótese acidental;
- Identificação das causas básicas de um evento acidental e das falhas mais prováveis que contribuem para a ocorrência de um acidente maior;
- Detecção de falhas potenciais, difíceis de ser reconhecidas;

- Tomada de decisão quanto ao controle dos riscos associados à ocorrência de um determinado acidente, com base na frequência de ocorrência calculada e nas falhas contribuintes de maior significância.

- Ainda que o principal benefício da árvore de falhas seja a oportunidade de tratar a causa raiz do problema, a técnica também oferece outras vantagens à empresa:

- Aumentar a conformidade com as normas de segurança: ter uma lista de todos os riscos potenciais facilita a implementação de medidas de prevenção e controle, o que garante que a empresa esteja operando de acordo com as normas regulamentadoras;

- Identificar como as falhas se relacionam com subsistemas: o mapeamento torna mais fácil entender as relações de causa e efeito;

- Definir prioridades para o sistema em sua totalidade: a árvore de falhas também ajuda na lista de equipamentos críticos e prioridades;

- Para reduzir o risco, faça mudanças no projeto enquanto ele está no papel: ao mapear os riscos antes que eles se tornem realidade, é possível fazer as mudanças necessárias desde o início do projeto, evitando a necessidade de fazer ajustes mais tarde na obra;

- Fazer uma avaliação probabilística de risco: é possível prever possíveis riscos, calcular sua probabilidade e tomar medidas preventivas de acordo com a gravidade de cada um com a ajuda da análise adequada;

- Reduzir o risco de paradas não programadas: é possível programar manutenção preventiva e agendar paradas para os momentos mais convenientes ao saber das possíveis falhas;

- Reduzir custos: descoberto o problema, a manutenção pode ser planejada de forma mais assertiva para não atrapalhar as operações e reduzir custos com interrupções imprevistas e ociosidade.

O uso da árvore de falhas pode trazer, ainda, outras vantagens e facilidades, quais sejam: a determinação da sequência mais crítica ou provável de eventos, dentre os ramos da árvore, que levam ao evento-topo; a identificação de falhas singulares ou localizadas importantes no processo; a descoberta de elementos sensores (alternativas de solução) cujos desenvolvimentos possam reduzir a probabilidade do contratempo em estudo. Geralmente, existem certas sequências de eventos centenas de vezes mais prováveis na ocorrência do evento-topo do que outras e, portanto, é relativamente fácil encontrar a principal combinação ou combinações de eventos que precisa ser prevenida, para que a probabilidade de ocorrência do evento-topo diminua.

Além dos aspectos citados, a AAF encontra aplicação para inúmeros outros usos, como: solução de problemas diversos de manutenção, cálculo de confiabilidade, investigação de acidentes, decisões administrativas, estimativas de riscos etc.

Componentes de uma AAF

- Álgebra booleana: Ramo da matemática que descreve o comportamento de funções lineares ou variáveis binárias: "*on/off*"; aberto/fechado; verdadeiro/falso. Todas as árvores de falhas coerentes podem ser convertidas numa série equivalente de equações "booleanas".
- Evento básico: Um evento é considerado básico quando nenhum desenvolvimento a mais é julgado necessário.
- Evento intermediário: Evento que propaga ou mitiga um evento iniciador (básico) durante a sequência do acidente.
- Evento não desenvolvido: Evento que não pode ser desenvolvido porque não há informações disponíveis.
- Evento: Desvio, indesejado ou esperado, do estado normal de um componente do sistema.
- Evento-topo: Evento indesejado ou hipótese acidental. Localizado no topo da árvore de falhas, é desenvolvido até que as falhas mais básicas do sistema sejam identificadas, por meio de relações lógicas que estabelecem as relações entre as falhas.
- Porta lógica (comporta lógica): Forma de relacionamento lógico entre os eventos de entrada ("*input-lower*") e o evento de saída ("*output-higher*"). Esses relacionamentos lógicos são normalmente representados como portas "E" ("*AND*") ou "OU" ("*OR*").
- Os símbolos relacionados à porta são:
- Porta E (*AND*): a falha ocorre se todos os eventos da entrada forem verdadeiros;
- Porta OU (*OR*): a falha ocorre se algum dos eventos da entrada for verdadeiro.

Embora tenha sido desenvolvida com o principal intuito de determinar probabilidades, como técnica quantitativa, é muito comumente usada também por seu aspecto qualitativo porque, desta forma e de maneira sistemática, os vários fatores, em qualquer situação a ser investigada, podem ser visualizados. Os resultados da análise quantitativa são desejáveis para muitos usos, contudo, para proceder à análise quantitativa, deve ser realizada primeiramente a análise qualitativa, sendo que muitos analistas creem que, deste modo, obter resultados quantitativos não requer muitos esforços adicionais.

Assim, a avaliação qualitativa pode ser usada para analisar e determinar que combinações de falhas de componentes, erros operacionais ou outros defeitos podem causar o evento-topo. Já a avaliação quantitativa é utilizada para determinar a probabilidade de falha no sistema pelo conhecimento das probabilidades de ocorrência de cada evento em particular.

O que é conhecido como árvore de falhas na segurança do trabalho?

A árvore de falhas pode ajudar a segurança do trabalho. O diagrama é usado para registrar uma ocorrência e ajudar a encontrar a causa da situação e tomar medidas para evitar que o problema ocorra novamente.

Vamos supor que a ocorrência foi um acidente de trabalho no qual o operador foi atingido por um choque. Essa será nossa principal preocupação.

Podemos atribuir o choque a uma falha no processo de desenergização do equipamento ou a um problema com as luvas de proteção individual (EPI). Ao fazer uma análise aprofundada, descartamos os problemas com o EPI, então precisamos analisar os problemas com o procedimento.

A energização acidental ou falha humana pode ter causado um erro no processo de desenergização. Vamos considerar a energização acidental como um evento secundário e concentrar no erro humano.

Se descobrirmos que o operador não realizou a desenergização corretamente, causando o acidente, podemos considerar isso como a causa principal do acidente de trabalho. A partir disso, podemos fazer coisas como usar uma lista para garantir que todos os requisitos de desenergização adequada do equipamento sejam cumpridos.

O processo de construção e análise da árvore de falhas da segurança do trabalho é idêntico ao de outros setores, demonstrando que esse recurso pode ser usado em várias situações.

Construção da AAF

A AAF consiste na construção de um processo lógico dedutivo que, partindo de um evento indesejado predefinido (hipótese acidental), busca as possíveis causas do mesmo. O processo segue investigando as sucessivas falhas dos componentes até atingir as chamadas falhas (causas) básicas, que não podem ser desenvolvidas, e para as quais existem dados quantitativos disponíveis. O evento indesejado é comumente chamado de "evento-topo".

De forma geral, a sequência para o desenvolvimento de uma árvore de falhas contempla as seguintes etapas:

- Seleção do "evento-topo" – na aplicação em estudos de análise de riscos, normalmente o evento-topo é definido a partir de uma hipótese acidental, identificada anteriormente, pela aplicação de técnicas específicas, como Análise Preliminar de Perigos, HAZOP, Análise de Modos de Falhas e Efeitos e *What-If*, entre outras;

- Construção da árvore de falhas, determinando os eventos que contribuem para a ocorrência do evento-topo, estabelecendo as relações lógicas entre os mesmos;

- Seguir esse procedimento para os eventos intermediários até a identificação dos eventos básicos em cada um dos "ramos" da árvore;

- Realizar uma avaliação qualitativa da árvore elaborada, dando especial atenção para a ocorrência de eventos repetidos;

- Aplicação das probabilidades ou frequências nos eventos básicos;

- Cálculo das frequências dos eventos intermediários, de acordo com as relações lógicas estabelecidas, até a determinação da probabilidade ou frequência do evento-topo.

Para a construção da árvore de falhas, a partir de um determinado "evento-topo", três perguntas são consideradas fundamentais para a identificação dos eventos intermediários e básicos e de suas relações lógicas; são elas:

Que falhas podem ocorrer?

Como essas falhas podem ocorrer?

Quais são as causas dessas falhas?

A relação lógica entre os eventos-topo, intermediários e básicos é representada por símbolos lógicos, cujos principais são:

- EVENTO-TOPO ou INTERMEDIÁRIO: O retângulo é utilizado para representar a descrição dos eventos que ocorrem por causa de um ou mais eventos;

- EVENTO BÁSICO: Representa uma falha básica que não requer nenhum desenvolvimento adicional;

- EVENTO NÃO DESENVOLVIDO: Representa uma situação que não será mais analisada, ou que não há interesse de ser analisada; ou seja, um evento que poderia continuar a ser desenvolvido, mas não há interesse em fazê-lo;

- PORTA "OU": A saída ocorre se uma ou mais entradas da porta existirem;

- PORTA "E": A saída ocorre se todas as entradas da porta existirem simultaneamente.

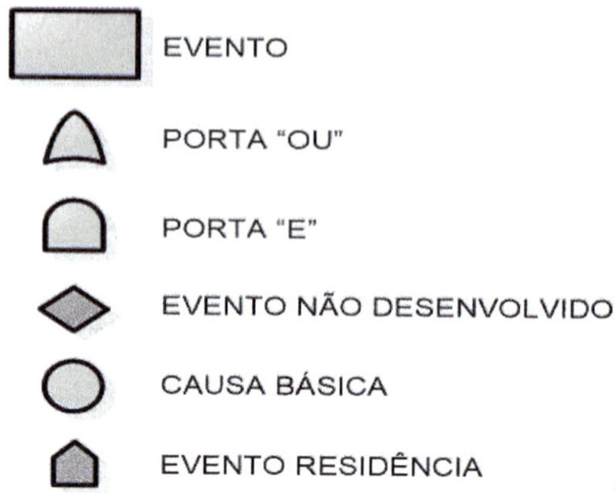

Exemplo de aplicação da AAF

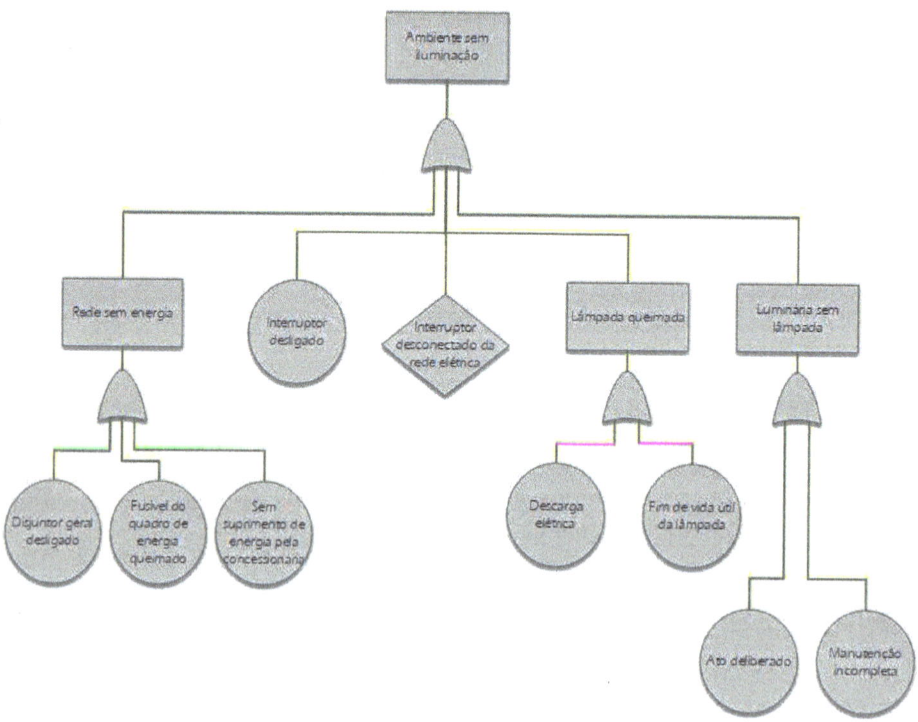

Quais são as limitações da árvore de falhas?

A árvore de falhas tem limitações, apesar de suas muitas vantagens. Podemos enumerar:

- Para cada evento principal, é necessário criar uma árvore de falhas, então vários diagramas serão necessários para lidar com diferentes falhas;
- A análise de sistemas complexos pode ser muito longa, demorada e trabalhosa;
- Como um método estático, ele não leva em consideração variáveis quantitativas como tempo, ciclo de vida e outros fatores.

Como resultado, a árvore de falhas deve ser integrada a outras metodologias, como a FMEA (Análise dos Modos de Falha e seus Efeitos) ou os 5 Porquês.

Análise *Bow Tie*

Introdução

A análise *Bow Tie* é uma representação gráfica dos caminhos das causas até as consequências de um evento. Mostra os controles que alteram a probabilidade de um evento ocorrer e suas consequências. Pode ser visto como uma árvore de falhas ou sucessos, que consiste na análise da causa de um evento e da consequência desse evento.

A análise *Bow Tie* combina duas metodologias já apresentadas, Análise da Árvore de Falhas e Análise da Árvore de Eventos, e usa o formato de uma investigação de incidentes e uma técnica de análise de causa raiz conhecida como Gráfico de Fatores Causais.

A análise *Bow Tie* oferece uma solução econômica, que consiste numa abordagem para uma avaliação de risco de triagem de processos que são bem compreendidos. Esta abordagem é uma técnica qualitativa de avaliação de perigos idealmente adequada para a análise inicial de um processo existente, ou aplicação durante as fases intermediárias de um desenho de processo.

Também tem sido utilizada como uma abordagem estruturada para avaliação de perigos em estudos de casos de segurança europeus quando a quantificação não é possível ou não é desejável.

A aplicação eficaz desta técnica depende da experiência e das competências da equipe de avaliação de perigos.

A representação da análise assemelha-se a uma gravata borboleta, porque os perigos e as causas iniciais aparecem de um lado e os impactos do outro, com as causas iniciais e os impactos sendo vinculados a um evento de perda específico como o ponto focal no meio do diagrama. Os cenários típicos de eventos de perda são identificados e mostrados no lado pré-evento (esquerdo) do diagrama, enquanto as consequências credíveis e os resultados do cenário são apresentados no lado pós-evento (direita). As salvaguardas preventivas e mitigativas associadas também são mostradas no diagrama.

A técnica *Bow Tie*, em sua forma visual, torna a análise fácil de entender e pode mostrar quais salvaguardas protegem contra causas iniciais específicas e consequências de eventos de perda. No método *Bow Tie*, o evento de perda é equivalente a (i) um evento principal de análise da árvore de falhas para determinar dedutivamente as causas iniciais e identificar salvaguardas preventivas e (ii) um ponto de partida de análise da árvore de eventos para estudar as consequências do evento de perda e identificar salvaguardas mitigadoras. Um diagrama *Bow Tie* mais detalhado para sistemas simples pode, na verdade, mostrar uma árvore de falhas à esquerda do evento de perda e uma árvore de eventos à direita, e também pode incluir ligações com atividades e procedimentos do sistema de gestão de segurança.

A análise *Bow Tie* é desenhada conforme a seguir:

- O evento de interesse é representado pelo nó central de uma *Bow Tie*.
- As fontes de risco (ou perigos/ameaças em um contexto de segurança) são listadas do lado esquerdo do nó e ligadas ao nó por linhas representando os diferentes mecanismos pelos quais as fontes de risco podem levar ao evento.
- Barreiras ou controles para cada mecanismo são mostradas como barras verticais por meio das linhas.
- Do lado direito do nó, linhas são desenhadas para irradiar do evento para cada consequência potencial.
- Após o evento, as barras verticais representam controles reativos ou barreiras que modificam consequências.
- Fatores que podem causar a falha dos controles (fatores de intensificação) são incluídos, junto com os controles para os fatores de intensificação.
- Funções de gestão que suportam os controles (como treinamento e inspeção) podem ser mostradas sob a *Bow Tie* e vinculadas ao respectivo controle.
- Algum nível de quantificação de um diagrama de *Bow Tie* pode ser possível quando os caminhos forem independentes, a probabilidade de uma consequência ou resultado específico é conhecida e a probabilidade que um controle venha a falhar pode ser estimada. Entretanto, em muitas situações, os caminhos e as barreiras não são independentes, e os controles podem ser procedimentais e sua eficácia incerta. A quantificação é muitas vezes realizada mais apropriadamente utilizando análise da árvore de falhas e análise da árvore de eventos ou LOPA.

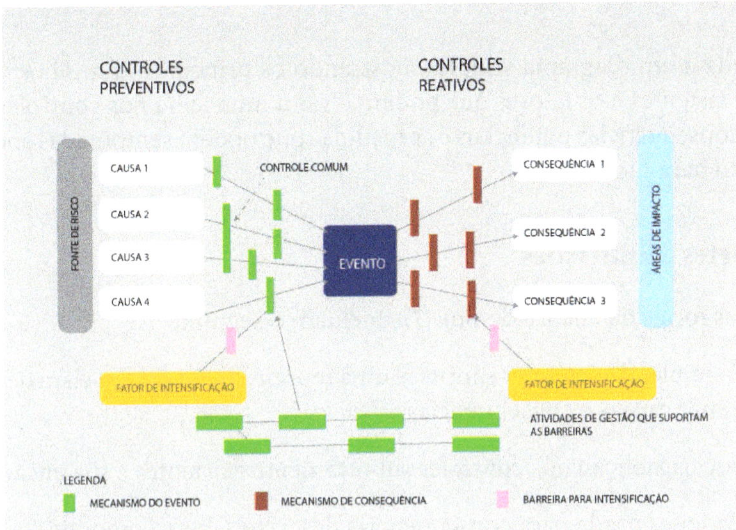

Uso

A análise *Bow Tie* é usada para representar e transmitir informações sobre riscos em situações em que um evento possui uma variedade de causas e consequências potenciais. Um formulário de registro de riscos simples pode ser usado para examinar em detalhes as causas e os efeitos dos eventos registrados. É particularmente usado para analisar eventos que podem levar a problemas mais graves. Quando a avaliação de controles é feita, a análise é usada para verificar que cada caminho da causa ao evento e do evento à consequência tem controles eficientes e que elementos que podem causar falhas nos controles (incluindo falhas nos sistemas de gestão) são identificados. Pode servir como base para gravar informações de risco que não cabem em uma representação linear simples de um registro de riscos. Pode ser usado para modelar eventos que já ocorreram e para considerar eventos futuros.

Quando a situação não garante a complexidade de uma análise da árvore de falhas e de eventos completa, é usada a análise *Bow Tie*. É mais complexo que um caminho simples de causa-evento-consequência.

Em certas circunstâncias, pode ocorrer o desenvolvimento de *Bow Ties* em cascata, em que um evento causa o próximo.

Entrada

A entrada inclui informações sobre as causas e consequências de um evento predefinido, e os controles que podem modificá-lo. Esta informação pode ser tirada da saída de técnicas para identificar riscos e controles ou da experiência dos indivíduos.

Saída

A saída é um diagrama simples mostrando os principais caminhos de risco, os controles existentes e os fatores que podem levar a uma falha nos controles. Também mostra as consequências potenciais e as medidas que podem ser tomadas após o evento ter ocorrido para modificá-las.

Pontos fortes e limitações

Pontos fortes da análise de *Bow Tie* incluem o seguinte:

- É simples de entender e fornece uma representação gráfica clara de um evento e suas causas e consequências.
- Foca a atenção nos controles supostamente existentes e sua eficácia.
- Pode ser usada para consequências desejáveis, bem como indesejáveis.
- Não necessita de um alto nível de especialização para utilizar.

Limitações incluem o seguinte:

- A *Bow Tie* não está apta a representar uma situação em que caminhos de causas para eventos não são independentes (ou seja, onde houver portas "*AND*" em uma árvore de falhas). Pode simplificar demasiadamente situações complexas, particularmente quando se pretende a quantificação.

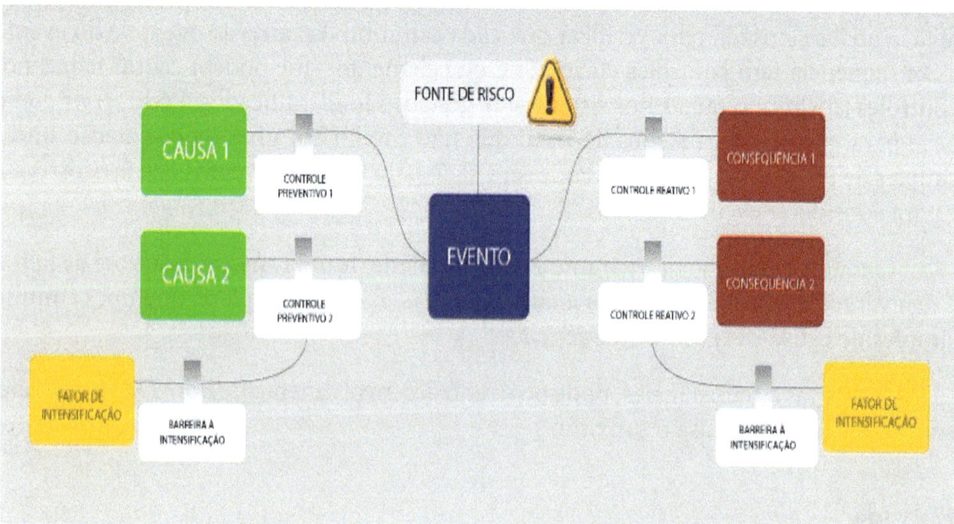

Elementos do diagrama *Bow Tie* (os termos entre parênteses são os da IEC 31010:2019)

PERIGO (Fonte de risco) – O perigo faz parte das operações normais dos negócios, mas tem o potencial de provocar danos e perdas.	EVENTO-TOPO (Evento) – O evento-topo (ou evento principal) ocorre quando se perde o controle sobre o perigo.
	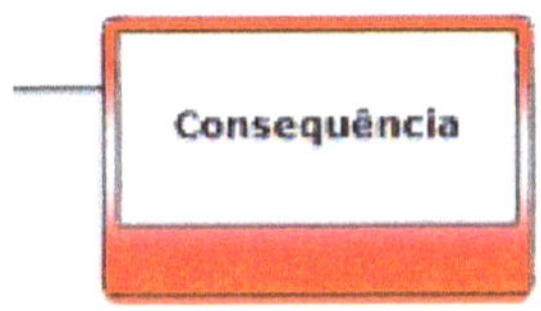
AMEAÇAS (Causas) – Elemento ou circunstância que pode levar ao evento-topo.	CONSEQUÊNCIAS (=) – Possível efeito (indesejado) decorrente do evento-topo.
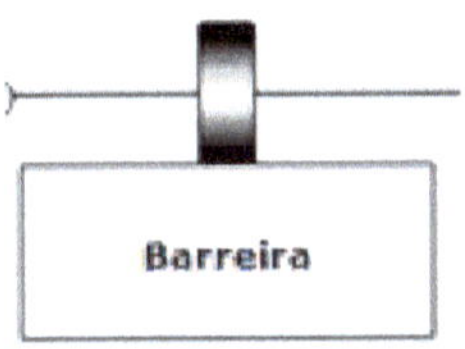	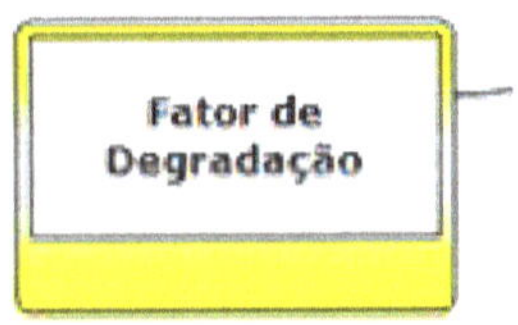
BARREIRAS (Controles) – As barreiras preventivas são medidas adotadas para evitar que as ameaças ocorram ou levem ao evento-topo. As barreiras reativas são medidas adotadas para evitar/reduzir as consequências indesejadas do evento-topo.	FATORES DE DEGRADAÇÃO (Fatores de intensificação) – Condição que anula ou reduz a eficácia de uma barreira.

Exemplo de *Bow Tie* completa

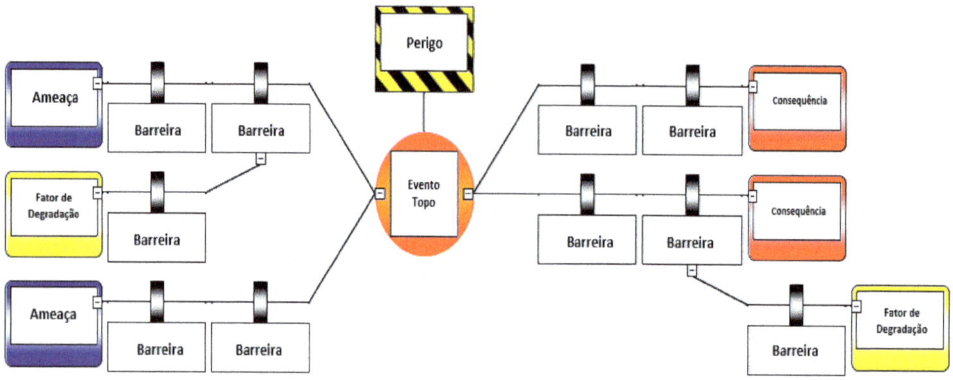

Risco

Sabemos que o risco é função da gravidade e probabilidade:

Risco = função (gravidade, probabilidade)

Ao estabelecer a gravidade potencial do risco, devem também ser considerados os seguintes aspectos:

a) as partes do corpo que podem ser afetadas;

b) a natureza do dano, desde o levemente prejudicial ao extremamente prejudicial:

Podemos considerar como levemente prejudicial:

- ferimentos superficiais;
- pequenos cortes e contusões;
- irritação dos olhos pela poeira;
- incômodo e irritação (por exemplo, dores de cabeça);
- problema de saúde levando a um desconforto temporário.

Podemos considerar como prejudicial:

- lacerações;
- queimaduras;
- concussão;

- torções sérias;
- pequenas fraturas;
- surdez;
- dermatite;
- asma;
- disfunções dos membros superiores relacionadas com o trabalho;
- problema de saúde levando a uma incapacidade permanente de pequeno porte.

Podemos considerar como extremamente prejudicial:

- amputações;
- fraturas importantes;
- envenenamento;
- ferimentos múltiplos;
- ferimentos fatais;
- câncer ocupacional;
- outras doenças graves que diminuem a vida;
- doenças agudas fatais.

A probabilidade de dano

Ao buscar estabelecer a probabilidade de dano, a adequabilidade de medidas de controle já implementadas e que atendem às necessidades precisa ser considerada. Os seguintes aspectos devem ser então considerados:

a) o número de pessoas expostas;

b) a frequência e duração da exposição ao perigo;

c) a falha de utilidades, como eletricidade e água;

d) a falha de componentes da planta e de máquinas e de dispositivos de segurança;

e) a exposição aos elementos;

f) a proteção proporcionada pelos equipamentos de proteção individual e a taxa de uso desses equipamentos;

g) atos inseguros (erros não intencionais ou violações intencionais de procedimentos) cometidos por pessoas.

Essas estimativas subjetivas de risco devem, normalmente, levar em conta todas as pessoas expostas a um perigo. Assim, qualquer perigo dado é mais grave se afetar um número maior de pessoas. Porém, alguns dos riscos maiores podem estar associados com uma tarefa ocasional executada por apenas uma pessoa, como, por exemplo, a manutenção de partes inacessíveis de equipamentos de levantamento de peso.

|7|

MATRIZ DE RISCOS

Avaliação de risco no PGR

Ao contrário do antigo PPRA, o PGR exige a elaboração de meio de matriz de risco para avaliação dos perigos envolvidos nas atividades. A matriz de risco é uma ferramenta de gerenciamento que permite ampliar a visibilidade de possíveis riscos, com o objetivo de auxiliar no processo de tomada de decisões. A grande vantagem dessa metodologia é a possibilidade de visualização dos perigos apresentados em um gráfico de fácil interpretação.

Em suma, a matriz de risco é utilizada principalmente para determinar o tamanho de um perigo e se este está ou não controlado. A matriz de risco analisa duas dimensões: a probabilidade de ocorrência (frequência) do perigo e a sua severidade (gravidade). Estas duas dimensões são transformadas numa matriz gráfica, combinando as duas dimensões segundo vários graus atribuídos.

Geralmente, a matriz de risco de uma empresa deveria ser construída por um grupo multidisciplinar. No entanto, acostumadas com o antigo PPRA, as empresas não querem "perder tempo" construindo uma matriz para cada perigo identificado em suas instalações. Ao contrário, delegam tal função às consultorias ou assessorias em SST, para que elaborem tais matrizes de risco.

No entanto, como um consultor externo, que não conhece as instalações, o processo, as matérias-primas, a mão de obra e tantos outros detalhes da consulente, poderia opinar sozinho sobre a frequência e a severidade de um perigo? Uma coisa é identificar o perigo, habilidade que se adquire ao longo do tempo. Outra coisa é atribuir pesos para tais perigos quanto à frequência de sua ocorrência e a severidade, caso ocorra.

É por este e tantos outros motivos que não é possível estabelecer um modelo para elaboração do PGR, assim como era feito no PPRA. Como poderíamos estabelecer um padrão de identificação de perigos, bem como sua frequência e severidade?

Assim, nossa recomendação é de que os perigos sejam avaliados não somente por uma pessoa, mas por grupos de empregados, que tenham bastante familiaridade com o processo sob análise. Claro que tal análise deve ser conduzida por alguém da SST, que domine amplamente os conceitos de matriz de risco, bem como a identificação dos perigos, para que tal análise não fique muito aquém da realidade (subestimativa), nem tampouco muito além do razoável (superestimativa).

Introdução

A matriz de riscos, também conhecida como matriz de probabilidade e consequência ou matriz de probabilidade e impacto ou mapa de calor, é uma maneira de apresentar riscos de acordo com suas consequências e probabilidades.

O termo consequência, na literatura, correntemente é substituído por impacto ou severidade e o termo probabilidade também pode ser substituído por frequência.

A matriz de riscos é uma ferramenta de gerenciamento de riscos que permite identificar quais riscos devem receber mais atenção de forma visual. A matriz combina essas características para apresentar uma classificação para a significância do risco.

A principal diferença da matriz de riscos é a facilidade com que ela permite visualizar dados relacionados a um grupo específico de riscos. Como uma ferramenta gráfica, é fácil identificar quais riscos afetarão menos ou mais a empresa, o que permite a tomada de decisões e a implementação de medidas preventivas para controlar esses riscos. Além disso, por ser uma ferramenta fácil de usar e fornecer informações claras e detalhadas, aumenta a participação da equipe no processo de gestão de riscos.

A probabilidade e a consequência são as duas dimensões que orientam a matriz de risco. Essas duas dimensões permitem o cálculo e a visualização da classificação do risco, que é a avaliação do impacto *versus* a probabilidade. O resultado da classificação do risco mostra em qual célula da matriz o risco se encaixa.

Os eixos da matriz têm escalas personalizadas de consequência e probabilidade. As escalas podem ser de qualquer número de pontos, mas as mais comuns são de três, quatro ou cinco pontos. Eles também podem indicar se são quantitativos, qualitativos ou semiquantitativos. Se forem usadas descrições numéricas para definir as etapas das escalas, é imperativo que elas sejam consistentes com os dados atualmente disponíveis, bem como fornecer as unidades. Para ser consistente com os dados, normalmente cada ponto nas duas escalas deve ter uma ordem de magnitude maior que a anterior.

A escala (ou escalas) de consequência pode representar resultados negativos ou positivos. A escala deve estar diretamente ligada aos objetivos da organização e deve se estender da máxima consequência real à menor.

Pode-se usar categorias de consequência adicionais ou a menos e as escalas podem ter menos ou mais de cinco pontos. É possível que a coluna de classificação da consequência seja composta por letras, números ou palavras.

A escala de probabilidade deve abranger o intervalo de dados relevante para a classificação dos riscos.

A escala de classificação da probabilidade pode ter até cinco pontos e as classificações podem ser atribuídas como letras, numerais ou palavras.

A escala de probabilidade deve ser adaptada às circunstâncias e pode ter que cobrir uma variedade de níveis de impactos positivos ou negativos. A probabilidade de que uma consequência mais alta seja tolerada em uma escala de probabilidade baixa deve ser representada pelo degrau mais baixo da escala de probabilidade, pois, caso contrário, todas as atividades que têm consequências mais altas são consideradas intoleráveis e não é possível torná-las toleráveis. O fato de que vários riscos possam levar à mesma consequência deve ser considerado ao decidir a probabilidade tolerável para um único risco de alta consequência.

Uma matriz é desenhada com consequência em um eixo e probabilidade em outro, correspondendo às escalas definidas. Cada célula pode ser vinculada a uma classificação de prioridade. No exemplo a seguir, existem cinco categorias de prioridade que são representadas por algarismos romanos. As células geralmente são coloridas para mostrar o grau de risco. As células da matriz podem ser associadas a regras de decisão, como o nível de atenção da direção ou a urgência da resposta. Estas dependerão dos termos usados para as escalas e a perspectiva da organização sobre o risco. A concepção deve permitir que a prioridade de um risco seja baseada em quanto o risco leva a resultados fora dos limites de desempenho definidos pela organização para seus objetivos.

A figura a seguir mostra que as células têm cores diferentes. Essas cores indicam a classificação de risco mais alta ou o quão crítico é um determinado risco.

Por exemplo, os riscos classificados como altos (representados pela cor vermelha na matriz) devem receber maior atenção do que os riscos classificados como moderados ou médios (representados pela cor amarela na matriz). Por outro lado, os riscos classificados como baixos (representados pela cor verde na matriz) podem receber menor atenção do que os riscos classificados como moderados ou altos.

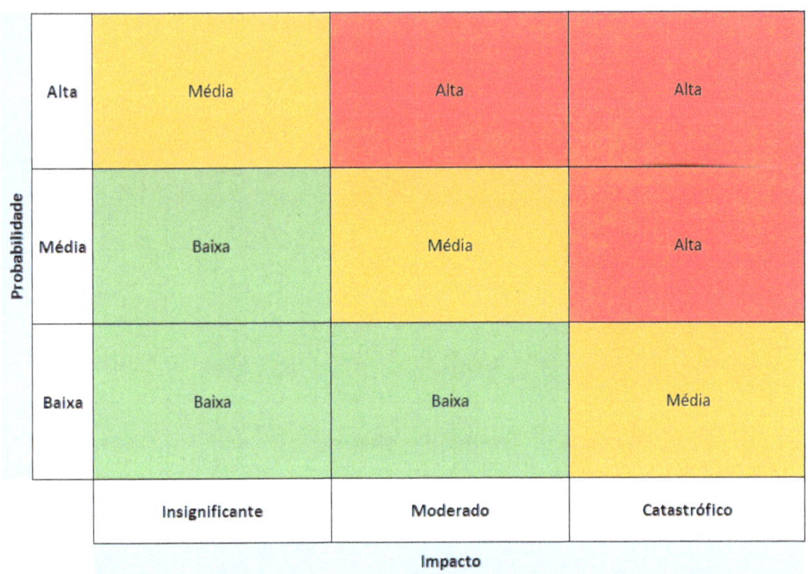

A probabilidade

A probabilidade (eixo vertical), também conhecida como frequência, é um método para determinar a probabilidade de ocorrência do risco. Em outras palavras, a probabilidade de que um determinado risco aconteça deve ser avaliada. Um exemplo é calcular a probabilidade de que uma caldeira instalada na empresa exploda. Devem ser usados níveis de probabilidade, como muito baixo, baixo, moderado, alto e muito alto. Além disso, essas probabilidades podem ser convertidas em números, como porcentagens, ou tempo, como dias, meses ou anos.

A consequência

A consequência (eixo horizontal), também conhecida como impacto ou severidade, diz o que acontece quando o risco ocorre (se transformando em acidente), ou seja, o que acontecerá se o acidente ocorrer. O resultado pode ser negativo, como prejuízo financeiro, perda de clientes ou danos ao equipamento, ou pode ser positivo, como a introdução de novas tecnologias, a redução de taxas ou impostos etc. A influência também é quantificada em níveis, como muito baixo, muito baixo, moderado, alto e muito alto.

Relação probabilidade e impacto na matriz de riscos

É importante destacar que é possível definir os níveis de impacto e probabilidade. A matriz apresentada é composta por cinco níveis verticais (probabilidade) e cinco horizontais (impacto), como explicado acima e na próxima figura.

Probabilidade					
90%	Média	Média	Alta	Alta	Alta
70%	Baixa	Média	Média	Alta	Alta
50%	Baixa	Baixa	Média	Alta	Alta
30%	Baixa	Baixa	Média	Média	Alta
10%	Baixa	Baixa	Baixa	Baixa	Média
	Muito Baixo	Baixo	Moderado	Alto	Muito Alto
	Impacto				

Uso

Um par de probabilidade/consequência, que geralmente está relacionado a um evento focal, é usado para avaliar e comunicar a magnitude relativa dos riscos.

Para classificar um risco, o usuário primeiro encontra o descritor de consequência que melhor se adapta à situação. Depois disso, ele define a probabilidade com a qual acredita que a consequência ocorrerá. Um ponto é colocado na célula que combina esses valores, a matriz é ligada para determinar o nível de risco e a regra de decisão relacionada.

Mesmo quando a probabilidade é muito baixa, os tomadores de decisão geralmente estão mais preocupados com riscos com consequências potencialmente altas. No entanto, um risco com baixo impacto pode ter consequências cumulativas significativas ou de longo prazo. Como os tratamentos de risco pertinentes podem ser muito diferentes, pode ser necessário analisar ambos os tipos de riscos.

A probabilidade de que um evento produza uma determinada consequência específica é diferente da probabilidade do evento que produz a consequência em um determinado intervalo de valores de consequência. A probabilidade da consequência especificada é geralmente usada. A maneira como a probabilidade é interpretada e aplicada deve ser consistente em todos os riscos comparados.

A matriz é aplicável a qualquer nível organizacional e pode ser usada para comparar riscos com vários tipos de efeitos possíveis. Quando muitos riscos foram identificados, por exemplo, ou para identificar quais riscos precisam ser encaminhados a um nível gerencial mais alto, é frequentemente usado como uma ferramenta de triagem. Também pode ser usado para determinar se um risco específico é amplamente aceitável ou não, de acordo com sua localização na matriz. Pode ser usado quando os dados são insuficientes para uma análise aprofundada ou quando as circunstâncias não permitem tempo ou esforço para uma análise quantitativa mais detalhada.

As entradas

Uma matriz de riscos deve ser criada com base no contexto. Para estabelecer escalas realistas, alguns dados devem estar disponíveis. Para garantir que as ações sugeridas pela matriz correspondam à atitude da organização em relação ao risco e que os usuários entendam corretamente a aplicação das escalas, as matrizes de esboço devem ser testadas.

Para ajudar no julgamento das consequências e probabilidades, use uma matriz precisa de pessoas com um entendimento dos riscos que estão sendo classificados, bem como dos dados disponíveis.

Ação

A probabilidade da consequência relativa, o nível do risco e a classificação de significância para cada risco são apresentados na saída.

Efeitos positivos e negativos

Os seguintes são pontos fortes:

- A utilização é relativamente simples.
- Oferece uma classificação rápida dos riscos com base em níveis de significância variados.
- Fornece uma visão clara da importância pertinente do risco por consequência, probabilidade ou grau de risco.
- Pode ser usado para fazer comparações entre riscos e vários tipos de consequências.
- As restrições incluem o seguinte:
- Delinear uma matriz válida requer *expertise.*
- Encontrar escalas universais que se apliquem a todas as situações que afetam uma organização pode ser difícil.
- É um desafio definir escalas claras para permitir que os usuários considerem consequências e probabilidades de forma consistente.
- A qualidade da criação e calibração das escalas de classificação de risco determina a validade das classificações.
- Para determinar a consequência, é necessário um único valor indicativo, mas, em muitas situações, vários valores de consequência são possíveis e a classificação do risco depende da escolha desses valores.
- Uma matriz bem calibrada envolverá níveis de probabilidade extremamente baixos para uma infinidade de riscos individuais difíceis de conceituar.
- Sua aplicação é altamente individualizada e diferentes indivíduos frequentemente atribuem classificações muito diferentes ao mesmo risco. Isso a torna manipulável.
- Agregar riscos diretamente é impossível. Por exemplo, não é possível determinar se um número específico de riscos baixos ou um risco baixo identificado em um determinado número de vezes é igual a um risco médio.

- Combinar ou comparar os níveis de risco para várias categorias de consequências é difícil.
- É difícil fazer uma classificação consistente de riscos.
- A classificação de um risco depende da maneira como ele é descrito e do grau de detalhe fornecido (por exemplo, quanto mais detalhada for a identificação, maior será o número de cenários registrados com probabilidades menores). A organização dos casos na descrição de risco deve ser consistente e definida antes da classificação.

Como fazer uma matriz de riscos?

A matriz de riscos deve ser uma ferramenta inserida no processo de gestão de riscos da empresa. O primeiro passo para utilizar essa ferramenta consiste em criar uma matriz adaptada de acordo com o contexto da empresa. Ou seja, definir e descrever quais são os critérios que deverão classificar a probabilidade e o impacto do risco para processos ou projetos.

Por exemplo, suponha que uma empresa utilize 5 níveis de probabilidade e impacto para a avaliação de riscos. Para isso, os critérios e a descrição desses critérios para probabilidade e impacto foram definidos no processo de gestão de risco da seguinte forma:

Probabilidade		**Descrição dos critérios de probabilidade**
Numérica	Descritiva	
0,1% a 1%	Muito baixa	Não é provável que aconteça
1,1% a 5%	Baixa	Pode ser que ocorra uma vez dentro de um ano
6% a 50%	Moderada	Pode ser que ocorra mais de uma vez dentro de um ano
51% a 80%	Alta	Pode ser que ocorra mensalmente
81% a 90%	Muito alta	Pode ser que ocorra diariamente

Impacto	**Descrição dos critérios de impacto**
Muito baixo	Os riscos possuem consequências pouco significativas
Baixo	Os riscos possuem consequências reversíveis em curto e médio prazos com custos pouco significativos
Moderado	Os riscos possuem consequências reversíveis em curto e médio prazos com custos baixos
Alto	Os riscos possuem consequências reversíveis em curto e médio prazos com custos altos
Muito alto	Os riscos possuem consequências irreversíveis ou com custos inviáveis

Crie sua matriz de riscos

A primeira tarefa é identificar os riscos. Em seguida, de acordo com os critérios definidos, cada risco é avaliado em termos de probabilidade e impacto. Vale frisar que a avaliação da probabilidade e do impacto deve ser feita por profissionais treinados ou acompanhados por alguém que entenda profundamente a matriz de risco.

Para que a avaliação seja precisa e realista, é necessário ter conhecimento do risco identificado. Além disso, um time pode avaliar o risco em vez de uma única pessoa. As discussões geradas ajudarão a entender e esclarecer o grau real de impacto e a probabilidade do risco sob avaliação.

Fazer perguntas como: "O que sabemos sobre esse risco?" pode ajudar a despertar a atenção neste momento. "Já trabalhamos com ele anteriormente? Existem dados ou fato sobre o risco (como incidências, indicadores etc.)?" Essas perguntas ajudarão na definição de ações de tratativa do risco e na avaliação de impacto e probabilidade.

Ao avaliar a probabilidade e o impacto do risco, esses valores devem ser inseridos na linha e na coluna correspondentes aos resultados, criando assim a classificação do risco. A classificação do risco ajudará a decidir se ele deve ou não ser tratado como prioridade.

Matriz de risco na NR-01

Apesar da NR-01 não especificar qual ferramenta ou técnica de avaliação de riscos que deve ser utilizada pela empresa, para a atribuição da probabilidade, deve ser seguido no mínimo o estabelecido no item 1.5.4.4.4 da NR-01, que trata da gradação da probabilidade de ocorrência das lesões ou agravos à saúde:1.5.4.4.4 A gradação da probabilidade de ocorrência das lesões ou agravos à saúde deve levar em conta:

a) os requisitos estabelecidos em Normas Regulamentadoras;

b) as medidas de prevenção implementadas;

c) as exigências da atividade de trabalho; e

d) a comparação do perfil de exposição ocupacional com valores de referência estabelecidos na NR-09.

Para a atribuição da severidade ou consequências, deve ser seguido, no mínimo, o estabelecido no item 1.5.4.4.3 da NR-01, que trata da gradação da severidade das lesões ou agravos à saúde:

> 1.5.4.4.3 A gradação da severidade das lesões ou agravos à saúde deve levar em conta a magnitude da consequência e o número de trabalhadores possivelmente afetados.

Ou seja: há a exigência apenas dos parâmetros a serem seguidos, mas não da ferramenta a ser utilizada, tampouco da quantidade de níveis de severidade, probabilidade ou de níveis de risco ocupacional, ficando essa determinação a cargo da empresa, de acordo com as características dos processos de trabalho existentes.

A matriz de severidade e probabilidade é apenas uma das diversas ferramentas de avaliação de nível de risco disponíveis.

Há vários modelos de matrizes a serem tomados como exemplos. No entanto, é vedado o uso da matriz da Norma Regulamentadora n. 3, uma vez que a metodologia de avaliação qualitativa ali prevista possui a finalidade específica de caracterização de situações de grave e iminente risco pelo auditor-fiscal do trabalho.

Generoso ou sovina?

Começamos este capítulo com um título inusitado. Generoso ou sovina? Como você se portará na avaliação de perigos do seu PGR? Vai incluir todos os perigos possíveis e imagináveis, sendo bastante generoso? Ou vai ser bem superficial e incluir somente alguns perigos, de forma sovina?

Preliminarmente, gostaríamos de diferenciar os conceitos de risco e perigo, já que neste texto faremos uso constante destes dois conceitos que acabam se misturando. Perigo é algo tangível, que se pode ver, que se materializa. Risco é uma probabilidade matemática, é algo intangível e impossível de ver. De qualquer forma, a NR-01 também traz estes conceitos como forma de introduzir a questão.

Dependendo de quem elabora o PGR, podemos ter uma enorme variabilidade de inclusão de perigos. Alguém já pensou nisso? É claro que este problema já ocorria quando da elaboração do PPRA. Imagine um escritório onde o generoso computava o risco de inalação de solventes contidos no corretor líquido (no passado, os corretores líquidos eram à base de solvente) e o sovina desconsiderava o ruído em ambientes de escritório.

Agora com a inclusão dos riscos ergonômicos e de acidentes, os limites entre o generoso e sovina foram alargados tremendamente. Uns dirão que trabalhar sentado durante todo o dia é risco ergonômico, outros nem enxergarão esta condição. Uns dirão que só porque existem escadas na empresa é preciso constar o risco de queda, outros nem perceberão a escada. Uns dirão que aqueles que utilizam carro da empresa estão sujeitos ao risco de acidentes de trânsito, outros dirão que mesmo aqueles que utilizam carro próprio estarão sujeitos ao mesmo risco.

Definitivamente, segurança do trabalho não é uma ciência exata! E no caso da avaliação dos perigos, ficamos à mercê de quem realiza tal avaliação. É da essência do ser humano a existência de pontos de vista diferenciados, até mesmo pela percepção de risco individualizada. No entanto, o treinamento na percepção dos riscos pode nivelar um pouco melhor os profissionais, mas, ainda assim, existirão sérias divergências...

Ministrando nossos cursos de PGR, fiquei intrigado e preocupado com a diferença de percepção de risco e, em consequência, com os perigos que seriam lançados no PGR. Ao contrário do que todos imaginam, não é a avaliação de risco o ponto mais complexo do trabalho, mas, sim, seu reconhecimento, seu correto reconhecimento!

É preciso estar com o espírito desarmado para não transformar perigos irrelevantes em catástrofes, bem como desprezar riscos que são consideráveis. O mesmo espírito desarmado deve ser utilizado para avaliar um risco após o outro. Tenho observado que a visão do perigo anterior acaba impactando no próximo perigo a ser avaliado, quando então estaríamos fazendo generalização, mas concordo que é bem difícil "zerar a mente" após a avaliação de cada perigo.

Mas, voltando à avaliação do perigo no PGR, a legislação apenas diz o que fazer e não como fazer (e nem poderia ser diferente...), deixando o profissional livre inclusive para escolher a matriz a ser utilizada e a técnica de análise de risco. Alguns nivelarão por cima e outros por baixo, o que refletirá também nos custos de elaboração do documento.

O ser humano é vaidoso e, na hora de criar alguma coisa, quer criar uma obra-prima e acaba criando um problema para si mesmo... Ou então, cria algo "mais ou menos" e cria um problema para os outros que terão de rever seu trabalho. Além do que, o momento pelo qual passamos acrescenta vários riscos que antes jamais havíamos pensado. Por exemplo, devo ou não considerar o risco de contágio da Covid-19 nas atividades da empresa? E a resposta seria: somente devo considerar como risco aquelas condições que destoam da realidade comum. Se o risco do contágio da Covid-19 no ambiente de trabalho for idêntico ao risco nos demais ambientes (supermercado, igreja, ônibus, metrô etc.), então este risco não deve ser considerado. Se, ao contrário, o risco do meu ambiente de trabalho é ampliado, quando comparado ao ambiente comum, como no caso de um hospital, então, devemos fazer constar o agente biológico em nosso inventário de riscos.

Falando-se em pandemia, esta catástrofe mundial trouxe profundas mudanças em nossas vidas e também quanto aos novos riscos que foram introduzidos. Será que alguém pensou em incluir os riscos oriundos do *home office* no PGR? Tem muito trabalhador em *home office* utilizando a cama como mesa, digitando no sofá com o notebook no colo e tantas outras posturas incorretas que acarretarão severos riscos ergonômicos.

O PGR foi criado com o espírito de melhorar a elaboração dos documentos em SST, abandonando a herança do PPRA de gaveta, que ficava o ano todo guardado no fundo de um armário. O PGR não poderá ser feito da mesma forma que o PPRA. Ao contrário, o PGR terá vida ativa e fundamentalmente deverá conversar com o sistema de gestão da empresa.

Talvez este seja um bom momento, não só para elaborar seu PGR, mas também para revisar seu SGI – Sistema de Gestão Integrada!

E para quem acredita que atualizará o PGR a cada dois anos, infelizmente não leu completamente a NR-01, especialmente a letra "d" do item 1.5.4.4.6. Assim, obrigatoriamente, o PGR será muito mais dinâmico que o PPRA. Assim, o generoso ou o sovina entregarão documentos totalmente diferentes à empresa, aliado ao fato de sua dinâmica diferenciada, tornando o PGR algo totalmente novo na área de SST.

Outro aspecto importante é quanto à uniformidade que deverá existir, por exemplo, entre as filiais de uma empresa. É muito importante que a avaliação do perigo seja feita pelo mesmo profissional, ou que então seja estabelecido um critério, sob pena de termos a mesma situação sendo avaliada de forma diferente na mesma empresa.

Era o mesmo que acontecia no PPRA, quando profissionais diferentes conseguiam identificar riscos totalmente distintos, transformando os documentos tão diferentes que pareciam, de fato, situações distintas.

Por óbvio que sair da "zona de conforto" é um problema sério... Mas o PGR nos fará levantar da cadeira e "enfiar a mão na massa" não somente uma vez ao ano, mas a cada novo dia teremos uma nova lição a aprender com os riscos ocupacionais! A propósito, não seja generoso em seu PGR, nem seja sovina, seja uma média dos dois, seja ponderado e busque sempre o equilíbrio em suas avaliações.

|8|

ARTICULANDO DENTRO DO PGR OS PERIGOS CONTIDOS NAS NORMAS REGULAMENTADORAS

O Programa de Gerenciamento de Riscos - PGR e o Gerenciamento de Riscos Ocupacionais - GRO, contidos na NR-01, são duas iniciativas importantes que trouxeram inovações significativas no campo da segurança do trabalho.

O PGR é um conjunto de diretrizes para identificar, avaliar e gerenciar os riscos associados às atividades e processos industriais. O objetivo do PGR é minimizar a probabilidade de acidentes e lesões no local de trabalho. O PGR exige que as empresas identifiquem os riscos potenciais em suas operações, implementem medidas de controle de risco e estabeleçam um sistema de monitoramento e avaliação contínuos.

Já o GRO é um conjunto de diretrizes para gerenciar riscos ocupacionais em locais de trabalho. O GRO exige que as empresas realizem avaliações regulares de risco e implementem medidas de prevenção e controle para minimizar a exposição dos trabalhadores a esses riscos.

O PGR/GRO trouxe inovações significativas na gestão da segurança do trabalho, incluindo:

- Abordagem de gestão de risco: Em vez de simplesmente lidar com as consequências dos acidentes de trabalho, o PGR e o GRO têm uma abordagem preventiva, focando na identificação e gerenciamento proativo de riscos.
- Participação dos trabalhadores: O PGR e o GRO incentivam a participação dos trabalhadores no processo de gerenciamento de risco, tornando-os conscientes dos riscos e responsáveis pela implementação de medidas de segurança.
- Monitoramento contínuo: O PGR e o GRO exigem um sistema de monitoramento e avaliação contínuos (por exemplo, com o uso do ciclo PDCA) para garantir que as medidas de controle de risco estejam funcionando e para identificar possíveis riscos adicionais.

- Foco na prevenção: Ambas as iniciativas enfocam a prevenção de acidentes e lesões no local de trabalho, em vez de simplesmente lidar com as consequências.

O PGR/GRO está em pleno vigor, mas, para surpresa de todos, muitas empresas ainda elaboram o PPRA – Programa de Prevenção dos Riscos Ambientais por pura desinformação. Alguns chegam a afirmar que o PGR é somente obrigatório para as empresas do setor de mineração, o que se trata de grave equívoco.

Outras empresas elaboram o PGR como se fosse um PPRA, trocando simplesmente o título do documento, sem cumprir os requisitos mínimos da NR-01.

A maior dificuldade em implantar completamente o PGR está em articular o programa com todas as demais NRs – Normas Regulamentadoras. Normalmente, o PGR é elaborado como documento isolado e não tem integração com nenhuma NR, tornando-se vazio e incompleto.

Em pelo menos 4 oportunidades, a NR-01 fala acerca da integração com as demais NRs:

> 1.5.3.1.3 O PGR deve contemplar ou estar integrado com planos, programas e outros documentos previstos na legislação de segurança e saúde no trabalho. [...]
>
> 1.5.4.1 O processo de identificação de perigos e avaliação de riscos ocupacionais deve considerar o disposto nas Normas Regulamentadoras e demais exigências legais de segurança e saúde no trabalho. [...]
>
> 1.5.4.4.4 A gradação da probabilidade de ocorrência das lesões ou agravos à saúde deve levar em conta: a) os requisitos estabelecidos em Normas Regulamentadoras. [...]
>
> 1.5.5.1.1 A organização deve adotar medidas de prevenção para eliminar, reduzir ou controlar os riscos sempre que: a) exigências previstas em Normas Regulamentadoras e nos dispositivos legais determinarem.

Este texto tem por objetivo evidenciar os pontos das NRs mais importantes que obrigatoriamente deverão estar articulados com o PGR.

NR-09 – Avaliação e controle das exposições ocupacionais a agentes físicos, químicos e biológicos

A NR-09 – Avaliação e controle das exposições ocupacionais a agentes físicos, químicos e biológicos – estabelece os requisitos para a avaliação das exposições ocupacionais aos agentes físicos, químicos e biológicos quando identificados no PGR, previsto na NR-01, e subsidiá-lo quanto às medidas de prevenção para os riscos ocupacionais.

Os riscos ocupacionais se subdividem em: (i) riscos ambientais e (ii) riscos de operação. Os riscos ambientais se subdividem em: (i) físicos, (ii) químicos e (iii) biológicos. E, por sua vez, os riscos de operação se subdividem em: (i) ergonômicos e (ii) de acidentes. A figura a seguir sumariza os riscos ocupacionais:

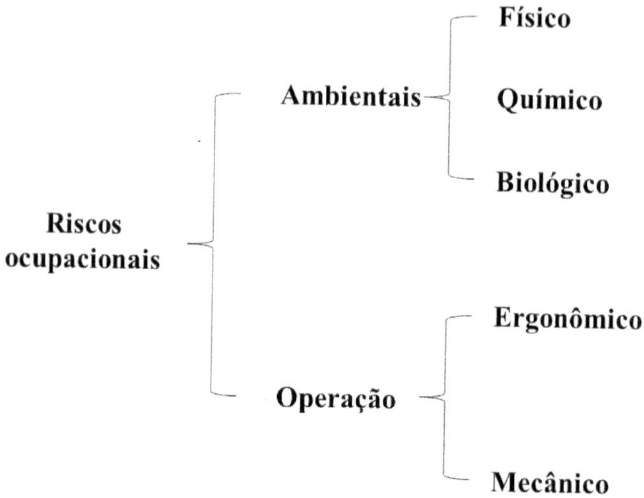

Neste tópico trataremos somente dos riscos ambientais ou, mais precisamente, dos perigos ambientais. As principais etapas para o desenvolvimento de um programa de prevenção de perigos ambientais são: (i) reconhecimento, (ii) avaliação e (iii) controle.

Segundo a NR-09, a identificação das exposições ocupacionais aos agentes físicos, químicos e biológicos deverá considerar:

a) descrição das atividades;

b) identificação do agente e formas de exposição;

c) possíveis lesões ou agravos à saúde relacionados às exposições identificadas;

d) fatores determinantes da exposição;

e) medidas de prevenção já existentes; e

f) identificação dos grupos de trabalhadores expostos.

A avaliação dos agentes ambientais pode ser: (i) qualitativa, (ii) semiquantitativa e (iii) quantitativa. Nos termos da NR-09, os resultados das avaliações das exposições ocupacionais aos agentes físicos, químicos e biológicos devem ser incorporados ao inventário de riscos do PGR.

Devem ser adotadas as medidas necessárias para a eliminação ou o controle das exposições ocupacionais relacionados aos agentes físicos, químicos e biológicos, de acordo com os critérios estabelecidos nos Anexos da NR-09, em conformidade com o

PGR. No entanto, até a data de elaboração deste livreto, somente haviam sido instituídos os anexos dos agentes vibração e calor.

Entre as principais inconformidades relativas aos agentes ambientais, podem ser citadas:

- Falhas no reconhecimento de agentes, deixando de incluir alguns agentes, a exemplo de situações quando é detectado o ruído, mas não a vibração, um agente que sempre foi varrido para baixo do tapete;
- Erro em somente avaliar quantitativamente o agente, mas nunca cumprir as etapas de controlá-lo; esta é uma herança do PPRA na qual se dava uma ênfase nas avaliações quantitativas e nenhuma ênfase nos controles;
- Desperdício em avaliar quantitativamente todos os agentes detectados, sem fazer uma avaliação qualitativa ou aplicação da matriz de riscos;
- Equívoco no raciocínio de que a presença do agente no ambiente implica na exposição dos trabalhadores, a exemplo de latas fechadas e lacradas numa loja de tintas;
- Compreensão de que exposições abaixo do limite de tolerância podem causar danos e mesmo exposições acima do limite de tolerância podem não causar danos;
- Compreensão de que inexistem exposições monocausais, já que na realidade do trabalhador temos exposições multicausais.

NR-10 – Segurança em instalações e serviços em eletricidade

A NR-10 representa um verdadeiro programa (apesar do texto legal não se referir à palavra "programa" em nenhuma oportunidade) de segurança em eletricidade, não se restringindo à mera elaboração do laudo elétrico, como ainda feito pela maioria das empresas.

O laudo elétrico é um documento que avalia o nível de conformidade das instalações elétricas de uma empresa com os requisitos da NR-10. Todas as eventuais inconformidades encontradas e destacadas no laudo elétrico, e que eventualmente se constituirão em perigos no ambiente laboral, devem ser transcritas para o PGR, integrando-o.

Entre as principais inconformidades elétricas destacadas nesse tipo de laudo, podem ser citadas:

- Ausência ou falhas em dispositivos de proteção: a NR-10 determina que as instalações elétricas devem contar com dispositivos de proteção, como disjuntores, fusíveis e dispositivos de corrente residual (DRs). A falta desses dispositivos, ou sua inadequação, é uma das principais inconformidades elétricas apontadas no laudo.

- Falhas na identificação dos circuitos elétricos: a NR-10 exige que todos os circuitos elétricos das instalações sejam devidamente identificados, com indicação da finalidade, da tensão e da corrente nominal. A falta de identificação ou a identificação inadequada dos circuitos é outra inconformidade comum encontrada no laudo.
- Ausência ou falhas em sistemas de aterramento: as instalações elétricas devem ser aterradas de forma adequada para garantir a segurança dos trabalhadores. O laudo pode apontar a falta de um sistema de aterramento, ou ainda falhas no sistema existente, como resistência de terra acima do limite permitido.
- Falta de manutenção: a falta de manutenção preventiva nas instalações elétricas pode levar a falhas em equipamentos e dispositivos de proteção, aumentando o risco de acidentes. A ausência de registros de manutenção, ou registros de manutenção inadequados, é outra inconformidade que pode ser identificada no laudo.

Essas são apenas algumas das inconformidades elétricas que podem ser destacadas em um laudo de NR-10. É importante que as empresas realizem periodicamente a avaliação de suas instalações elétricas, para identificar e corrigir essas inconformidades, garantindo a segurança dos trabalhadores que operam nesses ambientes.

Para integrar os perigos relativos à NR-10 dentro do PGR, é necessário seguir alguns passos importantes:

- Identificação dos perigos elétricos: a primeira etapa é a identificação de todos os perigos elétricos presentes na empresa. Para isso, é preciso fazer uma análise completa das instalações elétricas, equipamentos, ferramentas e das atividades envolvidas no processo.
- Avaliação dos riscos: após a identificação dos perigos, é preciso avaliar os riscos associados a cada um deles. Nessa etapa, deve-se considerar a probabilidade de ocorrência do acidente, bem como a sua gravidade.
- Implementação das medidas de controle: com base na avaliação dos riscos, é preciso implementar as medidas de controle necessárias para minimizar ou eliminar os perigos elétricos. Essas medidas podem incluir a utilização de equipamentos de proteção individual (EPIs) adequados, a realização de treinamentos para os trabalhadores, a instalação de dispositivos de segurança, entre outras.

- Monitoramento e revisão: o PGR deve ser constantemente monitorado e revisado para garantir que as medidas de controle estejam sendo eficazes na prevenção de acidentes elétricos. É importante que as avaliações de risco sejam atualizadas regularmente e que as medidas de controle sejam ajustadas, se necessário.

- Capacitação dos trabalhadores: por fim, é importante que os trabalhadores estejam capacitados e conscientes dos perigos elétricos e das medidas de controle implementadas. A NR-10 estabelece que todos os trabalhadores que trabalham com eletricidade devem receber treinamentos específicos sobre segurança no trabalho, incluindo medidas de prevenção de acidentes elétricos.

NR-12 - Segurança no trabalho em máquinas e equipamentos

Para integrar os perigos relativos à NR-12 dentro do PGR, é necessário seguir alguns passos importantes. Em primeiro lugar, é necessário fazer uma avaliação dos riscos associados às máquinas e equipamentos utilizados na empresa, a fim de identificar as medidas de segurança necessárias para reduzir esses riscos.

Essa avaliação pode ser realizada por meio de uma análise de risco, que é um processo que envolve a identificação dos perigos associados a cada máquina e equipamento, a avaliação da probabilidade de ocorrência desses perigos e a determinação das medidas de segurança necessárias para minimizar os riscos.

Além disso, é importante implementar um programa de manutenção preventiva para as máquinas e equipamentos, a fim de garantir que eles estejam sempre em boas condições de operação e reduzir os riscos de acidentes.

Outra medida importante é a capacitação dos funcionários que operam as máquinas e equipamentos, para que eles possam utilizar esses equipamentos de forma segura e adotar os procedimentos adequados para reduzir os riscos.

Algumas das principais inconformidades em segurança de máquinas e equipamentos são:

- Falta de proteção em pontos de operação, transmissão e outros pontos perigosos das máquinas, que podem causar amputações, esmagamentos, choques elétricos e outros tipos de acidentes graves;

- Falta de dispositivos de segurança, como barreiras de luz, cortinas de luz, sensores e botões de emergência, que podem prevenir acidentes ao parar a máquina em caso de aproximação de pessoas ou objetos;

- Falta de sinalização adequada, indicando áreas de risco, instruções de operação, advertências e outros avisos importantes para os trabalhadores;

- Falta de treinamento adequado para os trabalhadores, que podem não estar cientes dos riscos envolvidos na operação de determinadas máquinas e equipamentos, ou não saber como usar os dispositivos de segurança disponíveis;
- Falta de manutenção preventiva, que pode levar a defeitos nas máquinas e equipamentos, aumentando o risco de acidentes.

É importante ressaltar que cada laudo de NR-12 pode apresentar inconformidades específicas, dependendo do tipo de máquina ou equipamento avaliado, das condições de operação e das medidas de segurança adotadas pela empresa. Por isso, é fundamental realizar avaliações periódicas e contar com profissionais especializados em segurança de máquinas e equipamentos.

Por fim, é importante que o PGR seja atualizado periodicamente, a fim de incorporar as novas máquinas e equipamentos utilizados pela empresa e as mudanças nas normas regulamentadoras que regem a segurança em máquinas e equipamentos. Dessa forma, a empresa poderá garantir a segurança de seus funcionários e cumprir as exigências legais.

NR-13 – Caldeiras, vasos de pressão, tubulações e tanques metálicos de armazenamento

A integração dos perigos relativos à NR-13 – Caldeiras, vasos de pressão, tubulações e tanques metálicos de armazenamento – dentro do PGR deve considerar todos os riscos associados às atividades realizadas com caldeiras, vasos sob pressão, tubulações e tanques visando à prevenção de acidentes e preservação da integridade dos trabalhadores envolvidos.

Para isso, é necessário realizar uma análise de riscos específica para as atividades relacionadas à NR-13, considerando as características dos equipamentos, os processos realizados, os procedimentos de segurança adotados e as medidas de controle já existentes. Com base nessa análise, devem ser definidas medidas preventivas e corretivas para os riscos identificados, incluindo a implementação de medidas de proteção coletiva e individual, treinamentos e capacitações para os trabalhadores e a manutenção adequada dos equipamentos.

A NR-13 estabelece requisitos mínimos para gestão da integridade estrutural de caldeiras, vasos de pressão, tubulações e tanques metálicos de armazenamento. Essas estruturas, quando malcuidadas ou mal operadas, podem apresentar sérios riscos de acidentes, como vazamentos, explosões e incêndios.

As principais inconformidades em caldeiras, vasos sob pressão, tubulações e tanques destacadas num laudo de NR-13 podem incluir:

- Falta de inspeção periódica: é essencial que esses equipamentos sejam inspecionados regularmente, seguindo os requisitos da NR-13, para garantir sua integridade estrutural e minimizar riscos. A falta de inspeção pode levar a sérios problemas de segurança.

- Falhas na manutenção: a manutenção adequada é fundamental para manter a integridade dos equipamentos. A falta de manutenção ou manutenção inadequada pode resultar em problemas como corrosão, fadiga de materiais, desgaste excessivo e mau funcionamento de dispositivos de segurança.
- Falhas de projeto: problemas de projeto ou modificações mal planejadas podem comprometer a segurança dos equipamentos. É importante garantir que as modificações sejam realizadas por profissionais qualificados e que atendam às normas técnicas aplicáveis.
- Falta de treinamento adequado: os operadores e mantenedores devem ser treinados adequadamente para operar e manter os equipamentos com segurança. A falta de treinamento pode levar a erros operacionais e falhas de manutenção que comprometem a integridade dos equipamentos.
- Problemas com dispositivos de segurança: as caldeiras, vasos e tanques devem estar equipados com dispositivos de segurança, como válvulas de segurança e sistemas de alívio de pressão. Problemas com esses dispositivos podem levar a sérios acidentes, portanto, é importante que sejam verificados regularmente para garantir que estejam em bom estado de funcionamento.

Dessa forma, a integração dos perigos relativos à NR-13 dentro do PGR é essencial para garantir a segurança dos trabalhadores e a conformidade com as normas regulamentadoras aplicáveis, além de contribuir para a redução de acidentes e incidentes relacionados a caldeiras e vasos sob pressão.

NR-17 – Ergonomia

A NR-17 – Ergonomia – estabelece os requisitos que permitam a adaptação das condições de trabalho às características psicofisiológicas dos trabalhadores e não o contrário. Esta NR prevê a elaboração de dois documentos: (i) Avaliação Ergonômica Preliminar – AEP e (ii) Análise Ergonômica Do Trabalho – AET. A AET deve ser elaborada quando houver a necessidade de uma avaliação mais aprofundada da condição de trabalho, ao passo que a AEP, como o próprio nome sugere, deve ser elaborada nas situações de trabalho que, em decorrência da natureza e conteúdo das atividades requeridas, demandam adaptação às características psicofisiológicas dos trabalhadores.

A AEP deve ser contemplada nas etapas do processo de identificação de perigos e de avaliação dos riscos segundo a NR-01. No entanto, nada impede que a ordem seja inversa, ou seja, primeiro aplica-se a matriz aos perigos de natureza ergonômica e, conforme o escore apresentado, parte-se para a elaboração da AEP ou AET.

A intervenção ergonômica será necessária quando a AET ou a AEP demonstrar que os trabalhadores estão efetuando de forma contínua e repetitiva: (i) posturas extremas ou nocivas do tronco, do pescoço, da cabeça, dos membros superiores e/ou dos membros inferiores; (ii) movimentos bruscos de impacto dos membros superiores; (iii) uso excessivo de força muscular; (iv) frequência de movimentos dos membros superiores ou inferiores que possam comprometer a segurança e a saúde do trabalhador; (v) exposição a vibrações; ou (vi) exigência cognitiva que possa comprometer a segurança e saúde do trabalhador.

NR-19 - Explosivos

A NR-19 – Explosivos – estabelece os requisitos e as medidas de prevenção para garantir as condições de segurança e saúde dos trabalhadores em todas as etapas da fabricação, manuseio, armazenamento e transporte de explosivos

Conforme prescreve a NR-19 no manuseio de explosivos, é proibido: (i) utilizar ferramentas ou utensílios que possam gerar centelha ou calor por atrito; (ii) fumar ou praticar ato suscetível de produzir fogo ou centelha; (iii) usar calçados cravejados com pregos ou peças metálicas externas; e (iv) manter objetos que não tenham relação direta com a atividade.

É proibida a armazenagem de explosivos, em um mesmo depósito de explosivos: (i) com acessórios iniciadores; (ii) com pólvoras; e (iii) com fogos de artifício ou outros artefatos pirotécnicos.

Para integrar esses perigos no PGR, é necessário realizar uma análise de riscos para identificar os perigos relacionados a explosivos e as medidas de prevenção e controle para preveni-los. Além disso, o PGR deve incluir procedimentos de segurança e treinamentos específicos para os trabalhadores que atuam nesse tipo de atividade.

A NR-19 prescreve algumas recomendações quanto aos explosivos:

Na armazenagem de explosivos ou de acessórios, as pilhas de caixas devem ser colocadas com observância das seguintes exigências: (1) sobre barrotes de madeira, para isolá-las do piso; (2) afastadas das paredes e do teto, para assegurar boa circulação de ar; e (3) com afastamento entre si que permita a passagem para colocação e retirada de caixas com segurança.

No caso de transporte rodoviário, o veículo deve ser dotado de sistema antifaísca no escapamento, bem como transitar com velocidade moderada.

Na destruição de materiais explosivos devem ser segregados explosivos, dos iniciadores (espoletas) e dos produtos químicos, limitando-se a 10 kg de produto em cada processo de destruição.

Nos acidentes com explosivos, onde haja formação de fogo, a conduta é deixar queimar até o remanescente do material, a fim de evitar perdas humanas.

O local de armazenamento de explosivos não deve estar localizado no perímetro urbano das cidades, vilas ou povoados, devendo ficar afastado dessas localidades e, sempre que possível, protegidas por acidentes naturais do terreno ou por barricadas, de modo a preservá-los dos efeitos de explosões. O terreno em que se achar instalado o conjunto de pavilhões de fabricação, de administração, depósitos e outros, deverá ser provido de cerca adequada, em todo seu perímetro, a fim de o isolar convenientemente e possibilitar o regime de ordem interna indispensável à segurança das instalações.

Os paióis, destinados ao armazenamento de explosivos e seus acessórios, munições etc., por longo tempo, devem ser construídos em alvenaria ou concreto, com paredes duplas (com intervalos vazios entre elas, de no mínimo cinquenta centímetros) e ventilação natural ou artificial, visando à permanência prolongada do material armazenado.

Outra forma de integrar os perigos da NR-19 no PGR é estabelecer um plano de manutenção preventiva para os equipamentos utilizados nas atividades com explosivos, garantindo que estejam sempre em boas condições de funcionamento e minimizando o risco de acidentes.

NR-20 – Segurança e saúde no trabalho com inflamáveis e combustíveis

A NR-20 – Segurança e saúde no trabalho com inflamáveis e combustíveis – estabelece requisitos mínimos para a gestão da segurança do risco de acidentes provenientes das atividades de extração, produção, armazenamento, transferência, manuseio e manipulação de inflamáveis e líquidos combustíveis. Tal gestão é documentada por meio de prontuário que reúne vários documentos, tais como: (i) Projeto da Instalação, (ii) Plano de Inspeção e Manutenção, (iii) Análise de Riscos, (iv) Plano de prevenção e controle de vazamentos, derramamentos, incêndios e explosões e identificação das fontes de emissões fugitivas, e (v) Plano de Resposta a Emergências.

Os perigos, levantados por meio da análise de risco, com inflamáveis líquidos deverão possuir correlação com aqueles lançados no PGR, mantendo a coerência dos perigos em termos globais. É preciso lembrar que, no caso da NR-20, o evento indesejado é a perda de contenção do inflamável líquido e que o incêndio ou a explosão é consequência direta desta perda de contenção. E, no eventual caso de incêndio, temos (i) medidas preventivas que podem ser implementadas para evitar que este ocorra e (ii) medidas mitigatórias que podem ser implementadas para reduzir os danos causados.

As principais inconformidades encontradas com líquidos inflamáveis destacadas numa auditoria de NR-20 podem incluir:

- Armazenamento inadequado: o armazenamento de líquidos inflamáveis deve ser feito em local adequado, seguindo as normas técnicas e regulamentações aplicáveis e observando a incompatibilidade entre os produtos. A falta de áreas de armazenamento adequadas, sistemas de contenção, ventilação, sinalização e equipamentos de proteção pode ser uma inconformidade relevante.

- Falta de identificação e sinalização adequada: é importante que os locais onde líquidos inflamáveis são armazenados, manipulados ou transportados sejam devidamente identificados e sinalizados, com placas de advertência, rótulos e sinais indicando os riscos e procedimentos de segurança a serem seguidos. A falta de identificação e sinalização adequada pode ser uma inconformidade.

- Falta de treinamento e qualificação dos trabalhadores: a NR-20 estabelece requisitos de treinamento e qualificação para os trabalhadores envolvidos com líquidos inflamáveis, incluindo aspectos como manuseio, armazenamento, transporte e uso de equipamentos de proteção individual (EPIs). A falta de treinamento adequado e qualificação dos trabalhadores pode ser uma inconformidade relevante.

- Ausência de procedimentos escritos e atualizados: a NR-20 exige a elaboração e implementação de procedimentos operacionais escritos e atualizados para as atividades com líquidos inflamáveis. A falta de procedimentos adequados, ou a desatualização dos procedimentos existentes, pode ser uma inconformidade.

- Falhas em equipamentos de proteção: a NR-20 estabelece requisitos para equipamentos de proteção, como extintores de incêndio, sistemas de combate a incêndio, sistemas de ventilação, entre outros. Falhas em equipamentos de proteção, como falta de manutenção, mau funcionamento ou ausência de equipamentos obrigatórios, podem ser inconformidades importantes para que num eventual combate a incêndio seja efetivo.

NR-33 – Segurança e saúde nos trabalhos em espaços confinados

A NR-33 – Segurança e saúde nos trabalhos em espaços confinados – estabelece os requisitos mínimos para a proteção dos trabalhadores que realizam atividades em espaços confinados. Segundo a NR-33, considera-se espaço confinado qualquer área ou ambiente que atenda simultaneamente aos seguintes requisitos: (i) não ser projetado para ocupação humana contínua, (ii) possuir meios limitados de entrada e saída, e (iii) em que exista ou possa existir atmosfera perigosa.

Ainda, considera-se atmosfera perigosa aquela em que esteja presente uma das seguintes condições: (i) deficiência ou enriquecimento de oxigênio, (ii) presença de contaminantes com potencial de causar danos à saúde do trabalhador, ou (iii) seja caracterizada como uma atmosfera explosiva.

Os espaços não destinados à ocupação humana, com meios limitados de entrada e saída, utilizados para armazenagem de material com potencial para engolfar ou afogar o trabalhador são caracterizados como espaços confinados, a exemplo dos silos de cereais.

A empresa que possuir espaço confinado deve elaborar e manter o cadastro do espaço confinado, contemplando: (i) identificação do espaço confinado, podendo, para esse fim, ser utilizado código ou número de rastreio; (ii) volume do espaço confinado; (iii) número de aberturas de entrada e "bocas de visita" e suas dimensões; (iv) formas de acesso, suas dimensões e geometria; (v) condição do espaço confinado (ativo ou inativo); (vi) croqui do espaço confinado (com previsão de bloqueios e raquetes); e (vii) utilização e/ou produto armazenado e indicação dos possíveis perigos existentes antes da liberação de entrada.

Como parte das obrigações da empresa, os trabalhadores devem ser informados dos perigos identificados e das medidas de controle previstas e adotadas antes da entrada no espaço confinado.

Segundo a NR-33, em termos de documentação, a empresa que possui espaços confinados deve manter no estabelecimento: (i) cadastro dos espaços confinados, (ii) PETs emitidas e (iii) inventário de riscos do trabalho em espaço confinado realizado pela contratada, quando aplicável.

Ao se elaborar a análise de risco de um espaço confinado, a identificação de perigos e a avaliação de riscos ocupacionais devem considerar: (i) os perigos existentes nas adjacências do espaço confinado que possam interferir nas condições de segurança do trabalho em espaço confinado; (ii) a possibilidade de formação de atmosferas perigosas; (iii) a necessidade de controle de energias perigosas nos espaços confinados; e (iv) as demais medidas de prevenção descritas na NR-33.

O plano de resgate deve conter: (i) identificação dos perigos associados à operação de resgate; (ii) designação da equipe de emergência e salvamento, interna ou externa, dimensionada conforme a geometria, acessos e riscos das atividades e operação de resgate; (iii) tempo de resposta para atendimento à emergência; (iv) seleção das técnicas apropriadas, equipamentos pessoais e/ou coletivos específicos e sistema de resgate disponíveis, de forma a reduzir o tempo de suspensão inerte do trabalhador e sua exposição aos perigos existentes; e (v) previsão da realização de simulados dos cenários identificados.

A integração dos perigos relativos a essa norma no PGR deve ser feita de forma a contemplar as seguintes etapas:

- Identificação dos espaços confinados: O primeiro passo é realizar um inventário de todos os espaços confinados existentes na empresa e identificar as atividades que são realizadas nesses locais. Para isso, é necessário ter acesso aos projetos das instalações e realizar uma inspeção visual nos locais.

- Avaliação dos riscos: Após o reconhecimento de cada espaço confinado, é preciso avaliar os riscos associados a cada um deles. Para isso, deve-se considerar as características do local, eventual deficiência de oxigênio, a ventilação, a temperatura e a umidade, entre outros fatores e emissão da Permissão de Entrada e Trabalho – PET.

- Estabelecimento de medidas de controle: Com base na avaliação dos riscos, devem ser estabelecidas medidas de controle para garantir a segurança dos trabalhadores que realizam atividades em espaços confinados. Essas medidas podem incluir o uso de equipamentos de proteção individual e coletiva, a sinalização do local, a ventilação adequada, o resgate de trabalhadores, a definição de procedimentos operacionais seguros, entre outras.

- Treinamento dos trabalhadores: Todos os trabalhadores que realizam atividades em espaços confinados devem ser treinados quanto aos riscos associados a esses locais e às medidas de controle estabelecidas no PGR. O treinamento deve ser realizado antes do início das atividades e de forma periódica, com atualizações sempre que houver mudanças nos processos ou nas condições dos locais.

- Monitoramento e avaliação: O PGR deve incluir também o monitoramento das condições dos espaços confinados e a avaliação da eficácia das medidas de controle estabelecidas. Essas atividades devem ser realizadas de forma periódica para garantir que os riscos sejam mantidos sob controle e que os trabalhadores estejam protegidos.

A NR-33 prevê que a etapa de levantamento preliminar de perigos deve considerar: (i) existência ou construção de novos espaços confinados em que trabalhos possam ser realizados, (ii) alteração da geometria ou meios de acessos dos espaços confinados existentes e (iii) utilização dos espaços confinados que implique alteração dos perigos anteriormente identificados.

As principais inconformidades encontradas em espaços confinados podem variar dependendo das características e condições específicas de cada local de trabalho. No entanto, algumas inconformidades comuns podem incluir:

- Falta de identificação e sinalização adequada dos espaços confinados: A NR-33 exige que os espaços confinados sejam identificados e sinalizados de forma clara e visível, com placas, etiquetas ou outras indicações adequadas, inclusive a elaboração de cadastro do espaço confinado. A falta de identificação ou sinalização adequada pode ser uma inconformidade grave, pois pode levar à falta de conscientização e compreensão dos riscos associados a esses locais.

- Ausência ou inadequação de procedimentos operacionais seguros: A NR-33 estabelece a necessidade de elaboração e implementação de procedimentos operacionais seguros para a entrada, saída e execução de atividades em espaços confinados. A ausência de procedimentos operacionais adequados, ou a inadequação dos procedimentos existentes, pode ser uma inconformidade que compromete a segurança dos trabalhadores.

- Falta de treinamento adequado dos trabalhadores: A NR-33 estabelece a obrigatoriedade de treinamento específico para os trabalhadores que realizam atividades em espaços confinados (trabalhadores autorizados, vigia, supervisor de entrada), abordando os riscos associados a esses locais, as medidas de controle e os procedimentos operacionais seguros. A falta de treinamento adequado dos trabalhadores pode ser uma inconformidade grave, pois compromete a capacidade dos trabalhadores em identificar e lidar com os riscos presentes nos espaços confinados.

- Falta ou inadequação de equipamentos de proteção individual e coletiva: A NR-33 estabelece a obrigatoriedade do uso de equipamentos de proteção individual e coletiva adequados para os trabalhadores que realizam atividades em espaços confinados. A falta de equipamentos de proteção adequados, ou a inadequação dos equipamentos existentes, pode ser uma inconformidade que coloca em risco a segurança dos trabalhadores.

- Falta ou inadequação de monitoramento e avaliação das condições dos espaços confinados: A NR-33 exige o monitoramento das condições dos espaços confinados, incluindo a qualidade do ar, a ventilação, a temperatura e outros parâmetros relevantes. A falta ou inadequação de monitoramento das condições dos espaços confinados, ou a falta de avaliação periódica da eficácia das medidas de controle adotadas, pode ser uma inconformidade que compromete a segurança dos trabalhadores.

Finalmente, é importante ressaltar que a identificação de inconformidades em espaços confinados em um laudo de NR-33 deve ser feita por um profissional habilitado, de acordo com as diretrizes estabelecidas pela norma, e as correções devem ser implementadas de forma adequada para garantir a segurança dos trabalhadores que realizam atividades em espaços confinados.

NR-35 – Trabalhos em altura

Para integrar os perigos relativos à NR-35 – Trabalhos em altura – dentro do PGR, é necessário seguir algumas etapas importantes:

- Avaliação de riscos: É preciso fazer uma avaliação detalhada dos riscos associados ao trabalho em altura, identificando os perigos existentes e avaliando as consequências e a probabilidade de ocorrência.

- Definição de medidas preventivas: Com base na avaliação de riscos, é necessário definir as medidas preventivas adequadas para controlar os riscos identificados. Essas medidas devem estar em conformidade com as exigências da NR-35.

- Treinamento e capacitação: Todos os trabalhadores envolvidos em atividades em altura devem receber treinamento e capacitação adequados, que incluam os procedimentos de segurança para trabalhos em altura, as técnicas de resgate e primeiros socorros.

- Utilização de equipamentos de proteção individual (EPIs) e equipamentos de proteção coletiva (EPCs): É preciso garantir que os trabalhadores tenham acesso aos EPIs e EPCs adequados para a realização das atividades em altura, tais como cintos de segurança, linhas de vida, guarda-corpos, redes de proteção, entre outros.

- Fiscalização e monitoramento: É importante garantir que as medidas preventivas estejam sendo implementadas e utilizadas corretamente, por meio de fiscalização e monitoramento constante das atividades em altura.

- Revisão e atualização: É preciso revisar e atualizar regularmente as medidas preventivas, treinamentos e procedimentos de segurança, com base na avaliação de riscos e nas mudanças nas condições de trabalho.

As principais inconformidades encontradas em um laudo de NR-35 incluem a falta de treinamento e capacitação adequados, a ausência ou uso inadequado de equipamentos de proteção, a falta de fiscalização e monitoramento, a falta de procedimentos de segurança específicos para as atividades em altura, entre outros. Por isso, é importante que as empresas sigam as normas e diretrizes da NR-35 para garantir a segurança dos trabalhadores em altura.

Matriz LETA

Para as atividades realizadas em altura, existe uma matriz de risco denominada LETA – Local que Elimina o Trabalho em Altura.

Como qualquer matriz de risco, a LETA cruza a probabilidade do evento com a severidade do evento, estabelecendo as condições aceitáveis ou não.

A matriz faz uso da hierarquia das proteções, num primeiro nível eliminando o trabalho em altura, em segundo nível colocando uma restrição de movimentação como forma de evitar a queda e no terceiro nível mitigando o perigo após a queda, por meio de retenção por cinto ou rede.

A matriz LETA se encontra reproduzida a seguir:

Matriz LETA de exposição ao risco de queda			Frequência diária de exposição			
			+ de 6 horas	4 à 6 horas	2 à 4 horas	até 2 horas
INACEITÁVEL			4	4	4	4
Hierarquia NR-35	Queda	FQ 2	3	3	3	3
		FQ 1	3	3	2	2
		FQ 0 / SPCQ	2	2	2	2
	Restrição	SPIQ / PEMT	2	2	1	1
		SPCQ	1	1	1	1
	LETA		0	0	0	0

A seguir, 10 elementos básicos para um eficiente programa de proteção de quedas:

- Treinamento e educação – o tema é autoexplicativo; no entanto, é importante citar que não somente o treinamento teórico, mas também o treinamento prático são essenciais ao trabalhador que atue em altura.

- Identificação de riscos – nem sempre os riscos são claros para o trabalhador, mas o treinamento deve capacitá-lo a estar plenamente apto a identificar os riscos.

- Hierarquia de controles – uma vez identificado o risco, cabe agora encontrar uma solução, que deve sempre observar a hierarquia de controles: (i) exclusão do risco, (ii) proteção tradicional para quedas e (iii) sistemas de contenção de quedas.

- Energia – a proteção da queda envolve controle da energia potencial e esta energia precisa ser distribuída para não anular a ancoragem ou lesionar o trabalhador. Trabalhadores precisam conhecer as limitações do sistema de forma a que não se exceda a quantidade máxima de energia que possa ser distribuída através de seus equipamentos.

- Inspeção apropriada de equipamento – O EPI deve ser inspecionado antes de cada uso, bem como inspecionado periodicamente por alguém diferente do trabalhador. Deve ser criado um formulário com os requisitos da inspeção.

- Conexões compatíveis – a resistência dos engates e cabos cada vez mais é ampliada; no entanto, isto não os torna inquebráveis. A única forma para garantir o funcionamento ideal destes componentes é assegurar que o trabalhador entenda a diferença entre conexões compatíveis e incompatíveis.

- Flexibilidade da ancoragem – a flexibilidade da ancoragem é importantíssima quando se fala sobre a compatibilidade de conexões. Se a ancoragem é flexível, então em muitos casos, durante uma queda, o sistema irá se alinhar a ela própria em uma configuração adequada.
- Desimpedimento – a mais básica premissa sobre proteção de quedas é o desimpedimento. Não deve haver nenhum ponto que permita alguém colidir ou bater no solo se uma queda ocorrer.
- Ancoragem – a ancoragem deve possuir adequada resistência, a qual não pode ser calculada por leigo, mas sim por profissional legalmente habilitado.
- Uso do EPI – colocar apropriadamente o cinto trava-quedas e talabarte é fundamental para a proteção do trabalhador, colocações malfeitas poderão redundar em lesões ou até mesmo a morte do trabalhador.

Condições impeditivas para trabalho em altura

Doenças ou condições físicas que impedem o trabalho em altura – Algumas doenças podem comprometer o equilíbrio, a disposição física e a consciência, aumentando o risco de quedas:

- Hipertensão arterial não controlada;
- Epilepsia;
- Labirintite crônica;
- Diabetes não controlada;
- Doenças da coluna vertebral;
- Doenças psiquiátricas (com uso de tranquilizantes ou antidepressivos);
- Deficiências visuais e auditivas acentuadas;
- Qualquer doença que possibilite a perda de consciência repentina ou desequilíbrio;
- Doenças ou condições físicas que desaconselham o trabalho em altura;
- Gripes e resfriados fortes;
- Febre de qualquer natureza;
- Indisposições gástricas (diarreias, vômitos);
- Tonturas;

- Dores de cabeça;
- Falta de alimentação adequada;
- Indisposições físicas;
- Condições meteorológicas adversas;
- Chuva, altas temperaturas e baixa umidade relativa do ar;
- Animais peçonhentos – Os principais são:
- serpentes;
- escorpiões;
- aranhas;
- mariposas;
- abelhas, formigas e vespas;
- besouros;
- lacraias.

Condições físicas inadequadas:

- Alimentação inadequada: pode causar hipoglicemia, mal-estar, tonturas, risco de convulsão ou tremor.
- Desidratação: a desidratação é comum quando existe exposição ao calor excessivo.
- Sono irregular: a falta de uma rotina de sono adequada gera fadiga, falta de atenção, irritabilidade, o que pode aumentar os riscos de acidente de trabalho. Além disso, pode incentivar o uso de remédios indutores de sono, que podem ter efeito prolongado.
- Infecções das vias aéreas superiores: tendem a causar cefaleia, tontura, dores na face, mal-estar e entupimento nos ouvidos.

Condições psíquicas inadequadas:

- Estresse em excesso: Se for constante, o estresse pode levar a uma síndrome do burnout, caso tenha alguma origem no trabalho. Normalmente, a desorganização e até mesmo condições inseguras de trabalho contribuem para que a síndrome seja desencadeada.

- Uso de drogas psicoativas: medicamentos, drogas ilícitas, álcool, ou qualquer substância que pode distorcer a realidade, deixando o corpo mais lento ou mais agitado.

- Depressão, ansiedade, síndrome do pânico, distúrbio bipolar e outras patologias neurológicas e psiquiátricas.

Conclusão

Todas as NRs devem estar articuladas com o PGR da NR-01 e o fundamental é que cada perigo que esteja detectado em cada programa de NR isoladamente seja listado também no inventário de riscos da NR-01, ou seja, tem de haver coerência entre as várias NRs e a NR-01. Assim, o PGR será uma grande árvore de Natal com cada bola representando uma NR específica.

Cada vez que um perigo se transformar em acidente ou doença, o PGR terá de ser avaliado e ser refeita a análise daquele perigo, com vistas à sua prevenção ou mitigação. Tal procedimento fará com que o programa se aperfeiçoe ao longo dos anos e possa aprender com os erros e equívocos, já que a primeira versão do programa sempre estará vulnerável às omissões de perigos ou supervalorização ou subvalorização de perigos.

O importante é lembrar que o PGR é um programa e deve ser exercitado permanentemente, e não ser deixado numa gaveta durante dois ou três anos! Esperamos que seu PGR não se transforme no antigo PPRA.

Lições aprendidas com os erros na elaboração do PGR: como evitar falhas no futuro

Neste capítulo listaremos os vinte erros e equívocos mais comuns na elaboração e gestão do PGR das empresas:

- Não há responsabilidades claras entre os trabalhadores, o que leva ao descompromisso dos envolvidos. Apesar da legislação prever a participação dos trabalhadores, com sua percepção quanto aos riscos, ainda é um fantasma a obtenção de cooperação dos trabalhadores na identificação dos riscos no ambiente de trabalho.

- O plano contempla uma série de requisitos que o tornam técnica ou economicamente inviável. São inseridas no documento propostas pouco factíveis e que acabam nunca se transformando em realidade, vez que a empresa não terá como realizar tais investimentos. Seria melhor sugerir medidas caseiras que pudessem ser implantadas com maior facilidade.

- Os arquivos são fantasmas, mantidos trancados em uma gaveta, e só ressuscitam quando verificados. Esta maldita herança é do PPRA. O documento fica trancado na gaveta e a cada ano ressuscita para ser revalidado. É importante ressaltar que um programa é a junção de papel com ações. Papéis sem ações jamais se transformarão em programas.

- O programa é pouco divulgado e ninguém sabe disso. O PGR só circula na mão do SESMT. Outros departamentos nem sabem que ele existe. Todos precisam se engajar no programa, para que as ações não fiquem restritas somente ao pessoal da SST.

- O PGR não está dotado de um controle de ações eficaz para prevenir doenças profissionais, tampouco a redução de acidentes. O programa é mero cumprimento formal da legislação e não possui como meta verdadeira prevenir doenças e acidentes.

- Não existe avaliação e revisão anual formal. Ano após ano, as empresas propugnam somente a reedição do mesmo documento, sem qualquer acréscimo de fato. O cronograma de ações, que não foi cumprido, passa a ser o objetivo do próximo ano.

- O PGR não tem administrador, não tem "dono". Como o programa é apenas figurativo, ninguém quer ser o pai de "Mateus". A alta direção nem sabe que o programa existe. A empresa está tão preocupada em vender e receber, que não tem tempo para se preocupar com outras questões, especialmente uma tão "supérflua" quanto o PGR.

- Não há "patrocínio" da alta administração. A alta administração nem sabe que o PGR existe, quanto mais financiar suas ações... Não é possível investir dinheiro naquilo que desconhecemos ou não temos qualquer relação. Primeiro, a alta administração precisa "vestir a camisa" do PGR.

- Nenhuma equipe de trabalho, a exemplo de manutenção, produção e qualidade, está comprometida com o programa. Como já dito anteriormente, somente o SESMT se envolve com o PGR. E o faz por um único motivo: se ele não o fizer, ninguém mais fará.

- A CIPA não participa desta atividade, tampouco apresentou os resultados nas reuniões da CIPA. É fato que a CIPA não tem muita atuação na SST, envolvendo-se mais em questões sindicais relacionadas a direitos dos trabalhadores. A grande maioria das CIPAS nunca presenciou qualquer alusão ao PGR em suas reuniões.

- Priorizar a quantificação dos agentes sobre a ação corretiva. Esta também é uma herança do PPRA. Ano após ano, são feitas as avaliações quantitativas e as medidas de controle nunca são implantadas. É uma forma cômoda de afirmar que ações estão sendo tomadas em SST; no entanto, tais ações não possuem qualquer pertinência com a prevenção de acidentes ou doenças.

- Utilizar os anexos da NR-15 como método de avaliação dos agentes. Os anexos da NR-15 estão bastante defasados em termos de tecnologia. O ideal é a utilização dos métodos analíticos da NIOSH. Os tubos colorimétricos são dispositivos cujo erro de amostragem é muito grande, especialmente em concentrações próximas ao limite de tolerância.

- Quantificação de agentes utilizando instrumentos não padronizados. Situação costumeira encontrada em nosso meio. São utilizados instrumentos não profissionais, não calibrados e que não se prestam às avaliações ambientais. No passado, não havia equipamentos nacionais, tínhamos que importar equipamentos. Hoje temos várias empresas fabricantes de equipamentos com qualidade até mesmo superior aos importados.

- PGR erroneamente não é considerado sistema de gestão. No entanto, o PGR pode ser substituído pelo sistema de gestão implantado na empresa, desde que tal sistema cumpra alguns requisitos básicos. Então, o PGR é, sim, um sistema de gestão e deve ser utilizado como tal.

- Falta de feedback do PCMSO no PGR. Há muitos anos, PCMSO e PPRA nunca se conversaram. Com o PGR começa a acontecer o mesmo problema. No entanto, o PGR não somente terá de estar articulado com o PCMSO, mas com todas as Normas Regulamentadoras. Desta forma, o PGR será uma árvore de Natal onde cada bola será uma Norma Regulamentadora.

- Não foram realizadas inspeções (verificações) e auditorias formais. Não é possível a implantação de sistema de gestão sem inspeções ou auditorias. Com o PGR acontece a mesma situação. Auditorias são comuns para a verificação do andamento e eficácia do programa.

- Prazos muito apertados para o plano de ação desmotivando a equipe do PGR. Como já dito anteriormente, não queira ser mais realista que o Rei! Elabore um plano de ação e estabeleça prazos que sejam factíveis, para que estes não se tornem impossíveis de serem realizados, causando frustração não somente ao SESMT, quanto à gestão.

- O administrador não forma uma "equipe" para ajudá-lo a buscar a melhoria contínua da PGR. O PGR não pode ser elaborado de forma isolada. É necessária uma equipe multidisciplinar. Quanto mais formações acadêmicas participarem do PGR, maior sua visão holística. Não permita que personalidades centralizadoras transformem o PGR em propriedade pessoal.

- Conclusões baseadas nos limites de tolerância da NR-15. Os limites de tolerância da NR-15 se encontram inalterados há 40 anos. O ideal é utilizar limites mais atualizados como, por exemplo, da ACGIH. Pois, caso contrário, mesmo estando abaixo dos limites de tolerância, a doença entre os trabalhadores aparecerá.

- O PGR deve incluir todos os riscos ocupacionais e não somente os riscos ambientais. Há empresas fazendo seu PGR com cara de PPRA, sem considerar os riscos ergonômicos e de acidentes... Por óbvio que quem estava acostumado com os riscos ambientais teve de se reciclar para reconhecer, avaliar e controlar os riscos ergonômicos e de acidentes, os quais são bem mais dinâmicos, complexos e abrangentes.

REFERÊNCIAS BIBLIOGRÁFICAS

ASSUNÇÃO, A. A. Sistema musculoesquelético: LER. *In*: MENDES, René. *Patologia do trabalho*. Rio de Janeiro: Atheneu, 1995.

CHAFFIN, D. B.; ANDERSON, G. B. J.; MARTIN, B. J. *Biomecânica ocupacional*. Belo Horizonte, MG: Ergo, 2001, 579 p.

CODO, W.; ALMEIDA M. *Lesões por esforços repetitivos*. Diagnóstico, tratamento e prevenção. Petrópolis: Vozes, 1998.

COUTO, H. A. *O fenômeno LER/DORT no Brasil*: natureza, determinantes e alternativas das organizações e dos demais atores sociais para lidar com a questão. Belo Horizonte, 2000, Centro de Pós-Graduação e Pesquisa em Administração, FACE, UFMG; 487 p. (Tese de Doutorado em Administração)

GARDIN, E. O. *Alerta de perigo*. São Paulo: LTr, 2001.

IIDA, I. *Ergonomia*: projeto e produção. São Paulo: Edgard Blücher, 2005.

IIDA, I. GUIMARÃES, L. *Ergonomia*: projeto e produção. São Paulo: Edgard Blücher, 2016.

KROEMER, K. H. E.; GRANDJEAN, E. *Manual de ergonomia*: adaptando o trabalho ao homem. 5. ed. Bookmann, 2005.

OLIVEIRA, C. R. de e cols. *Manual prático de LER*. Lesões por esforços repetitivos. Belo Horizonte: Health, 1998.

SILVERSTEIN, B. A.; FINE, L.; ARMSTRONG, TJ. Occupational factorsand carpal túnel syndrome. *American Journal of Industrial Medicine*. 1987.